小鄉的老業

在地深耕的實踐智慧

黃彥宜、陳昭宏、張淑菁、賴梅屏
陳薇伊、葉晏慈、劉美辰——合著

推薦序　基進社工學者的「鄉愁」書寫

王增勇
政治大學社會工作研究所教授

我是少數在社工界自詡為基進／變社工的學者，在一九九○年代專業證照化潮流下，基進社工的反建制立場在學術界更顯尷尬，王行、陶蕃瀛跟我三人鮮明的反證照化立場被戲稱為「社工三怪」就是個例子。彥宜師承英國基進社工學者Lena Dominelli，她以社區工作與邊緣群眾組織實務起家，強調性別與種族平權取向的反壓迫社工，領銜探索新自由主義與全球化對社工的衝擊，力主社工知識需要社會學的批判思考，發展綠社工對抗個案工作主導的趨勢，並以社會復原力對抗個人式的復原力思考架構。彥宜雖不似Lena高舉基進社工的旗幟，但是她長期關注社區工作與婦女培力，長期陪伴社區組織成長，反應與Lena同樣基進社工的關懷。所以，我視彥宜為臺灣還沒出櫃的基進社工學者，而我對這本書的閱讀也將從這個角度展開。

這本書寫完後，彥宜寄給我一份書後感想，描述她一連串在社工教育的努力被視為「不夠社工」的質疑，當她授課時經常安排學生參訪提供服務卻充滿社工理念的非社工單位或非社工背景者，她會被部分學生質疑：「是在教社工嗎？」；在課堂教不是社工當前的主流方法，讓學生充滿懷疑：「老師你開的課社工師考試不會考」。「你這樣不夠社工」的質疑背後反應的是這二十多年來證照化帶給社工專業日益僵化的專業界線，「會考的才是社工需要知道的」、「沒有社工師應考資格的就不是社工」，彥宜的經驗說明了這些界線不僅對外排除異己，更對內區分彼此，連帶影響到彥宜對自身的社工認同，「我一路從大學至博士班唸的都是社工，我自認是『社工出品』，怎麼會變成離『社工路』愈來愈遙遠？」我看了啞然失笑，因為這也是我的日常，但我早已清楚標示自己的基進社工立場，沒有學生會白目到敢在我面前做這樣的評論。彥宜是在Lena身上得到療癒，我則是從結夥抵抗中得到支持，立志要在社工教育中，教「社工師考試絕不會考」的「另類社工」。這些不安與不適所導致的自我懷疑不是只有彥宜才有，這種在社工教育中被視為異類的經驗，是基進社工學者在證照專業化潮流下共同的挑戰，邀請我們把這股情緒轉化成為生產知識的動力。我認為這是彥宜這本書背後的動力，想要展現一種立基於日常生活（在地深耕），在行動中淬鍊而成的實踐知識，並把在新自由主義治理下被斷根的社區工作重新找回來！對我，這是一種對當代社工知識霸權回嘴（talk back）的抵抗姿態！

彥宜說她被質疑「書寫小鄉一書時是帶有很多情感和情緒，還是客觀地站在一個學術研究的立場去思考和評述？因為該書完全沒看到小鄉的限制與缺點，好似在呈現一個完美的實施模式。」我認為這是典型的「典範錯亂」，社工研究的實證典範當道，但研究典範不是只有實證典範。社會科學研究生的研究法課程第一條原則就是，評論一個研究要先知道這篇研究的典範，從這個典範進行提問與評論，而不是用實證典範的角度評論批判典範的研究，否則就犯了「典範錯亂」的謬誤。基進社工學者把知識生產視為揭露壓迫關係、培力底層人民、反抗不正義的政治介入行動，因此基進社工學者就是帶著自身的價值立場作為知識的起點。這種批判典範的認識論立場不同於主流強調客觀中立的實證典範，相反地，基進社工學者必須帶著價值判斷才能開始他們的研究，因為研究者就是社會的一分子，是研究現象的一部分，隱藏自己研究者的觀點，躲在科學的面具下，不敢現身，宣稱自己沒有既定立場是假科學。批判典範不強調客觀，承認研究者有主觀，因此要在過程中追求與研究參與者互為主體的而重視反身性。所以，彥宜不需要為自己帶著情感作研究而不安，因為那正是一個基進社工學者認識這個世界的起點；更不必落入「一定要看到不足與限制，才是客觀」的陷阱，因為小鄉值得記錄，是因為它所代表的思維與價值在主流社工中處於弱勢邊緣地位，讓弱勢者的聲音被聽見就是這份研究的價值所在。

彥宜的焦慮被Lena於二〇一五年來臺造訪所安頓。當Lena到新故鄉文教基金會的紙教堂參訪時，鼓勵彥宜帶學生來學習，Lena不侷限學科背景，而看是否展現社工價值，與之合作拓展和共創新知識。Lena親身示範不受社工學科界限的知識空間，同時也看見彥宜在紙教堂所看到的社區營造與生態知識結合的可能，孤單的彥宜在Lena的支持下得到少有的支持與肯定，讓她重燃基進社工的熱情。如果二〇一五年Lena的造訪重燃彥宜對博班跟Lena學習時所看見的理想境界，那時也正是彥宜跟小鄉合作國科會研究計畫的開始，小鄉的書寫就是一個基進社工學者的「鄉愁」書寫。「鄉愁」是離散研究中形容離鄉的人，因為無法返鄉而產生的思念情緒，「家鄉」於是成為異鄉人在生活中日思夜想卻不可得的想像。彥宜的家鄉是以在地生活為本、以實踐知識為基礎、以草根民主為精神的社區工作，但這樣的家鄉在臺灣社工教育場域中日漸成為不可得的想像之地。小鄉讓彥宜驚豔，是因為她在小鄉遇見了魂縈夢繫的社工實踐。不同於從西方學術理論出發的知識生產，這本書是彥宜長期陪伴「社團法人高雄市小鄉社造志業聯盟」的實踐知識。彥宜書寫小鄉，也同時書寫自己的鄉愁。

這麼說並不代表這本書只是複製彥宜自己對社區工作的想像，相反地，彥宜透過小鄉的日常實踐看見了當前主流社工在助人行動上的不足：在地深耕的實踐，回應當前社會工作論述中長年的爭論。她命名小鄉的實踐為「在社區裡生活，與居民一起發展解決策略」，這是對目前社工專業往往都是帶著既定目的進入社區的挑戰；她標示小鄉的理念是「融合鉅視和微視、看重實務智慧和在地知識及以『社區為本』」，基進社工要求我們從日常生活（微視）的困境看見背後結構（鉅視），與被壓迫者（社區）建立夥伴關係，透過集體行動（實務）生產促進改變（讓社區更好）的知識。彥宜也看到國家權力透過補助掌控社區的自主，社區工作者常須對抗政府不當的資源配置或措施，社區為本的在地知識時常被排除，視為不合格的知識。彥宜闡釋「在地」意含著反對「集中化」，社工站在草根力量與國家權力，必須要學習小鄉站在社區這邊。記錄這些抵抗不正也是對目前鋪天蓋地而來的社安網進行喊話，邀請基層社工向小鄉的工作者看齊，以「在主流外找到一條可行和另類的路線」自我期許來面質國家權力，「不讓個人或社區淪為在政策或資源底下的一種工具」。彥宜提出如此的社工想像：「小鄉進入一個社區後，先是『從零開始，很真誠地進去跟他們一起』……社區活動或方案不是政府或專家規劃，而是透過培力課程創造對話空間，並透過活動進行綿密的社區動員，從觀念改變到實作，進而產生認同及意義」。

這本書記錄著社區工作者與學術工作者美好的相遇。實務工作者陳昭宏、張淑菁、賴梅屏的書寫，顯示他們的故事各自有其脈絡與豐富性，彥宜從基進社工學者的視角，詮釋小鄉的故事，從這個角度，小鄉的夥伴們撫慰了她對社工的鄉愁。當然，這是我的解讀，因為我自己也有這樣的鄉愁。

最後，附上二〇一五年三月二十一日彥宜與夫婿陳昭榮帶著Lena Dominelli到臺北參訪至善基金會時的合影。

推薦序　像一粒芥菜種子

臺灣全球社會力永續發展協會理事長
黃肇新

「上帝的國好像一粒芥菜種，種在地裡的時候，雖比地上的百種都小，但種上以後，就長起來，比各樣的菜都大，又長出大枝來，甚至天上的飛鳥可以宿在他的蔭下。」——聖經馬可福音4章：31－32節

小鄉社造志業聯盟成立於莫拉克風災後，在官方的災後重建機制準備退場時，他們知道重建老是被稱為後花園的旗美地區前面還有路要走，需要有在地的團隊繼續努力。彥宜是我二〇〇三年時同校的同事，後來不同校了仍然是教學與研究的切磋夥伴。

「社區發展」在臺灣有六十年的歷史，從上個世紀中就被編為與個案、團體並稱為社會工作的三大方法之一，但在社會工作者的養成與實踐中，社區工作總處在較邊緣的位置，號稱整全取徑，聽起來很了不起，以「社區」為對象的工作卻一直都較少有知識技能的切磋與傳授，連多年來以社區發展為名的季刊中，以社區為主題的論文都相對稀少。彥宜身為臺灣社會工作科班出身，血統純正的社工人，一直對社會工作中人與組織的能動性非常關注，她關心人與生活的社區如何可能轉變而非只是其需要如何被

滿足，對以社區為對象的工作情有獨鍾，長期以社區為她教學與研究的焦點。她希望在個案取向的微觀社會工作與長期被放在邊邊角角的社區工作之間搭起互通的橋梁，近年更因為參與跨國的災後社區韌性的研究而開展到跨越領域的「綠社工」倡議。

從嘗試橋接個案工作與社區工作使對個人與家庭議題的關注加上環境與社會脈絡，再擴大到綠社工，無疑地恐怕與臺灣主流社會工作距離更遠，任務更艱巨。然而與小鄉的對遇，受小鄉年輕人重視理想而幾乎忽略生活現實的精神感動（這可以從書中筆觸看出），使彥宜有了動能用小鄉的經驗將社區工作的精神與實踐論述成書與臺灣社會工作對話。

小鄉把社造視為志業，在組織名稱就標誌了他們的使命感。莫拉克的摧枯拉朽使相對於都市中心的高雄旗美九區在發展過程中脫勾的實況頓時鮮明。莫拉克風災時的高雄縣政府及縣市合併後的高雄市政府在莫拉克後一系列對留鄉返鄉參與重建青壯年的支持措施，一方面局部安定了他們的生活，另方面提供社會工作「專業」學分課程，使原來的「素人」工作者也裝備了與「學者專家」對話的語彙。

小鄉以一點一滴從生活出發、以有創意且有人情味的方式讓在地呈現自己。在地人能好好說自己，外地人才能好好認識在地，這本書鮮活地描述了小鄉一個又一個從生活出發從需要起步的社區工作經驗，很不同於許多社區亟欲證明自己如何「配合政府政策」做這個做那個。彥宜將小鄉的作為對照她所博覽的國際間各種社區工作論文，見證了以小鄉為代表的臺灣地方工作團隊的經驗與反思，以與廣大社區工作論述間的對話，在寫作本書之前也曾經與小鄉一起在國際研討會中發表經驗和見解。

這本書的篇章是以理論與小鄉的一個一個實踐故事交織而成，終於成為一本臺灣社區工作的重要書寫。《小鄉的志業》這本書在茫茫的社會工作專業書海中或許是微小的，彥宜或許也會想儘管她用盡心力也難以讓社區工作的討論在臺灣的社會工作專業者中引起多少注意。然而這本書也許就像耶穌說的芥菜種籽一樣，非常微小，卻有一天成為飛鳥也來棲息與庇蔭之處。

推薦序　同齊行，走出作伙ㄟ路

前高雄縣政府社會處約聘社工督導　蕭淑媛

受邀寫這篇序，有點近鄉情怯及時空角色的游移，因為已經離開當初的位置多年；這些年看著小鄉的工作團隊及理監事們繼續堅守崗位，真心覺得人力培育是最長遠的投資。因為對社區能量的看見並且相信社區工作的影響性，在重建當時手上執行的幾個計畫並不被看好，且被認為充其量只是個養人計畫，所以當各局室熱鬧喧囂地辦理成果展以宣示重建有成時，在心裡堅守不以大拜拜的動員交代善款的使用和消耗重建夥伴的心力，讓大家可以將心力放在重建真正重要的事上。因為堅信這些資源的投入以及培力的能量會累積在人的身上，也必然在日後發揮影響力，當時與這群重建夥伴就帶著這樣的自我期許挺過了艱困漫長的重建時光。

記得莫拉克風災的發生是剛完成那一年社區發展工作評鑑的周末假日，風雨滂沱中和長官討論針對社區評鑑過程委員不合理的立場，要以什麼方式來進行後續的陳述和表達；當時的高雄縣一直是以有創新作為及評鑑績優實績，在全國的社區發展業務名列前茅的優等生；而身為工作者的我們也認為身上累積了獨特的社區輔導能力和經驗。

歷經一天一夜未停的暴雨，隔天早上最先傳來災害訊息的是微風市集住在那瑪夏雙連崛的農民，他從所住的地方看到對面的山頭好像崩塌了；之後才陸續傳出小林村滅村的消息，而曾經帶領社區得過社區評鑑獎項的村長及志工幹部許多人也因為滅村而喪生。

救災的第一時間，個人奉派的任務是在旗山國中設置服務台，因應直升機從災區將人員運送到當時設置的災民收容所，因為許多在外的家屬每天心急如焚地等待家人被救出，所以我們需要掌握及公告直升機架次運送人員的狀況，與後續安置處所讓家屬知道家人的下落；也針對山區孤立偏僻的散居家戶及人口，協助家屬與軍方透過地理位置的指認加速救援的到達。兵慌馬亂的救災中，在旗山國中穿堂看到了剛從直升機救援下來的寶來社區吳理事長，在那樣的情境下，我們握著彼此的手熱淚盈眶，久久無法言語。當時的寶來社區，因為災前我們即進入陪伴社區團隊進行志工團隊的組織訓練及長者的關懷訪視，凝聚了一群為社區事務極為投入的幹部與志工，當官方外界的救災焦點都集中在小林村時，災害第一時間寶來即集結當地溫泉業者、救難隊、巡守隊及志工隊各司其職，啟動自救機制；這讓我們體認到平常建置的志願服務組織與互助機能，在災害來臨即可發揮救災自救的力量。

而在救災告一段落，第一次進入的災區是六龜新開部落，記得當時在社區救災指揮所黃土飛揚中，社區幹部們忙進忙出，身為官方且自許有些社區工作經驗的我們，卻有一種什麼忙也幫不了、外人其實做不了什麼的無力感，而這樣的自覺也促發我們認知到要運用善款來支持在地，使其有餘裕和後盾來面對複雜困難重重的災後重建工作。

當時啟動和執行的四個重建計畫，其中人力支持計畫其實是受到之前九二一重建經驗的啟發，更是延續過去高雄縣對於基層社區組織的看重以及在地角色功能的彰顯，也在社區發展的經驗及災後經驗限制的看見中，意識到唯有將資源投注於在地，才能讓創傷的土地長出力量，慢慢復原。也體認到災後在地就業條件不利的情況下，不該期待社區以志願服務的形式投入重建工作，而從莫拉克重建的經驗更看見社區工作專職的必要性及合理的制度支持才能期待社區工作成為專業，而非一直處在社會工作三大方法的邊緣位置。

莫拉克的重建在高雄歷經從個別人力與單一組織的培力支持，到區域性的組織協力二個階段，到重建期結束後地方自主成立組織，這是社區工作耕耘鬆土到播種灌溉的歷程，更挑戰和見證了社區工作組織合作的不容易和重要性；雖然在當時我們看似甚麼都沒有，但至少我們有彼此，而每個人貢獻身上僅有的，就能成為讓土地美好和與人共好的強大資源；這是在重建當時支持著我們的天真與理想，相信也是小鄉的夥伴持續以各種方式和社區相濡以沫的內在信念，而相信持續走在社區這條路上的夥伴，內心必然還留有這樣的一畝夢田。

這本書記錄的是小鄉的今生，而在寫序的過程中，我的思緒卻一直回到重建的記憶，就容許這篇序作為小鄉前傳的補充。這些年小鄉所做的這些事不只是方案的操作或計畫的執行，這些其實都只是媒介和策略，為要發展小鄉與在地的連結及透過連結成為網絡，作為探詢在地需求和資源的路徑，並且讓網絡成為支持，撐住在地生活的一群人和接住許多生命的陷落與沉浮。這些發展是小鄉的創新與作為，更是重建價值實踐的一脈相傳，並且是小鄉工作團隊及背後堅實的理監事團隊，以及網絡中許多個體與組織因為這樣的生命交織共同編織出的生命軸與感情線。

謝謝彥宜老師一直以來對社區實務及一線工作者的看重，並且以論文撰寫及文字書寫的專業和能力，將實務經驗的點點滴滴整理歸納令夥伴的努力得以被看見，更以浩瀚精深的文獻論述闡述了小鄉的定位與價值；這對在前線勤奮努力耕耘扎根並試圖以故事和經驗去感動和影響，期待帶來改變的夥伴來說，無疑就是最好的灌溉和養分，謝謝老師用文字與我們協力同行並成為我們的支持。

謝謝自重建期陪伴著我們的老師和團隊，謝謝曾經短暫或長期一起同行的，謝謝小鄉們，謝謝你們走到這裡；相信小鄉也會願意將此書獻給不及參與的夥伴們。

二〇二四年十一月八號

自序　經驗可以不斷累積與延續

黃彥宜

當被問及身為一位「資深學者」，我書寫小鄉一書時是帶有很多情感和情緒，還是客觀地站在一個學術研究的立場去思考和評述？因為該書完全沒看到小鄉的限制與缺點，好似在呈現一個完美的實施模式？我當下陷入很深的焦慮和不安，一路走來歷經三個國科會計畫案，我為什麼會寫成這樣？我是否該將其束之高閣？質性研究難免帶有主觀和情緒，我努力回想整個歷程，透過這篇自序誠實面對我當下的狀況，也讓讀者瞭解書寫這本書的初衷，當有人有興趣繼續瞭解小鄉時，可以跨越這本書的限制，從不同的角度進行研究。

當我在埔里的暨南國際大學任教時，拜訪了一些自九二一地震後一直留在當地的基金會和協會。其中聽到一句話讓我感受很深，一位在地震後看到很多無助和無依的老人，因而放棄自己的事業挺身投入照顧長者，從地震後堅持迄今的「村長」，她跟我說剛剛設立時，有一位社工系老師來訪評，跟她說：「妳不是社工，妳會不會以為妳在幫助他們，但卻反而害了他們？」後來我在埔里深入走訪時，發現一些基金會和協會雖然不是社工單位或由社工背景者來提供服務，卻充滿社工的理念和價值。我授課時經常安排學生參訪這些單位，也曾被部分學生質疑我是在教社工嗎？即使我很努力地在課堂將那些單位或主事者的作為和社工論述、價值與概念作連結，但不是社工做的，也不是社工當前的主流方法與實施領域，總讓部分學生充滿懷疑。也有研究生助理很貼心地提醒我：「老師你開的課社工師考試不會考，可能會倒課喔！」還真被她一語命中。這些讓我陷入很深地反省，我一路從大學至博士班唸的都是社工，我自認是「社工出品」，怎麼會變成離「社工路」愈來愈遙遠？

我曾邀請我在英國修習博士學位的恩師Professor Lena Dominelli到新故鄉文教基金會的紙教堂參訪，她跟我說：「Yenyi，紙教堂是綠社工很好的實踐基地，你要帶學生來這裡學習！」我當下有點豁然開朗。在臺灣經常聽到你不是社工！這是社工！那不是社工！的區分，加上曾被學生質疑我教的不是社工，一直讓我處於忐忑的狀態。而國際大師Lena她根本不在乎做出成果者的學科背景，而是看是否符合社工價值與精神，然後社工可以與之合作，注入社工學門的理念，繼而拓展新的實施領域和共創新知識。這些經驗讓我覺得釋然也重新激起一些熱情。我持續在課程中加入一些單元，讓學生認識埔里「非社工但又很社工」的單位，也組織他們參與在地社區行動，這都需要用到很多課外時間，過程辛苦又耗時，也難免引起一些學生的情緒反彈，我做了選擇，凡事都會有代價。曾有同學幾年後跟我說，她很懷念我以前的課，因為開展了她的視野！我自知個性急躁，不是一位諄諄善誘的老師，想必學生當時應該吃足苦頭，很開心她願意和我分享。

後來，我和當時在長榮大學任教的黃肇新老師參與了加拿大一個災後長期重建的研究案，團隊中有來自英國、澳洲、美國和印度的學者，我在其中深受啟發。每年的國際社工研討會議召開前，參與研究案的學者會提前二至三天抵達，召開兩天會議，大家很認真地分享各國的研究發現，然後很詳細地檢視目前社會工作的概念與論述有哪些是需要修正的，如「復原力」（resilience）原本都從心理學角度出發，關注個人特質和能力，但對社會工作而言，「社會復原力」（social resilience）是否更重要？在災難過程中經常面對不均和資源分配的不正義，權力是重要議題，在討論「充權」（empower）時不能忽略其核心的權力概念；大家也關注到婦女在災變過程中所展現的能量和在體制與社區脈絡下所受到的限制；也有討論是否創發新範型，如「綠社工」（green social work）或其他，但也有學者認為傳統「生態觀點」（ecological perspective）即提供很好的論述，只要加以修正即可。過程中大家都很仔細地分析、討論和做整理，並將討論結果彙整後交由當時任研討會keynote speaker的一位成員納入她的講稿中，目的不是在呈顯研究團隊的研究績效，而是社工就要把握任何一個發聲的機會做倡議和激發新議題的討論，這些經歷都讓我燃起滿滿的社工魂！

爾後，我參加了莫拉克風災重建期結束後的一個研討會，一群參與莫拉克風災重建的在地工作人員認為重建尚未結束，災難不曾遠離，在會中他們宣布將成立「社團法人高雄市小鄉社造志業聯盟」持續重建工作，這是我認識小鄉的開始。後來因緣際會，小鄉社造志業聯盟工作人員想藉由參加一個研討會來發聲，因為時間有點趕，希望我能參與合作書寫。此後我也透過申請國科會研究計畫案開始和位於旗山的小鄉工作團隊有較長期的合作。期間旗山的小鄉工作人員有所更迭，人數最高有五位，是跨學門的團隊，有社工、文學、護理和會展設計。當這本書的書寫告一段落，我重新回顧審視，我自覺書寫過程中我將情感與情緒重重地投入其中，以致這本書「長成」現在這個樣子。

原因之一是我的職涯一直在轉換工作，研究所畢業後我在高雄的國際商專擔任輔導老師，後高考及格，分別在屏東仁愛之家（現在改稱「衛生福利部南區老人之家」）和高雄市政府社會局任職，然後轉至高雄醫學院（現在改稱高雄醫學大學）的醫學社會學與社會工作學系任教。唸完博士學位回來，曾任教於長榮大學、亞洲大學和暨南國際大學社工系。中間工作轉換有因為高考實習、出國唸書，或單純地想換一個地方居住、認識一個新社區以帶來新的教學刺激。外子當時任教嘉義縣的大學，我們定居在民雄鄉，我將民雄方圓百里內的社工系都教過了。這樣職涯的游移經驗，讓我對十多年一直「種」在當地，生活和工作幾乎沒有清楚劃分的小鄉充滿好奇。

其次是我長期教授社會工作理論，就讀碩士班時很感謝徐震教授在社區工作上的啟發，修讀博士班時繼續跟著Lena學習社區工作，我對理論充滿興趣，加上參與加拿大研究團隊的經驗，更讓我熱衷將在地經驗與社會工作和社區工作理論做結合。小鄉的工作人員敘事能力很強，他們的述說常讓我有滿滿的畫面，這些豐富素材讓我覺得可以穿梭串聯概念、方法和理論。書寫時我試圖在理論中融入本土在地素材，也因為太專注和熱衷這樣的連結，而造成在書寫上的盲點。我深知小鄉的運作有一些限制，從他們人員的流動，經費申請的不易，每位工作人員內心深處隱隱的徬徨與不確定，但書中並未談論或挖掘這些問題，討論到政府機關或其他單位時也常將他們當成「對照」經驗。但書寫的用意不在呈現小鄉的經驗都是對的，其他單位都不好，小鄉十多年來雖然受到很多肯定，尤其團隊多數非社工背景（今年有一位小鄉工作人員入社工學分班就讀），在經費申請上常遇到一些困難，也受到一些質疑。本書想突顯的是處於偏鄉「非主流」團隊的一些視角和觀察，而非在批評其他組織的作為。

小鄉的經費有六成來自政府，他們很多的理監事也因為原高雄縣政府社會處在風災前即長期投入社區培力和人才培育而有豐富的社區組織或參與經驗，這些都是小鄉發展的重要基礎，政府經費的配置對社區韌性的建立影響甚鉅。

在書寫小鄉一書期間，因為體檢而發現罹患肺腺癌第四期，當初幫我檢查的醫師說我若沒有好好治療只有六個月存活期。中間也因為種種治療和檢查而辦理提前退休，書寫也中斷。後轉至柳營奇美醫院接受曹朝榮榮譽院長的診治，他行醫四十多年，每次看診高達兩百人，從早上看到深夜，仍然不急不徐，仔細親切問診，而他也曾罹患舌癌，這樣的仁醫精神讓我深深地感佩。他說癌症治療都是不完美的，因為每種藥都會產生抗藥性，只能在不完美中求完美，這不只是醫學也是哲學議題。治療近三年，期間受到醫護人員細心照料，健保也幫我給付「貴森森」的癌症治療費用，還有親友們不斷地鼓勵與支持，那麼多人幫助我延長「存活期」，總覺得要做一些社會回饋，或許能用出版和版稅對偏鄉的在地組織有些支持，於是又開始著手修改小鄉一書的文稿，本書的收益將全數捐給「社團法人高雄市小鄉社造志業聯盟」。

我瞭解這本書有很多不足之處，需要大幅翻修，但一邊化療一邊修改，體力實有所不足，只能微幅調整，盡量在不完美中求完美。生命有其盡頭，知識和經驗可以不斷傳承、延續和累積。臺灣有很多優秀的在地團隊，小鄉只是其中之一，許多豐富的寶貴經驗，值得好好記錄和書寫，也希望後續對在地團體有興趣的夥伴，能跨越這本書的障礙與限制，繼續往上堆疊。

二〇二五年一月六日

目次

前言

本書系統性地整理和爬梳「社團法人高雄市小鄉社造志業聯盟」（以下簡稱小鄉）在地深耕十多年的經驗。該組織係由原高雄縣參與莫拉克風災重建工作人員所組成，他們於在地長期蹲點和深耕，以回應災後迄今社區面對的複雜且多元之問題與需求。小鄉的策略就是在社區裡生活，透過日常密集互動充分融入社區脈絡；觀察居民的生活，深入瞭解他們關心的事件和彼此間的關係，然後一起發展解決策略，包括「充權」（empower）[1]既有的在地社區組織、創發新方案；或是讓停滯的社區動起來，這是一個需要密集和長期投入的工作。小鄉運用各種方式開發財源，以避免自身依賴政府補助的單一經費而受框限，繼而保有自主性。小鄉多年的經驗突顯他們如何因應在地特性、需求、和資源而發展出本土的實踐模式。小鄉從土地而生的實務智慧和「在地知識」（local knowledge），若能加以整理、記錄與分析，將有助於本土「社區工作」（community work）知識和經驗的積累。

圖1：社團法人高雄市小鄉社造志業聯盟LOGO

[1] 本書雖主要依社會工作社群慣用之翻譯，將empower翻譯成充權，但社造社群多翻譯成培力，因此將視行文脈絡，培力和充權交互使用。

小鄉成立的背景

二〇〇九年莫拉克風災在嘉義、臺南、高屏及臺東的山區及平地持續降下超大豪雨，重創南臺灣，造成近六十年來最嚴重土砂、漂流木、洪水及淹水等多項複合型災害。莫拉克風災的重建主由中央政府透過採購法，由得標者承接「生活重建中心」；多數由大型機構和全國性非營利組織得標，在地小型組織難以抗衡。為展現重建績效，政府經常於重建計畫告終就急於解散重建人力，而這些人力也經常被視為志願服務者或是低薪的後備軍，而處於邊陲的位置（Huang et al., 2018）。

然而，災後重建是一條漫長的路，災難發生初期經費和救援人力大量湧入，但多數在短期內即撤出。面對災變背後的政治糾葛、經濟與社會成因及複雜的生計、住宅、生態、硬體基礎設施及社會環境的復原工作，後續是否有在地組織和人才長期經營，是重建能否順利進行的重要關鍵。因此，當時高雄縣／市政府的「莫拉克風災人才培育計畫」（參見附件一）即結合在地有心參與的社區發展協會、在地社團及地方重建組織，聘用當地人力進行重建工作。縣／市政府運用善款支持了三十多位在地社區重建人力，超過三分之二是女性。他們多為素人工作者，多數沒有社區工作的經驗。縣／市府陸續委由旗美社區大學、社區培力據點和透過「莫拉克災後重建基層組織社工專業人力養成培育計劃」，陪伴他們從零開始，包括瞭解社區的需求、尋找資源、參與培力課程等，大家互相學習，成為彼此的支持，共同撐起社區的重建。有些在地工作者從風災發生後開始投入，迄今已經超過十年，他們期間歷經各種訓練和一線工作的磨練，從素人轉變成身經百戰的社區工作者或是輔導團隊成員。

莫拉克風災五年後，政府和民間資源一一撤離受災的社區，高雄市政府也宣告重建工作結束不再提供經費。但是，旗美九區[2]在地工作者深覺家鄉還沒有復原，因此，他們決定跨區成立區域性組織：「社團法人高雄市小鄉社造志業聯盟」，繼續參與中長期的重建工作。他們認為：「我們離不開也不會離開，因為家在這裡，災難似乎也不曾遠離，經驗要持續堆疊」（社團法人高雄市小鄉社造志業聯盟，2014）。跨鄉鎮和區域性協作是小鄉的特點，藉由串聯可以將觸角伸及大旗山各區，有別於單一鄰里的社區工作方式。

二〇一四年九月一日小鄉在旗山區租了辦公室，由陳昭宏擔任總幹事，張淑菁為執行祕書，各區社區幹部為理監事，希冀由這樣的組織持續成為在地支持網絡。本書所討論的小鄉之實踐經驗多數是指由旗山工作團隊所進行的服務與工作，然而位於各區的理監事們是小鄉重要支持者，他們的協會或團體也是小鄉與各區連結的重要結點，因此部分章節也將理監事和各區協作夥伴的經驗納入。

本書撰寫初期，書寫團體的小鄉成員有陳昭宏、張淑菁和葉晏慈，後加入劉美辰；二〇二〇年原任職於「南洋臺灣姊妹會南部辦公室」主任賴梅屏加入，期間晏慈與美辰相繼離職，陳薇伊加入[3]，書寫團體在

圖2：小鄉社造的組成來自高雄市旗美地區九個區的工作者

2 包括旗山區、美濃區、六龜區、內門區、杉林區、甲仙區、桃源區、那瑪夏區、茂林區。

3 陳昭宏與張淑菁自二〇一四年於小鄉工作迄今；葉晏慈工作期間為二〇一七年至二〇二〇年；劉美辰為二〇一八年至二〇二一年；賴梅屏自二〇二〇年迄今；陳薇伊工作期間為二〇二一年至二〇二三年。

二〇二〇年人數最多，有五位。目前小鄉工作人員有陳昭宏總幹事、張淑菁社工督導、賴梅屏專員三位工作人員。多年來夥伴有所更迭，但陳昭宏和張淑菁兩位一直是小鄉不變的成員和支柱，社區慣稱位於旗山辦公室小鄉的工作團隊為「小鄉們」。小鄉多年發展出許多寶貴的實務智慧和在地知識，他們的實踐工作是從許多限制中不斷地協商及衝撞而創造的行動，種種作為也可回應當前社會工作（以下視書寫脈絡，或用社工簡稱之）論述中長年的爭論和呼籲；小鄉的行動和經驗具有融合鉅視和微視、看重實務智慧和在地知識及以「社區為本」（community based）的理念。

圖3：小鄉社造是以工作團隊為主的組織，並嘗試扮演青年進入社區的橋梁角色，2020年的策展工作跨域協力，由資深工作者、專業藝術家、大專青年共同協力完成

從小鄉經驗的特殊性談書寫架構

本書從小鄉的經驗整理出小鄉的特性，包括融合微視和鉅視、重視實務智慧與在地知識、及發展社區為本的實踐。這些均可補實社會工作實務與學術知識間的縫隙，及提煉本土的實踐經驗。本書除整理小鄉經驗外，也結合社會工作理論和社區工作論述進行分析與對話。

① 融合微視和鉅視

社會工作理論和實務的論述中，改變個人（個人、家庭）和改變結構（社區、組織、政策）經常是相對的，微視取向更是當前社會工作的主流；諸多學者和實務工作者建議兩者間須加強溝通合作或整合。如Mosley（2017）和Knight與Gitterman（2018）提及微視和鉅視社工向來是二分的，社工系學生多偏向從事微視層面的工作。因此，臨床或微視「介入」（intervention）在社會工作教育與實務占主導地位，多數社會工作者缺乏鉅視介入的訓練（Shdaimah & McCoyd, 2012）。Mattocks（2018）憂心在這樣的情況下，社工專業對社會正義和社會運動的關注正削弱中，取而代之的是個人取向和治療介入。也有研究指出，現今社工專業內的二元分立和由此產生的不平衡，使得鉅視取向教師和實務工作者備感被邊緣化和受排斥（Rothman, 2013; Abramovitz & Sherraden, 2016; Santiago & Smith, 2018），鉅視實踐成為臨床或微視社工的補充（McBeath, 2016）。雖然微視社會工作為當今的主流，但這也讓臨床或微視社工感到焦慮和無助，因為他們覺得無力改變社會環境和結構，也無法在社會脈絡中探究個人、家庭和社區的複雜性。而鉅視社會工作者也常因為缺乏臨床技巧，無法有效地動員服務對象（Knight & Gitterman, 2018）。

這些研究都說明，社會工作以社會正義為專業的主要承諾，從十九世紀睦鄰運動所發展的鉅視實踐在當今的社工社群中正在式微，個人取向和微視介入成為主流，微視與鉅視取向徑渭分明。但這樣二分的結果，對微視和鉅視社工皆相當不利，鉅視社工覺得被邊緣化，也缺乏人際技巧和方法以組織服務對象進行倡議；微視社工雖深處核心，但內在卻有深層的焦慮，覺得無法實踐專業的承諾和使命。

Mosley（2017）建議兩者需要連結以回應複雜的社會服務需求。因為，微視層面的議題通常是鉅視層面問題的結果；鉅視層面的社會變遷經常由微視層面的互動開始；為了提高人們福祉並實現社會正義和社會變革的使命，需要微視和鉅視的結合、整合或協作（Finn & Molloy, 2021; Rothman & Mizrahi, 2014; Austin et al., 2016; Gates, 2017）。也有學者鑑於鉅視社工的式微，認為臨床的技巧可以運用於鉅視實踐中，但鉅視層面的實務仍需要鉅視介入的專業知識和技術（Pritzker & Applewhite, 2015），因而提倡重視鉅視社工的特殊性和重要貢獻（Sousa et al., 2019），McBeath（2016）則倡議「更新」鉅視社會工作。

Todd與Drolet（2020）重申關注社會工作的「社會」面，並將專業的邊緣元素重新找回到主流。他們認為社區工作具實踐社會正義的可能性；但是現今社區工作和社會工作形成分離的狀態，他們也倡議重新整合，並關照在地知識。Dominelli（2020）認為西方以往的變革多著重大型發展方案，但她提醒很多改變可從在地和小型社區開始；社區工作方法有助於和居民及團體面對面互動，並和在地居民一起工作及討論，以找到適合在地的問題解決方式。Popple（2015）及Munford與Sanders（2019）也提及社區工作有助於將個人議題和社會經濟脈絡做關連，社區工作者可提出他們對世界不同的理解，並「使能」（enable）社區實踐更好的未來。這些論述均強調社區工作是連接微視和鉅視社工的重要載體。

張貴傑（2014）研究發現，莫拉克風災時進入災區服務的社會工作人員，多帶著社會個案工作的思維，在看部落及社區問題的概念化中經常落入個案的主觀微視眼光中，對社區工作方法社工人員很少能夠運用自如，也造成多數社福團體急著瓜分受災居民以提供服務。臺灣社會工作專業人員發展協會

（2019）[4]曾重中社區工作的重要性，其指出社區工作與個案工作、團體工作並列為社會工作專業三大工作方法，然而在專業的實務發展中，社區工作一直處於邊緣化，社區工作的經驗累積長期仰賴志願服務，社會工作專業者對於社區工作常是陌生的；學者呼籲重視社區工作邊緣化的現況（張英陣、鄭怡世，2012；方昱，2013；黃彥宜，2014，2015）。

本書以小鄉為研究和書寫對象，主要探討他們如何提供在地服務和行動。社區工作雖然在文獻分類屬於鉅視層面（Mosley, 2017; Mattocks, 2018），然而小鄉的工作「模式」（model）以人為主，工作方式經常隨著合作對象的需求和步調，巧妙和自然地融合微視和鉅視，因應發展階段彈性調整。小鄉們來自多元背景[5]，探討小鄉的行動和經驗，有助於從多元學門背景，對社會工作微視和鉅視二元對立的現況，及呼籲看重在地知識和實務智慧的角度，提出新的可能性和參考。

②實務知識和智慧的重要性

本書和小鄉們合作，在社會工作知識論方面，希望能系統地爬梳和分析小鄉社區工作實務經驗與智慧。如Weick（2000）所言，社會工作有兩種知識，一種是主導的專業科學，一種是每天從照顧、解決問題和實踐中所衍生的知識，稱為實務知識或智慧，此也被Hyslop（2013）視為是學術和實務間的橋梁。

4 參考自臺灣社會工作專業人員協會「社區深耕、在地生根」工作坊：社區實務與社工專業的對話，高雄場資料。

5 小鄉們的學科背景相當多元，包括文學、社會工作、護理、會議展覽等。

誰掌握知識生產的發言權在社工社群多所討論，從一九九九年起，來自九二一地震重建區的年輕實務工作者即提出諸多呼籲，因為在臺灣，社會工作理論和知識多引介自西方英語系國家，學者因其英語能力的優勢，因此在知識生產上掌有發言權（黃彥宜，2015）。當時的實務工作者倡議「或許實務工作者可從日常工作中的經驗與學者所生產的知識產生對話開始，透過行動來詮釋意義並再生產、修正知識」（許婕穎，2002）；龔尤倩（2010）建議社會工作應重視透過各種實作經驗而成的「實踐知識」；陶蕃瀛（2013）提及應該在基層社區從事組織結社並形成新的自主基層社區生活互助網絡；也建議透過行動研究整理本地社會工作實踐經驗（陶藩瀛，2004）；或認為若實務工作者做研究要成為一種社工界知識生產解放的社會運動，新的公共空間必須要被創造，鼓勵社工說故事為自己發聲讓自己被看見（王增勇，2005）。這些論述說明學者掌握知識的生產和發言權，同時也揭示社會工作社群中的「階級」議題，學者和實務工作者間權力不對等，因此培養實務工作者生產實務知識也是上述文獻關照的重點。

本書中的實務知識和智慧包括小鄉如何運用社區工作實踐理念，也包括與他們協作的社區組織和社區發展協會如何「做」社區。小鄉們各有自己的專長背景，他們從自身所學的知識基礎和實務經驗做調整，找到適切可行方式。小鄉也積極培力志工，讓他們具備執行社區工作的能力。社區工作一個重要的準則即為「幫助比較不是專業的人成為專家」。對於那些未受過學院訓練但積極從事社區服務者的志工，他們沒有學院吊書袋的束縛，常能挽起袖子實作，真切回應服務對象的需求（黃彥宜，2020）。這些「素人社區工作者」之精神和實踐力是學院訓練所不足的，因為社區工作除了知識、技巧和方法外，重要的是實踐和實際處理與解決問題。學院的訓練提供我們一套系統看問題的方法與架構，是「素人工作者」較少接觸的，兩者可以互補，相互學習及對話。

Moje等（2004）認為學院知識和社區生活經驗並非二分，兩者間的雜揉可讓知識更具生產性和延展性，社區和學校一起作用，可生產新的第三空間知識。從社會工作知識論的角度，學術知識並非具絕對優勢和精確性，社區也可以生產知識，藉由書寫，也可將學術、實務與生活知識「再建連」（rearticulation）。社區工作和社區特殊的情境需要多樣的知識加以理解，也需要學界和實務工作者間有更充分的互動。

本書希望透過與小鄉們的聯合反思和行動共同創造知識。除介紹社會工作理論和社區工作相關論述外，也著重實務工作者的實務知識和智慧。Novak與Fisher（1998）提及「尊重」（re-spect）從英文字義有「再看」的意思，意味著對其他人打開眼睛。我們常會被自我及學門背景的影響而有盲點，本書希冀透過集體討論、分享和創作讓學術與實務工作者理解彼此的經驗和思考，並從其中發現意義，對原本視為理所當然的事，重新反思、重新理解和再建連。

③看重在地知識

小鄉強調自己是旗美九區的在地組織。這裡的「在地」（locality）有以「地方為基礎」（place based），並在特定的地理範圍內提供服務的意含。除此之外，也代表關注當地社區的獨特需求，而不是高雄市界範圍內的「合併」需求。South East Essex Locality Partnership（2018）提及地方為基礎的工作是一種草根、以人為本的方法，藉由使用可獲致的資源和在地知識與洞察而協作，以滿足特定地理區域人們的特殊需求。然而，Brent（2012）卻認為在地並不侷限於特定地理區域，也與社會經濟結構密切相關；空間邊界只是一個元素，但它們可以被歷史、文化和社會敘事所取代和重新建構，地方是一個文化而不是空間實體。Nettleingham（2018）指出，在地是一個複雜和多元的概念，地理區位雖和在地是相關的名詞，但也不可忽視鉅視社會過程對在地居民日常生活經驗的影響。

小鄉的辦公室雖歷經多次搬遷，但都在旗山區落腳。部分工作人員就住在辦公室樓上，生活和工作並無太大的界線。他們以一種直接嵌入在地的方式生活和工作，也因而能從在地觀點與旗美九區內的社區發展協會與組織建立夥伴和協作關係。透過活動和網際網路，他們也與旗美以外的社區多所連結。小鄉社區工作的實踐主要在旗美九區，該區的特性形塑著小鄉如何運作；但九區以外的文化、經濟、政治和社會力也影響著小鄉如何進行他們的社區工作。

Nettleingham（2018）整理了「社區」和「在地」概念的異同，大致可分成三種看法：有一說認為社區和在地是同義詞；也有認為在地代表個人、關係和小型的行動，或是社區的行動者執行他們可掌握的活動；也有認為社區不同等於在地，社區代表更廣泛和抽象的社會變遷過程。Day與Murdoch（1993）指出，在地最初指空間的地理性而非社會性，後來趨同於社區的概念。本書主要用「社區」的概念，討論旗美九區時則使用「在地」，也依行文脈絡「社區」與「在地」交互使用。

楊弘任（2011）將在地性邊界之內「如何做事」的知識與技術實作傳統，稱之為在地知識。林崇熙（2003）強調在地知識必得鑲嵌在一個地方的文化分類系統中，必然具有文化／生態／空間／物質／歷史上的共構性。本書所探討的在地知識，包含在地特殊性，也涵蓋「社會性」（societal）的意義。小鄉和其協作社區以旗美九區為基地，諸多活動和方案都是由在地組織和在地人創發和實施。Choi與Murphy（2021）認為在地知識的探詢，宛如進入個人或社區的敘事，需要不斷地反思並願意向這些人學習，因為他們提供了一個曲折的故事情節，也提供了一個獨特的邏輯和特殊的生活世界。除了在地特殊性，社區的樣貌也受到歷史、文化和制度所形塑。在地知識也呈現相關體制如何影響在地行動，及居民在這樣的脈絡下如何展開日常生活。

本書認為在地知識也是實務知識的一環，也和實務知識面臨同樣的困境，因為在地知識並非被專業人士或其他專家所創造，經常被視為不是客觀的，而處於邊陲，但這並不表示在地知識不夠深奧或是有所侷限（Murphy & Choi, 2021）。Callaghan（2021）認為要改變這樣的現象，需要知識論的轉變，社區為本被視為是一個可行的途徑。

④社區為本的實踐

在知識論上，社區為本強調社區場域承載的並不只是實證和客觀的知識，而重視居住在其中的居民如何界定他們的情境、價值、想法和承諾。要進入理解個人或社區的敘事，需要不斷地反思並願意向這些人學習。看重在地知識是社區為本的重要內涵，在地知識是一個敘說的過程，需要適當地詮釋，以被正確理解（Murphy & Choi, 2021），社區為本的理念也體現在實踐層面。

在社會工作學門所傳授的社區工作，社區工作者多定位為專業角色，進入社區協助居民處理社區的問題。雖然過程中也強調與社區成為夥伴關係、重視居民參與和營造凝聚合作，但社區工作者是一個外來專家的角色，試圖運用專業的知識、技巧和方法於社區場域，從問題與任務取向介入社區。在實務面向，社區工作者介入社區經常帶有特定任務和工作，也被補助單位期待於特定時間內完成，呈現的成果必須是具體和可測量的。第一作者曾參與社區方案的評鑑、審查或績效考評，發現在政府經費補助的框架下，每個社區發展協會提出的活動內容幾乎大同小異；地方政府所轄的社會福利中心，係以家庭為中心與社區為基礎為運作原則，但多數限於和社區合辦活動或將活動場域從機構內移至社區辦理，內容也相當雷同。這種情況下，社區的參與或投入經常是表面的，或被實務工作者認為是輔助性的，社區成為一個客體，或是活動與服務的實施場域。

Scottish Community Development Centre（2002）區分在社區層次的「參與」（involvement）和「投入」（engagement）的不同。前者指在政府所決定的結構和決策過程，社區「被鼓勵」參與其中；而後者重視協作關係和對話關係，關係的發展是一個焦點，需要先瞭解社區的動力，再去鼓勵他們參與，而不是強加外部解決方式或方案。因此，過程很重要，需要瞭解所合作社區的動力，準備隨時調整和發展結構與過程，讓社區容易進入並與其有所關連。以Scottish Community Development Centre的分類，目前臺灣政府與社區間的關係，比較偏向「參與」。

第一作者與小鄉自二〇一五年國科會研究計畫開始合作[6]，深覺小鄉的實踐方式係將社區當成平等的夥伴並與之協作。他們將參與者聚集在一起，運用各種方式和機會讓他們分享看法與經驗，雙方逐漸對議題有共同理解後才一起工作；他們也投入大量的人力以提升社區的「能量」（capability）及能力。United Nations High Commissioner for Refugees（2013）與de Wit等（2018）稱此種將參與者視為「主動的行動者」（active agents），充權並創造機會讓社區能實質地參與影響他們的計劃，是社區為本的實踐。一般計畫執行，社區多為被諮詢或資料提供的角色，但後面發展和執行，有時為了時效，就沒有讓社區參與。以社區為本的實踐，必須重視讓受影響的社區參與每個階段。

社區為本的實踐雖然強調建立社區的能量，但並不是讓社區完全承擔責任或認為社區可以自給自足，社區長期上仍需要技術和物質支持（United Nations High Commissioner for Refugees, 2013）。因此，政府下放資源的方式極為重要。政府的經費如雙面刃，目前臺灣多數社區倚賴政府的補助，但也因為接受政府的補助，有些社區工作者常須與政府不當的資源配置或措施進行頑抗，社區為本的在地知識和實踐因而備受限制（黃彥宜，2015）。小鄉諸多的努力也在協助社區如何不被政府的經費牽著走，致力增進社區的自主權力意識。本書透過書寫也在重中社區為本的理念，以出版作為一種發聲的形式。

6 二〇一五年至二〇一七年國科會計畫為「友善環境產業和組織中的婦女能動性：以九二一地震和八八風災為例」（MOST 104-2410-H-260-038-MY2）。二〇一七年至二〇一九年為「綠社工的實踐：莫拉克風災長期重建案例分析」（MOST 106-2410-H-260-042-MY2）。二〇二〇至二〇二二年執行「以社區為基礎之長期復原策略和創意方案：以『社團法人高雄市小鄉社造志業聯盟為例』」專書寫作計畫（MOST 109-2410-H-260-015-MY2）。

⑤與理論的對話

小鄉們從事社區工作時並無論述或理論的包袱，而是端看需要採取行動，並憑藉小鄉們不同的專長，形成團隊，相互合作互補，許多方案和活動就在行動、檢討、討論、爭論和反思中不斷地修改及精進。第一作者藉由小鄉們的敘事來瞭解社區日常情境中所發生的故事和行動，及小鄉們如何界定和詮釋這樣的經驗。小鄉們都極富表達與洞察力，這些經驗和觀察均是寶貴的知識來源。透過小鄉，如Murphy等（2017）所言，第一作者宛如取得進入社區「新世界」的入場券，這個世界有著豐富的實務和在地知識，有些經驗具旗美九區在地特殊性，但行動背後的理念、價值及部分策略、方法與技巧是具普同性，也適用於其他社區。

在書寫時，第一作者試圖用小鄉的用語去理解他們的行動、經驗與觀察，同時也運用理論加以分析。理論如同一個指南針，協助閱讀社區發生的人事物。Choi與Murphy（2021）提及理論可協助超越言詞的表面特徵去捕捉敘事內涵的深層意義，並保持理解的敏感度。第一作者在書寫時定位自己是在地生活經驗和故事的閱讀者，然後帶入理論觀點加以理解和詮釋。寫作期間和小鄉們歷經多次討論，並進行修改，以避免他們的在地經驗和故事被理論所框限；也讓理論及概念的運用能和實務經驗作對話，並突顯特殊性。這樣的目的在希望能達致以理論為參考的實務，及以實務為參考的理論發展（McBeath, 2016），並從在地脈絡對理論提出新的視角和延伸思考。

本書的章節安排依據小鄉的工作內容做劃分。每一章先說明一段小鄉或小鄉與協作單位的故事及經驗，繼而援引相關的觀點或理論做討論與對話。理論的選擇除考量小鄉的工作內容外，也關照微視和鉅視兼具、突顯社區為本，及近十年發展的新社會工作理論或社區工作論述。本書共分五篇，第一至四篇由黃彥宜主筆，第五篇由陳昭宏、張淑菁、賴梅屏、陳薇伊、葉晏慈和劉美辰書寫，章節安排如下：

第一篇　從小鄉的經驗談社區工作的概念

第一章　什麼是社區

先概略介紹小鄉的成立背景，並說明社區和社區為本的概念。本章將社區視為中介結構，連結微視的個人和鉅視的結構，也是在地知識生產的場域。此外也討論小鄉如何營造一個開放的參與空間，讓有意願或興趣者進入協作，進而促進知識分享和增進社區認同。本章也強調社區的和諧與凝聚不是理所當然的，社區是生活的地方，必然充滿衝突、權力協商與社會交換，因此，互助與互持是需要營造的。

第二章　什麼是社區工作

先綜述小鄉多年來如何運用各種方案編織在地網絡能量，包括二〇一三年開始推動迄今的「一百二十公分的角度：你看見什麼？」，讓山村兒童與長者透過相機作記錄，以在地視角詮釋山村生活，並用作品為自己發聲。二〇一七年發展「伴我一聲」計畫，透過田調和聲音紀錄，將地方記憶、族群文化和山城職人故事，製作成廣播節目，讓更多人聆聽在地生活經驗。二〇一八年起和木梓社區合作辦理火把節。小鄉也舉辦培力課程和議題講座，目的在孕育社區人力成為可以支持在地的專業人才。

社區工作方法和行動從「技術取向」（technicist approach）到「變革取向」（transformative approach）、

從強調個人自助到集體行動，形成一個光譜（Mayo, 1998）。本章先說明社區工作的概念，繼而分析小鄉的社區工作如何視在地需要在光譜上做變動和調整，但不脫離以人和社區為本的初衷。社區工作主要透過共同行動促成改變，什麼需要改變和如何實踐均是價值的選擇；也需要將個人或群體置於所處的社會脈絡，特別是背後的權力體系。國家和社區間的協商關係一直是重要議題（黃彥宜，2015；Markantoni et al., 2018），本章也討論小鄉如何致力支持社區居民的「能動性」（agency），讓社區不被公部門評鑑和補助的規範所框架，而能突顯在地經驗和從事創新。

第三章　社區工作的策略

以木梓社區的故事說明社區工作的策略。木梓社區的社區發展協會曾停滯三十年，二〇一八年起透過與小鄉合作而重新啟動，火把節辦理的成功也讓社區居民和離鄉遊子對社區再度認同。小鄉的社區工作策略多屬超前部署的主動性。本章說明小鄉如何與居民建立關係，從快樂無壓力的小活動開始，讓社區練習組織、分工、建立流程和學習面對衝突，在日常生活中用適合的節奏引導社區逐步深化服務與活動。與社區連結情感和培力是一個長期的過程，若迫於時效急於速成，將會適得其反。讓社區動員投入更是一個緩慢的過程，需要耐心和尊重，社區也需要調適過程中所帶來的改變。本章也說明小鄉如何在活動中，讓參與者找到自己的位置發揮所長、建立自信和能力；並關照權力議題與居民的「所有權」（ownership）感；以社區為本而不是由專家越俎代庖。

第二篇　小鄉的志業：一百二十公分的角度、伴我一聲和婦女培力

第一章　充權和影像發聲

「一百二十公分的角度」是小鄉執行最久的活動，從二〇一三年募集第一台二手相機開始，執行迄今。本章運用充權和影像發聲的論述來說明小鄉如何讓山區的小朋友與長輩，運用相機記錄自己的生活和部落，也讓在隔代教養普遍的偏鄉，透過相機來創造更多世代間交流與改變的機會。

影像發聲雖是一個質性、社區為本及參與性的行動研究方法（Jarldorn, 2019），但本章並不強調它作為研究方法上的運用，而是著重探討其理念。影像發聲的理論基礎之一為充權，為平時未能擁有攝影機的人促成拍攝和引發社區的改變。

「一百二十公分的角度」將照片作為介入的媒介，希望增進偏鄉兒童的文化資本和世代間的交流。而此藝術為本的介入，也可作為反轉刻板印象及倡議偏鄉資源配置不均訴求的工具。本章運用「一百二十公分的角度」方案來說明小鄉如何運用影像從個人充權切入，逐步醞釀集體充權，包括如何結合團體討論、書寫展示、圖像和敘事讓參與者突顯他們的經驗和洞察，並進行對話、反思及促進行動。

第二章　伴我一聲：小地方大鄉民社區電台

本章藉由「伴我一聲」的故事來說明小鄉如何運用廣播與社區電台「做」社區工作，從微視地增進長者身心福祉至鉅視地讓偏鄉有發聲的機會。小鄉幫長輩們在YouTube創立了一個社區電台：「小地方大鄉民」，讓長者擔任主持人或受訪者，透過節目介紹高雄偏鄉九個地區的人事物，故事大多取之長輩

的工作與生命經驗。「伴我一聲」活動多元，除社區電台也包括社區組織、文化盤點、工藝師普查、真人廣播、記憶食譜和發展教案等。小地方大鄉民社區電台雖是弱勢電台，但內涵卻相當多樣，包括社區營造、文化、照顧、地方史、促進人和人之間的連結；方法也相當多元，集結廣播、人際互動、教育和諮詢等，並為農村及弱勢發聲。

本章整理廣播和社區電台對長者影響的相關研究，以作為與「伴我一聲」對話的基礎。繼而分析小鄉如何用廣播進行社區工作：包括利用社區電台在資訊化社會中支持在地文化和語言；提供舞台予在強勢電台中隱而不見者或弱勢者；和如何轉化被照顧者成為服務提供者。

第三章　社區婦女的能動性

小鄉雖不特別針對婦女規劃工作，然而，農村裡的社區參與者以社區媽媽們居多，加上目前各社區運作的社區照顧關懷據點不論是靜態或動態課程，也多以婦女志工為主力，因此，小鄉的協作夥伴多是社區婦女。本章先描繪小鄉與婦女的工作經驗，繼而整理能動性概念。能動性是人類追尋某些行動歷程的能力，而該行為者的行動某些程度也不全然是自主的，他（她）的行為受到社會脈絡和資源、文化及規範等結構因素的限制，但結構也可能促成行為，行為可以潛在地影響結構。

本章主要探討婦女在社區的生活及活動如何受到結構的影響，而在社區所形成的關係網絡又如何影響了婦女的意識，繼而反轉自身的位置和重構結構。婦女能動性施展的影響，正向部分有：增強自信和能力、在公共領域的移動力、社區參與機會、建立網絡和集體發聲；負向的部分為遭受暴力對待和阻擾。因此，在地和長期的陪伴與支持就極為重要。本章重點之一也在討論小鄉如何增強婦女能動性及協助減少來自結構的阻礙。

第三篇　災變中的韌性：小鄉和協力夥伴的努力

第一章　莫拉克風災的省思：綠社工的觀點

本章除了小鄉的經驗，也納入協力夥伴的故事，包括甲仙愛鄉協會、茂林區多納部落和位於六龜區寶來的「樣仔腳」。綠社工是由英國學者L. Dominelli於二〇一二年提出。綠社工重視「整體」（holistic）觀點，除了社會環境也重視物理和生態環境；強調社會正義外也著重「環境正義」（environmental justice）。此外，綠社工呼籲人和地球上的萬事萬物是平等的；保護自然環境和資源的公民責任；倡議健康的環境是人權的一環，及微視與鉅視介入並重等。

小鄉和其協力夥伴的經驗呼應綠社工的觀點，但也呈現在地特殊性。面對偏鄉人力外流，莫拉克風災重建經驗突顯結合物理、生態和社會環境及地方感復原的重要性。災難長期重建涉及的是更深層的永續、組織和結構議題。災後重建不是回到過去，而是透過重建能夠發展網絡、人和組織，及組織和組織間的連結，一起面對災後土地、生計和環境等問題。本章也呼籲：政府常為彰顯重建績效而急於抹去災難痕跡，然而，重建工作的在地智慧與策略當更系統地記錄，此需要學術界與實務界協作共同生產知識，讓救災重建可以依賴資料庫而不是記憶。

第二章　疫情下的社會復原力

COVID-19新型冠狀病毒肺炎（以下簡稱新冠病毒）的全球流行病疫情（以下簡稱疫情）對社區居

民的日常生活帶來重大的影響和改變。本章運用「社會復原力」（social resilience）的觀點，討論旗美九區的社區組織和社會福利服務機構如何於疫情期間，在社區層次針對其服務對象提供服務與關懷。除了整理小鄉們的經驗外，也分析小鄉定期與社區和社福機構協力平台會議的資料。

早期「復原力」（resilience）的概念重視個人的人格和特質如何因應生活逆境，然而學者呼籲面對災難，當將復原力的概念擴展至社區和社會層次。社會復原力概念跨越心理層面的個人特質的探討，著重個人所處的社會位置和能力，如地位、知識、技巧、生命經驗和公民權；物資和社會資源的提供有助於社會復原力，但也要關照社會資源是否公平分配；社會網絡、社會支持、社會連結和信任等社會資本元素是建立和維護社會復原力的基本要素。

本章討論小鄉和協力平台的成員如何運用社會網絡和社交媒體以因應疫情的衝擊，基於平時和居民與服務對象間的社會連結和信任，突破萬難地在種種限制下提供服務，並關注環境議題。小鄉和協力平台單位的作為也在提醒如何協助疫情中「脆弱性」（vulnerability）比較高的人口群處理他們的問題，及當如何調整服務和連結資源，從鉅視層面的支持去增強他們的復原力。作者也倡議面對後疫情時代，公部門當更善用和重視在地知識，並與之協力，政府和社區交互補足所形成的彈性層當可更緩減疫情的衝擊。

第四篇　小鄉的模式：小鄉理監事和小鄉們的觀點

第一章　小鄉的模式

本章主要彙整小鄉的社區工作實務模式，在討論時結合實務為本和文獻為本的理論，除透過和既有的理論對話與比較外，也分析小鄉模式的特殊性。第一作者將小鄉模式界定為「社區為本的協作模式」，並分成四種類型，分別是「增進機會與能動性」、「區域串聯與資源創造」、「充權取向小規模行動」及「集體充權」等。綜論小鄉模式時，也分別從社區工作者的價值、問題的社會脈絡、目標、社區和問題情境的假設、改變的策略、社區工作者的角色、改變的媒介、權力結構導向與充權，和社區界線等特徵進行討論。

第五篇　小鄉們的反思

最後一篇是小鄉們的反思，他們從日常的工作與生活中娓娓道出自己的體悟、思考與看法。最資深的昭宏說明小鄉如何在與社區發展協會合作過程中，進行公民意識的提升及在地人才的養成；並面對小鄉一直被視為是非典另類的存在之處境下，如何承擔對外說明與對內穩定人力的任務。

同樣是小鄉資深人員的淑菁，描述了她從全職媽媽到成為小鄉工作人員的過程，從其中可以瞭解到女性追求自主和不斷自我提升的能動性，及她如何透過陪伴在地組織與夥伴，而逐漸發展自己獨特的工作方式，並為平埔文化注入心力。

梅屏是在二〇一九年「南洋姊妹會南區辦公室」結束運作後，於二〇二〇年加入小鄉，新住民也逐步成為小鄉重要工作議題與焦點。最年輕的薇伊說明了在小鄉與在社工系學習社區工作經驗的差異，及在小鄉的工作如何帶來她經驗的翻轉與眼界的拓展；小鄉也協助如她等有志投入社區的青年找到自己的角色和位置。晏慈曾加入小鄉四年時間，觀察到廣播活動透過邀請長者的參與，而翻轉他們的角色，此經驗也對她日後的生活和工作產生新的影響。美辰說明她在小鄉工作期間，如何體會到另類和無框架的社會工作，並對自我有更深的覺察，及小鄉人事經費倚賴對外申請對她帶來的難題。

小鄉們生活的語彙將幫助讀者更深入地瞭解他們的工作與理想、運作模式及特殊性，也可進一步理解，為何小鄉們在資源匱乏之下，十多年來仍堅持在旗美九區在地扎根。

研究方法

對實務和在地知識的重視，及強調社區為本的實踐與研究，是本書重要架構。本書希望從社區和實務工作者的角度去理解社區工作和社區生活的世界，也兼顧專業和理論的視角。小鄉們在過程中不是只提供資料，而是如Freire（1972）所說，是「批判的共同探索者」（critical co-investigator），也是理論與觀點的閱讀、反思和檢視者。我們一起探究、發掘和詮釋未被呈現或充分理解的在地經驗和實務智慧。本書主要參考Haug（1997）所發展「記憶工作法」（memory-work）。

①記憶工作法

記憶工作法採「團體研究」（group research）方式，即將一群人集結以積極參與研究的過程，並分享彼此的想法、知識和分析。Koutroulis（2001）稱「記憶工作法」是一種後設分析，在研究過程中，成員彼此分享、記錄及分析參與者的記憶所述，參與者彼此平等為共同研究人員，共同對研究問題陳述事實及共同賦予資料意義（林金定等，2005），因為共同參與，所以沒有研究主體和參與客體的二分（Langdridge et al., 2012）。

採行Haug記憶工作法的原因是：第一作者與小鄉們有長期的互動經驗，彼此建立合作與信任關係。在學院工作的第一作者常藉由理論架構去瞭解實務經驗，因此也希望藉由協作，以更貼近的方式去瞭解小鄉們在地工作經驗，一起發現新的可能，共同生產知識。因此，嘗試以團體方式共同分享經驗並一起決定書寫方向，希望藉由這樣的方式整理出小鄉團隊的洞見及聲音。第一作者邀請小鄉們分享他們的經驗、觀察和省思，並由第一作者加以分析及撰寫初稿，再將文本提供予小鄉們檢視，反覆修改。第一至第四篇由第一作者書寫，研究方法依據Haug所建議之步驟並加以修改以適合書寫之情境；第五篇由小鄉們主筆，他們針對多年來的實務經驗進行反思。修改後的記憶工作法步驟如下：

第一階段：決定書寫的方向。第一作者自二〇一五年即與小鄉開始研究案的合作，本書彙整二〇一五年至二〇二二研究案的資料。進行方式為決定分享的主題後，即由第一作者邀請小鄉們針對書寫議題進行討論和分享工作經驗，並將過程錄音後整理成逐字稿。再由第一作者進行初步分析。小鄉們都極富表達與洞察力，這些經驗和觀察均是寶貴的知識來源。

第二階段：由第一作者撰寫初稿並與理論相扣連。書寫一章完後即由小鄉們加以檢視，並一起討論，再由第一作者修改。討論方式主要在檢視第一作者的詮釋是否有不清楚或誤解之處，小鄉們也針對不足之處提供補充資料和檔案紀錄。

第三階段：針對初次修改再針對文本進行討論，並由小鄉們協助訪談三位小鄉的理監事以補充資料的缺口。

第四階段：邀請實務工作者試讀[7]，並針對他們的建議進行修改，期間數次與小鄉討論及反覆檢視，最後由第一作者修改定稿。

各階段的討論均錄音整理成逐字稿。逐字稿資料由第一作者進行分析與書寫。

②資料分析

資料分析主要運用「開放編碼」（open coding）和「主軸編碼」（axial coding）進行。如Blair（2015）所建議，當分析不在進行理論建構時，無須完成紮根理論方法論的三個步驟。進行開放式編碼時，以句子和段落為分析單位進行編碼，而後將資料加以檢視發展「類屬」（category），依所援引的理論概念加以命名，以瞭解文本所傳達的訊息（Kagee, 2004）。後運用主軸編碼建立類目與「次類目」（sub category）之間的連結（Glaser, 1992；Strauss & Corbin, 1998）。在來來回回資料的閱讀與整理過程中，不斷找出相同、差異與對照點。

為減少自我設限以影響資料的蒐集，Chenail（1995）建議採行「三角交叉檢視法」（triangulation），

7 感謝張家豪社會工作師、財團法人聖功社會福利慈善基金會蕭淑媛主任和財團法人聖功社會福利慈善基金會林冠州社會工作師的補正。

運用多種資料的相互檢視以減少偏誤。Lauri（2011）分成「資料三角交叉檢視」（data triangulation）和「研究者三角交叉檢視」（investigator triangulation），前者為運用多元資料以瞭解現象，後者則由多位研究者參與分析、解釋資料。因此，第一作者將分析初稿由小鄉們加以檢視，同時與小鄉檔案紀錄、工作報告及報導小鄉的相關媒體資訊等做對照，留意以參與者立場與觀點瞭解資料的脈絡與意義；有分歧之處則與其他資料再作確認，避免落入個人主觀詮釋資料情況。在研究進行過程中，第一作者也相當關注保密等倫理議題，同時也避免落入專家角色，而主導整個書寫。期間不斷地與小鄉們討論、協商和確認，整個過程小鄉們均全員參與，不全然由第一作者去詮釋文本內涵。過程中各章均數次來來回回修改和討論，繼而定稿。

本書希望透過與實務界合作，系統地整理實務和在地知識；也藉由理論與實務間的對話創造新觀點，而能豐富本土社區工作和社工理論文獻，並能對社區工作或社工理論有興趣的學子和實務工作者有所助益。

第一篇

從小鄉的經驗

談社區工作的概念

第一章　什麼是社區

小鄉的故事：小鄉的成立[1]

二〇〇九年莫拉克風災重創中南部地區。在高雄的山區，一群面對災難、重建和社區工作毫無經驗的人，參與數百小時的培力課程，及在輔導團隊綿密的陪伴下，忙碌的身影穿梭於重建區和培訓課堂，長達幾百公里往返的路途，也累積出豐厚的實務經驗，成為一群有經驗和有方法的工作者。面臨災難的常態化，面對長輩、婦女、孩童及農民等不同族群，及因應生計、房舍重建、耕地和祭儀等社區複雜的需求，他們一邊學習也一邊找方法回應。

二〇一四年隨著莫拉克風災的重建工作告一段落，這群曾參與救災和重建的在地青年與在地社區夥

1 以上文字綜合引用自：
梁元齡（二〇一九年三月四日）。青年將創意帶入村落，與爺奶攜手創造世代共好的美麗風景：銀髮社區青年案例。社企流。https://www.seinsights.asia/specialfeature/6090/6104
社團法人高雄市小鄉社造志業聯盟。臉書。https://www.facebook.com/littletownship/
國立教育廣播電台（二〇二〇年一月十六日）。小地方大鄉民　用陪伴關懷社區長者。https://www.ner.gov.tw/program/5bdc0a50c6d58700051449e7/5e1f116829f6bf00078b3f67
謝宏偉（二〇二三）。山村不近，小鄉不遠。載於二〇三〇臺灣無貧困推進協會（主編），看見臺灣貧困田野調查專刊：在地議題　在地發聲（頁三七－五四）。二〇三〇臺灣無貧困推進協會。

伴共同成立小鄉。因為他們的家在那裡，而災難似乎也不曾遠離，經驗也需要持續堆疊。在莫拉克風災重建過程長出來的小鄉，在山村中持續迄今已十多年，他們離不開也不能離開，因為他們相信在地生活，貼近需求就會長出創新。

小鄉服務範圍很廣，他們的「管區」約有七個臺北市大，稱作「旗美九區」。高雄旗美地區曾受到莫拉克颱風重創，加上原先青年外流，在地的文化斷層非常嚴重。

小鄉的工作地點住辦合一，辦公室樓上就是住宿空間，「通勤」的距離是垂直移動的。他們的生活之所以與工作扣連得很緊，是因為小鄉們覺得勢必得投入在地，才能看見更多的需求，另一方面也是因為週末常常需要辦活動，平常日晚上有時也要跟社區開會，所以很難有明確的上下班時間，無法套用一般職場的條件，但也沒有大型組織的科層制度，工作人員間沒有任何上下關係，所以小鄉都不會說他們要徵員工，而是要徵夥伴。

多年來小鄉集結莫拉克災後從事重建及基層社造的社區工作者，希望透過社區參與，集結對社造有熱情的夥伴一起協作，並培養在地人才。小鄉工作人員在地蹲點，串聯地區間的資源、形成互助網絡，也從在日常生活的題材發掘和創造各種行動，如走在鄉間小路，記錄

圖4：2020年小鄉社造辦理社造歷程特展「小錄鄉間」回顧多年的社區工作經驗

社區不同的故事與樣貌；或透過培力社區照顧師資，陪伴社區長出能量；用聲音採集社區記憶；和用在地料理串起人與人情感。這種種嘗試除了希望重拾社區對土地的認同感外，他們希望還有更多的在地特色能被保留下來。而更重要的是倡議，如社區自主發展及社造制度能更健全，以支持在地社區工作者持續深耕，讓社造不只是撒種的工作，更能發芽扎根，使社區工作不只是個人志業，更可以是職業與專業。

本書用標楷體字體的引文，係來自小鄉旗山辦公室書寫團體的討論資料，若是來自理監事或協作夥伴的資料將另外標示說明。

圖5：小鄉的工作地點住辦合一

什麼是社區

多數人提到「社區」，會認為或是期待它是和諧、互助及相互扶持的，然而日常生活中人際網絡和社會關係經常是錯綜複雜，在社區中的經驗是否皆是如此？小鄉的在地經營又如何形塑大家所期待的互助互持呢？社區範圍到底有多大？一條街、一個里、村莊、鄉（鎮）和縣（市）都可以稱作社區嗎？在特定地理區域內「比鄰而居」就是社區嗎？在什麼情況下住在同一地區的人會覺得有社區認同？它的界線如何界定？目前臺灣諸多社區政策，社區發展協會多為重要載體，因此村或里就是一般民眾對社區界線的概念，而以行政區域劃分的界線，有機會因為小鄉與其他團體的協作，而突破這樣的既定印象嗎？

① 社區的概念

「community」一詞在英文文獻中於一九一〇年之前很少有社會科學文獻詳加討論，直至一九一五年美國社會學者C. J. Galpin始對它有比較清楚的界定。早期美國人認為農人居住的地方地廣人稀，因此無法形成社區，但Galpin認為農村仍有社區存在，他運用主村附近的交易和服務區域來描繪鄉村社區的風貌（Harper & Dunham, 1959）。中文「社區」一詞是由中國學者費孝通所翻譯，以和「社會」（society）作為區別（張珣，2002）。日文則翻成「生命共同體」（曾旭正，2007）。臺灣於一九九〇年代推動的社區總體營造即以生命共同體為核心概念，致力強化民眾對土地和本土的認同及社區參與。以下將說明從小鄉的經驗體現的社區又是什麼？

❶ 社區是一個中介結構

社區在臺灣對居民而言，雖不是一個陌生的名詞，但大多數的人認為社區是一座房子（活動中心），也有人認為社區是發展協會的理事長（陳板，1998）。在西方社會的文獻中，社區也是個模糊不清及混淆的概念，有學者整理出社區有兩百多個定義。社區常被用來對照大型的、複雜的工業社會或被用來指稱特殊性質的社會關係，和市民社會及國家等概念有所區分（Williams, 1983）。因此，社區可被視為是中介結構，介於家庭此一私領域及複雜冷漠的陌生社會之間的一個區域性的社會結構（Crow & Allan, 1994）。Berger（1977）特別強調社區的重要性，藉著社區，人與人之間可在淡漠及疏離的大社會中發展出家人親密關係以外的有意義之認同與連結。

「Community」也翻譯成社群，人類學者張珣（2002）認為社區和社群在理論上有不同指涉，社區的概念注重地區，社群關照生活於其中的族群或人群。Sewpaul（2008）提及社區大致可分為地理社區和「利益」（interest）社區。前者指稱一群多樣的人生活或共享一個特定地理空間，後者是指一群具有共同利益或興趣的人群。這些人在空間上可能是分散的，也可能很少面對面接觸。Bell與Newby（1971）整理對社區的定義，大致包含地理區位、認同和利益等元素。地理社區的範圍大小是變動的，小至幾條街，大至如國家或全球。地理社區內因為文化、宗教和語言等因素而讓居民連結在一起。以認同為基礎的社區，主要以族群、宗教或其他特質區分，這和人們如何認同自己，及別人如何界定他們有關，如原住民社區。

利益社區多以組織形式組成，成員有共同追求的興趣或利益，通常比以認同為基礎的社區連結鬆散（Dominelli, 2006）。小鄉透過行動形成利益社區，如平埔原住民文化的倡導；藉由「伴我一聲」的廣播節目，串聯長者和聽眾形成「小地方大鄉民」的網絡，也推動「記憶食譜」，用長者傳統美食和食物的故事，結合年輕人運用科技進行記錄，形成跨世代社群。利益社區在地理上經常是分散的，因此社區工作者的角色在協調及溝通上比較吃重，然而目前運用line群組和臉書等媒介更容易達致溝通、串聯與行動。

徐震（1979）提出社區是居住於某一地理區域，具有共同關係，社會互動及服務體系的一個人群。

徐震（2008）又對社區概念提出三種分類：地理社區是側重地理、結構與空間的有形因素；功能社區著重心理、過程和互動的無形因素；社會與行動概念的社區強調社會、組織、行動與發展因素，並提出社會工作者應以地理社區概念為基礎，以行動社區的概念為方法，以功能社區為目的，在一個漫無組織的地理社區內，運用社區行動方法以求社區意識的成長。從小鄉的經驗顯示，它不以傳統鄰里社區為運作基地，而是以旗美九區為服務範圍，立基於區域型地理社區，但也因應問題和議題，進行跨域組織、串聯和協作，具利益或功能社區及行動社區的特性。

因此，社區概念是多面向和浮動的（Dominelli, 2006），地理範圍和社區的大小也是變動的。臺灣向來的社區政策，不論是福利社區化、社區總體營造或是農村再生，在操作面都是以村里社區為範圍，但因為範圍過小，人口、規模和人力與物力資源上都有很大的侷限（賴兩陽，2004；蘇煥智，2018）。莫拉克風災發生時，當時的高雄縣政府曾利用民間捐款補助在地的社區組織或重建團體聘用在地人為專職人力，最初仍以村里社區為範圍，後來大家意識到進行跨社區串聯的重要性，因而跨越傳統以村里行政區域的社區疆界：

最初各自的社區是因應自己的需求，去做自己社區發展的事情，有些人是帶著媽媽們去學拼布，有些人是發展有機農業，有些是開始去做文化傳承的工作，包羅萬象。我們在二〇一三年的時候，就意識到說，我們一起來做區域的事情。

在地理社區內為處理特殊議題，而形成在地組織或社會行動團體。社區間也藉由「聯盟」的正式組織形式，讓區域的概念和操作更為具體穩固，也讓社區人才與人力更為多元，形成跨專業協力。一個人可以參與多個「社區」，社區的概念是多面向、具互動性和流動性。

〇〇真的很重要，因為她看見了區域工作的重要性，所以她在二〇一四年的時候，我們就完成了三個聯盟的產出，第一個就是「社區深耕永續發展協會」，延續大樹的旗艦計畫，由大鳳山、大寮跟大岡山的媽媽，組成了一個婦女聯盟；之後「杉林婦幼好家園」，然後九月的時候就成立小鄉。社區工作，要有區域，再來是要有不同專業的人一起加進來，你長出來的力量才會是多元的。

原本各社區從單打獨鬥和各自運作，變成區域性的發展，跨越傳統的村里界線，以旗美九區為範圍。除了在地理社區疆界的開展，重建過程中各社區重建人員透過相互扶持與支援，形成協力網絡。二〇一三年在地組織藉由提案與大型社福機構競爭，承接社區培力據點，甚且在政府重建計畫結束後，原有九區的重建人力也持續連結，關注後續各項議題而形成利益社區：

我們的重建人力，很多都在六龜街區上，大概有兩三人都在六龜街區上，但是不同組織，所以那時候，我就會很雞婆地去找這些人一起共食，我不知道叫不叫團隊？剛好有廚房，就剛好一起吃飯，我們這一群人慢慢形成一個協力的概念。我要辦活動，他們就會幫忙我，誰要辦活動，我就去幫他們，或是一起上課，會有共乘這樣子。因為我們團隊裡面，有人的經驗比較多，他不是從零開始的人，所以我們也會從他身上學習到一些事情，也會帶著我們去嘗試，會慢慢知道自己想做什麼事情。

就算莫拉克計畫結束了，但是我們還是持續在自己的社區做陪伴跟照顧，然後小鄉也在莫拉克計畫結束後成立，我們也透過人力的串聯，持續去做耕耘，慢慢地串出九區的一個網絡。

不同社區的工作人員一起參與培訓和重建工作，建立連結關係，過程中不斷創發對話，繼而發展跨越鄰里社區的協力網絡，為共享的重建願景而努力。小鄉也透過平埔原住民文史資料整理、老照片和夜祭等活動，幫助平埔族群社區串聯形成利益社區，「我就找大家一起做這件事情，所以我們就邀請了甲仙、六龜，其他區域的人，那時候我們就把高雄的人邀回來做夜祭讓部落間會親」；「我們那時候有做一些平埔原住民文化的整理和紀錄，後來跟整個高雄在做平埔族群文化的社區，開始有些連結」。

此外，藉由小鄉的社區培力，也產生如徐震所強調的「社會與行動概念的社區」，讓原本停頓和無組織的社區開始運作。小鄉曾陪伴木梓社區，從整理三十年未曾打開門的活動中心開始，繼而催生「火把節」：

我們就帶著他們整理三十年沒有動過的活動中心，打開那個門，其實非常可怕，那個牆壁，那個斑駁，堆滿了沙發，各種標語，然後一些破舊的書櫃跟被蟲咬破的書，大概進行六個月。然後每一個禮拜都會帶老師進去，各種老師進去帶他們做一些運動。二〇一八年三月，有一次在運動完之後就跟他們聊天，就聊到他們以前因為住的地方離學校比較遠，所以會舉火把上下學。這過程中，我們就非常密切討論，就是一次一次地帶大家去確認舉辦火把活動的細節。

有關木梓社區的經驗將於第三章做詳細討論。小鄉也將社區的人才集結成區域型師資團隊，以協助社區照顧關懷據點的運作，彼此相互支援，「一群媽媽，她們各自隸屬於各自的社區，但是我們把她們拉出來，變成一個區域型的師資團隊，這也是網絡的連結」。

莫拉克風災發生後，參與重建的在地人力，藉由人才培力方案，在鄰里社區進行組織，連結受災個人和家庭一起面對複雜的重建議題；爾後逐漸發展跨社區的網絡、協力與串聯。在公部門重建工作告一段落後，成立小鄉持續服務在地，藉由這樣的中介組織，在災後無助和混亂的環境下，發展出有意義的連結和協作；並成功地跨越狹隘村里社區界線，以區域為運作基地；或以地理疆域形式共同串聯；或是以社區議題形成利益社區。此外也藉由自身和跨域師資團體，促發沒有組織或停頓的社區開始行動。小鄉的經驗顯示，社區是需要經營的。

❷社區是需要經營

社區是自然形成或是受到外在社會結構的影響？這些是社區研究討論的重點。持社區是自然形成觀點的學者認為，社區是居民活動的自然產物；社會秩序及社區整合是自然發生，而不是刻意安排或計畫促成的（Suttles, 1972）。居民、親戚及朋友在社區內互動形成綿密的社會網絡，彼此互助並相互提供所需要的資源。Collins與Pancoast（1976）指出鄰里間的人際關係網絡是居民取得非正式的服務及滿足需要的重要來源，同時這些資源的提供也常是自發的。

然而Bulmer（1986）卻認為社區並非自然形成的，他認為傳統社區中所存在的互助網絡並不是自然形成的，而是為因應匱乏的物質或社會環境而產生的。他指出在一次大戰前的英國，福利國家的制度尚未建立，公共福利服務的缺乏，使居民不得不組成社區互助網絡，藉著相互協助來因應生活中偶發的危機事件。在當時鄰里互助網絡是許多家庭生活的「安全網」（safety net）。Ross（1983）對一次大戰前，婦女在倫敦社區的互助行為有生動的描述；她提及互助行為中有時充滿著兩造間的緊張與憤怒的情緒和衝突行為，分享資源是立基於互惠，接受別人的協助也變成日後須回報的義務。但是「你來我往」的互惠原則經常不是透過清楚的遊戲規則來規範，也因此引發許多問題。她也觀察到並不是每位鄰居皆可得到相同的協助與待遇，互助行為是選擇性，自我利益常是決定是否助鄰人一臂之力的主要考量。

此外，Fitzduff（1993）在北愛爾蘭Loughshore的研究發現，原本該社區居民間的連帶與鄰里關係是相當緊密的，但經濟蕭條及政治的不穩定等外在因素對社區造成很大的影響。新的價值觀念及規範在社區內逐漸萌生，和原有的社區傳統的規範格格不入。社區面臨著傳統文化與現代社會價值的衝擊。因此他認為社區是一種社會建構，社區的生活常會受到外在結構變遷的影響，整合與秩序並不是自然形成的，是須透過人為的努力。從小鄉的經驗也呼應社區不是自然形成，而是需要經營的論述，主動和社區接觸、密集互動和討論都是小鄉經常做的事：

> 九區的夥伴做一些串聯，這些串聯很重要的力量是大家的組織互相接觸，才可以一起往前做更多，這是大家很相信的一件事情，所以我們很常做討論，一些想法在車上、餐桌上、廚房裡的討論過程中就會蹦出來。
>
> 你叫人家來上課，人家會覺得，我都沒有在其他場合看過你，你不一定懂我們要的是什麼？你不一定知道我們的需求是什麼？可是混熟後，開課的內容更貼近需求的時候，才會打到人家的心。

居住在同一地區並不一定能導致共同行動或情感，必須經過一些社區「有心者」的串聯與觸發，並在過程中有意地集結組織。小鄉重視關係建基於日常，從日常聊天互動建立熟悉和信任感，逐步形成一種傳統農村社區的放伴和情感牽引：

> 那個姐姐開始來上小鄉的培力課，大家有交通上的問題，她就會去拜託安排共乘，這樣就有更多的聊天，更多的互動，所以當她開課的時候，大家都會覺得要相伴要一起完成。農村本來的放伴

精神，還有情感牽引，你願意跟人互動，人家會感受到你的真誠。

社區中有各式各樣的人，也形成錯綜複雜的人際網絡和關係，小鄉曾培力都市社區，這些經驗也提醒如何謹慎經營在日常生活中不斷上演的權勢角力，都市社區幹部會以「測試」方式來決定是否繼續建立關係：

都市社區的幹部覺得我們是年輕的，女性也會有影響，他們會先打量，不會馬上跟你說他要什麼，他要你去猜跟觀察出他們要的是什麼。你要是猜得到，而且你要給對藥，你給錯後，他從此對你就冷冷的，就馬上斷了。因為都市端的社區幹部知識程度比較高一點，所以他會覺得，你在跟他講話時候的口語也好，或是你在跟他互動的時候，你有沒有什麼樣的資源是可以給他的，他會很快速地對你這個人做評價。

小鄉進入一個社區後，先是「從零開始，很真誠地進去跟他們一起」，邀請所有利害關係人一起討論、參與和決定社區的服務方案；傾聽、陪伴、提供諮詢與協助解決問題。社區活動或方案不是政府或專家規劃，而是透過培力課程創造對話空間，並透過活動進行綿密的社區動員，從觀念改變到實作，進而產生認同及意義。

一般人認為社區就是做老人服務，其實不是，它可以很多元的。可能是環境、文化等。培力課程第一堂課我們一定會強調的是，不管你們要做什麼，你們這一群人一定要最了解自己要的是什麼，讓他們比較清楚以後才去做一些培力的工作。有確定要做老人的工作以後，我們就一起來做。如社區照顧關懷據點，你可能需要具備有量血壓的人、要有動態、靜態活動、有廚房煮食物和關懷訪視，就每個階段裡面要的人，我們開始分階段、分課程內容，去帶著他們，從觀念到實作。

其實社區工作就是我們每天眼睛張開來遇到的人事物，可能我們都會接觸到，不一定能夠陪伴他們解決問題，但是可以一起傾聽、找到解決的方法，我們稱為培力跟陪伴。

圖6：小鄉社造經常性辦理就近多元的社區照顧培力課程

從小鄉的經驗，社區的團隊需要催發，讓它有機會觸發與串聯，而面對不同的人、權力、城鄉風俗民情、以及背景文化，用真誠的方式去建構網絡關係，解構既定價值，去培力與陪伴，讓雙方的焦點與需求可以藉由不斷地溝通、充權解決問題的能力，形成協力網絡[2]。社區不必然是自然形成的，是一個

2 本段文字引自林冠州先生對本章的回饋意見。

外力支持，內部動員的建構過程。許多網絡需要經營並建立於日常，社區需要細膩的傾聽、陪伴與支持他們思考需求，繼而採取行動改善生活環境，也讓參與者增進「社區認同」（community identity）。

②社區認同

「社區」的字源是希臘字的「友伴」（fellowship），多數人期待所居住的社區是富有人情味、有共同認同及關係緊密的社會生活共同體。一群人生活在一起，彼此共享互助的我團體感稱為社區認同。本節將從小鄉的工作經驗，討論社區認同如何形成，而認同又如何形塑。

❶社群社區與會社社區

Sewpaul（2008）指出社區的概念通常充滿了積極正向的內涵，包括團結、人們為共同的目標一起工作、利他、分享、慈善及社會和經濟相互依存，比較偏向Tönnies（1957）所稱的「社群社區」（gemeinschaft）。Tönnies用「社群社區」及「會社社區」（gestellchaft）這兩個概念去解釋兩種形態的社會關係。社群社區通常指稱小型、個人化的社會關係，此關係的基礎以家庭及傳統的社區網絡為主，通常發生於社會發展的早期階段。在社群社區中的人際關係較親密、持續和具感情，社區的同質性高，血緣、地緣及居民相互間的情感是社群社區的主要面向，以社會學的用語即為親屬、鄰里及朋友關係。相反的，在都市化及工業化的社會中，人際關係網絡通常是廣泛、去個人化及一般性，這種現象稱為會社社區，強調個人主義、契約主義及利益的追求。

Pawar與Cox（2004，引自Sewpaul, 2008）運用Tönnies的社群社區和會社社區的分類，將社區分為傳統社區和現代社區。前者以地理區位為基礎，具共享文化、認同和歸屬感；後者在地理上是分散的，具多元的文化，但也提供了部分認同感，然而，歸屬感多取決於共同利益。Tönnies的分類是一種理想型，現存的社區形態中可能找不到完全吻合其分類標準的社區，但許多的文獻指出西方社會是從社群社區演變到會社社區（Popple, 1995）。Dominelli（2006）批評Tönnies對社群社區的概念過於理想化。她認為社群社區將社區視為同質的實體，忽略社區中的「區隔」（divisions），社區實際上是由不同社會團體所組成，並認為Tönnies的說法會壓抑多樣性，強化區分誰是外來者，誰是社區的成員。Dominelli提醒，社區裡的任何關係是需要經營的，除了人與人之間相互的連結與情感，也要關照社區的多樣性和社會區隔的影響。

小鄉發現旗美九區間各區有所差異，彼此間的資訊落差有時會引發誤會；弱勢族群容易被強勢族群排擠；偏鄉文化也難以向外傳遞而被瞭解。因此，小鄉發展「行動廣播車」的計畫，效仿偏鄉之「菜車精神」，串聯旗美九區之社區，創造相互交流的機會，也作為旗美九區的平台，縮短彼此間的資訊落差，減少誤會增進了解，以「行動」打破世代與地域的疆界，而語音的雲端資料庫也讓弱勢族群文化有機會得以延續[3]，小鄉試圖透過廣播活動，建立彼此間的關係與連結。「伴我一聲」行動廣播車方案將

[3] 引自社團法人高雄市小鄉社造志業聯盟檔案資料。

進一步於第二篇第二章做討論。

Wirth（1938）和Stein（1960）的研究指出，在都市社區中社會關係是去個人化、表面、短暫和片面的。都市生活的特質係由「次級連帶」[4]（secondary ties）取代「初級連帶」[5]（primary ties）、親屬網絡減弱、家庭的重要性降低、鄰里逐漸消逝，傳統因共同利益或情感所產生的社區團結不復存在。他們認為從社群社區轉型到會社社區意味著社區的解組。

有關社區解組的論述隱含著物理空間上的接近形成互賴關係的假設。早期的論述認為緊臨的住戶、共同活動的社區空間、因地理的接近性使彼此的互動與接觸增加，有助於居民相互間的了解與熟悉（Tönnies, 1955）。相反地，Stacey（1969）則認為物理空間的接近並不必然有利於社會關係的建立。Bartles-Smith與Gerrard（1976）針對都市貧民區的研究發現，住宅的缺乏、惡劣的工作環境、居民教育水準普遍偏低及社區領導人物權威型的領導方式，也使得那些位於社會底層的居民普遍有著無力感、冷漠及失根的沒落感。

現代都市生活型態，讓許多人的生活和所居住的社區愈來愈無關連性，鄰里變成宿舍而不是有互動關係的社會群體，生活方式愈趨個人化，多數人以住家為中心，也愈來愈少參與社會公共事務（李永展、張立立，1999）。Wellman（1979）則認為初級連帶在工業化的社會中可能被結構化地轉型或再重組，而不是減弱。社區居民可能和不同社區或不同團體的人有密切的互動，社會關係網是多元且分散

4 次級連帶指正式、工作取向和非個人的關係。

5 指小型、緊密、親近和有較強情感連結的個人關係，如家人、親屬和朋友。

的，形成「大都會型的網絡」（metropolitan web）。

鄰里的網絡雖然關係薄弱，但居民並非孤立無援的，因為他們的朋友、夥伴及其他支持團體可提供給他們所需的協助與支持（Pahl, 1995）。人與人之間的社會關係的建立可能由學校或工作場所等經常活動的場域而延伸與拓展，因此形成多元或網狀的網絡，而不限於單一機構或所居住的社區。居民的社會網絡是複雜及廣泛的，他們對一個社區的認同就不單限於一個地理區域。因此，關係網絡的建立是需要時間，許多參與也需要細緻設計，提供機會和位置以橋接居民投入社區。

圖7：小鄉社造與家扶基金會協力與杉林社區舉辦元宵提鼓仔燈活動

> 我們花了很多時間，讓社區裡面可能本來不會是「兜」在一起的人變成一群人，或者是當他們沒有辦法合作，或是當社區有一些需求的時候，怎麼去讓社區本來有不同專長的人，因應社區的需求，他進來投入服務以後，更了解社區現在正在做的事情，就是讓很多很多的人，他們可以慢慢有不同參與的角度跟位置進來。

這裡指涉的社區是散布在九區中不同的鄰里。如小鄉一位成員所描述：「緊密連結的人們，讓她一直被黏在社區工作裡拔也拔不開。」然而這些美好不會在一開始就看到，也不容易被察覺。透過與他們生命的交織，以及他們的訴說，我們才能撥開看到生命力正在農村轉動（黃湘云，2020）。

從小鄉的觀察，臺灣社區如Popple所言，仍存在著人際網絡與關係可以提供協助，但這些並不能過度美化或視為理所當然地存有，而是需要敏感到社區中的種種區隔，創造機會，讓每個人在適合位置上發揮角色功能，方能產生連結與社區認同。小鄉很多的作為與努力，主要是「希望在硬體重建後，也能夠慢慢找回當地斷裂的文史記憶……重拾社區對土地的認同感，有更多在地特色能被保留下來，用年輕世代的創意幫助在地文化再發光，讓旗美地區能成為充滿人情味的溫暖小鎮」（梁元齡，2019）。

❷社區認同的模塑

現代社會中，居民的社會關係網絡係廣泛地分布，是否會影響居民對自己所居住社區的認同是一個頗重要的議題。有些學者認為社區認同可透過特定的象徵及活動來加以模塑（Hunter, 1974; Brager et al., 1987），如一個功能完善的社區活動中心、特殊的建築物或景觀等都可以增加住民對社區的歸屬感。小鄉曾協助木梓社區將三十年未曾使用的活動中心重新整理，使活動中心能成為居民聚會、討論和活動之處，也藉由整理空間，組織居民。Goodin（1985）提醒光有建築物等，若居民不在該地活動及彼此間沒有任何互動，則這些象徵物是空洞的、不具任何意義的。

一九六〇年代臺灣社區入口普遍豎立柱狀紀念碑或是牌樓，官方稱之社區精神堡壘，主要用以凝聚共識，但實際常成為地方首長留名的個人紀念碑。現今精神堡壘為入口意象取代，作為在地生命共同體的象徵，在地文化歷史素材經常被納入設計。但若入口意象未考量居民意見的表達與提供居民參與和凝聚的契機，也可能成為社區理事長的功績紀念碑，圖具形式而無實質內涵（黃肇新，2003）。有時社區為了求快，經常委託輔導團隊：

> 所以就成就了一些輔導團隊，他們有能力幫你生出一本一本的計畫書。因為這樣子變成你一個團隊面對那麼多個社區的時候，長出來都很一樣，所以我常常說，就是馬賽克拼貼、花棚架，路口意象，每個社區都長得一樣，也因為這樣子發展出來，這些輔導團隊的背後，就是一個一個的廠商。

從小鄉的觀察發現，一些團隊急於完成任務，樣板的設計讓社區硬體設施缺乏在地特色，也無助於社區網絡的建立與認同。社區的認同也可經由特定議題參與歷程形成共識，繼而產生認同（洪德仁，2007）。小鄉運用多樣的文化活動增進居民的社區認同，居民透過整理、探索與挖掘自身的、家族的和社區的共同記憶，重拾對故鄉的懷念與鄉土的熱誠：

> 做的耕耘除了是陪伴之外，我們也覺得陪伴不單單只是福利，也是可以透過文化的方式讓大家用不同的視角去切入在地的人，也因為生活文化的保存和紀錄，可以連結在地更多的人。

從九二一地震後至莫拉克風災，社區更為熱衷進行社區史或地圖的整理，此乃「重建之路最需要的社區自我再生能力，卻因為我們的社會長期對於地方、社區的漠視，形成了嚴重的斷層，因此社區意識的凝聚也就成了遙遙無期的夢想」（李遠哲，2000）。小鄉進行平埔原住民文化的紀錄和「伴我一聲」等活動，是要將在地組織連結起來，成為重要骨幹和夥伴，除了社區文化保存，也是重要操練和培力過程：

> 我們不管是做人的陪伴或是文化保存和記錄，都是要仰賴在地的組織一起。我們要推什麼方案，都要跟社區合作、連結，它是個很重要的骨幹，我們做任何事情都幾乎圍繞著社區組織陪伴這件事。有時候是因為社區組織它可能比較新，還沒有能量，我們就會利用各種的方法進去做一些培力工作。

透過文化提供照顧、陪伴與培力是小鄉工作的主軸，這除了深化居民自身和土地的連結和對鄉土的認同外，也蘊含著深刻的價值轉變和孕育出掌有權力和發言權的在地力量，「你就要想辦法讓自己開始有發言權，才可以做什麼，這對於價值觀的改變是很大的」。

建築物和文化保存等均可正向影響社區認同，然而過

圖8：小鄉社造透過伴我一聲計畫於那瑪夏進行傳統工藝紀錄工作

程中若過於講求績效而求快，沒有經過社區的討論與參與，則難以引發共鳴。此外，小鄉也不斷影響社區，試圖拋出思考、刺激社區和催化其動能，這段歷程使社區開始思考，讓認同可以慢慢建構[6]。小鄉辦理的方案都蘊含著增進居民的互動，進而產生連結。但過程中也要注意彼此間的社會交換關係[7]。

❸社區認同也是社會交換

有學者認為社區居民團結一致的我團體感，有時是基於社會交換，居民計算著彼此在互動過程中所付出的成本與收益。Wellman（1979）則認為相互援助關係的建立，通常受到居民間互動品質良窳的影響，社區團結一致情感連帶的影響反而微乎其微。因此，在社區內鄰居並非皆是可以依賴及可提供協助的，援助者通常只限似朋友關係的特定鄰人（Allan, 1979）。Fisher等（1978）則認為當社區居民覺得在自己所居住的社區所得到的酬償比在其他地區來得大時，則社區凝聚力較易發生。在社區內有利益的交換關係，也可能會影響居民間的互助關係。從小鄉的經驗，要社區幹部跨越初級團體以外的關係，與外來團隊互動需要細緻地理解對方的特質與需求，提供適切建議以協助他達致目標：

6 本段文字修改自林冠州先生對本章的回饋意見。

7 Nunkoo與Ramkissoon（二〇一二）指出，社會交換理論主要描述個體或團體在互動情境下的資源交換情形。社會交換理論認為人類行為或社會互動是一種有形或無形的交換活動，主要考慮酬償和成本，而人際關係中的酬償和成本將會影響互動模式。一般人會最大化收益和降低成本。然而，利益在社會交換關係中不是用計算或等值交換，也不一定是有形的物質。此外，利益交換是一種自願行為，未指明的未來之義務。

我自己擅於觀察一些小細節，它不一定是工作上的細節，而是人的情緒跟個性的細節，所以就會擅用這個事情跟他聊，可能這個理事長，我就意識到他可能想要先做一些表面、讓人看得到的事情來鞏固他理事長的聲望，我察覺這件事情，我在提供一個計畫的時候，就會適時跟他說，你做這個的時候，社區就會看到你怎麼樣怎麼樣，這些話術或是這些細節，我覺得是細心，我覺得有時候我會用我的細心去替我的工作上給力。

社區間的社會交換並不一定是硬梆梆的物質與權力，通常都是kimochi（日文為きもち）和為對方設想的人情事故和相互尊重，不同社區也有不同特性，主事者也關注社區裡的「鋩角」（臺語mê-kak），「做社區工作必須要細心，他就會覺得你對他很體貼，就會很有感受。關係就會建立得很緊密，我覺得我們辦公室的人都有這樣子的特質」。

〇〇社區他們有時候會邀我們一起去吃平安宴、去吃辦桌，我們真的沒辦法去的時候，我們可以直接很清楚跟他們講我們那天剛好要回家或者是有事，就可以很清楚跟他們講，他們就會，好啊好啊，沒關係之類的。但是有些社區我們會需要去講一個理由去讓社區接受這樣子的事實，我們才可以去拒絕這個邀約，所以我覺得那個互動是蠻互相的。

社區行動者會考量或去比較利益與損害，利益大於損害時，為了共同的利益去努力，也可能在參與過程中漸次產生社區認同。利益考量不純然是實質的，關係與情感在社區也相當重要，小鄉細心地處理如社區辦桌的邀約，社區是很講求人情，因為有關係所以可以沒關係，因為沒關係所以很有關係，任何互動都是建立關係的契機[8]。

社區中公共事務的處理經常涉及個體的實質利益，容易引發矛盾與衝突。增進認同的方式很難透過道德訴求或是溫馨喊話，重要的是在既定社會關係結構中，找到公共利益與私人權益的平衡。許多人參與社區事務自有其考量與動機，一般居民卻期待社區領導者是「為公而行」，社區生活中公共的首先必須是道德的，而道德的行動則必須歷經各種試探與考驗，證明其動機的純潔無暇。在臺灣的傳統觀念中所有行動都是有所為，也就是為自己或派系利益（楊弘任，2011）。一般民眾會以懷疑的眼光來看待公共投入，因此社區領導者必須不斷地證明他們動機「純正」。小鄉也曾被地方政府的高層質疑：「小鄉只不過是一群莫拉克風災後出來的年輕人，能（要）做什麼？」小鄉因而不斷努力證明，參與重建或與大型機構競逐標案，不是為了龐大重建資源或能見度，而是為了實踐理念。

傳統的社區研究強調社區強烈的集體認同、成員間的互惠關係及緊密的社會網絡。現代社會中社會網絡是分散的，初級連帶被次級連帶所取代。然而，社區並未消逝，只是社區的界限及認同呈現多樣的形式。社區界限是分歧及擴張的，社區的概念包括地理區域與在其中的人群關係、網絡與行動，本書更強調區域和人群間的互動與相互模塑，而這些均非自然形成的，小鄉投入各種行動，試圖經營對社區的

8 本段文字修改自林冠州先生對本章的回饋意見。

在地認同，也在各種權力關係中折衝，找到適合的施力點。

③在地[9]

前言略微述及「在地」的概念，而本書將視書寫脈絡，「社區」和「在地」交互運用。本節將更深入討論在地的概念。小鄉稱自己為「在地」組織，這裡的「在地」除地理的範疇外，也有多層面的內涵。他們所指稱的「在地工作者」包括住在災害發生社區的當地人、返鄉的遊子或是跨區長期的服務提供者；他們所強調的是一種態度，一種對土地的認同和情感，小鄉的協作夥伴描繪，她的社區如何在沒有資源的情況下，仍然堅守理念，主要是來自在地情感的驅動：

> 在地人對自己家鄉、這一塊土地有著密不可分的情感，只要點燃了熱情就不容易被熄滅，就像我們這一群人，現在沒有資源的情況下，我們一樣要想辦法堅持下去。不管出現什麼樣的困難還是要去突破它、完成它，有沒有資源已經不是問題。例如當時我們想要做友善環境這一塊，我們在剛開始完全沒有資源的情況下，我們米也是一直持續地種下去，我們協會都自己掏腰包來支持理念繼續下去。

9 該節部分資料曾發表於：黃彥宜等（二〇一五年九月十一日）。看見在地社區工作者，在地扎根，深耕偏鄉：高雄莫拉克災後重建在地人力培力經驗〔口頭發表〕。社會工作、教育與社會發展：促進人性尊嚴與價值研討會，臺北市，臺灣。

這裡的「在地」還意含長期經營和堅持。從九二一的重建經驗發現，重建的歷程是一種消長的過程，外來協助的力量會漸漸散去，後續重建還是得仰賴在地自發的力量（周文珍，2010），小鄉和協作社區組織的在地深耕是後續社區復原的重要關鍵。另外，「在地」也意含反對「集中化」的草根力量，莫拉克風災由中央所規劃的重建中心或民間大型救災組織之工作站，主要委由全國性、大型或是較具規模的非營利組織，然而，當計畫期程結束，這些組織撤離時，不一定能將工作或經驗移轉予在地組織；在地組織或協會是否可以承接原有工作站的服務量能，及是否有較明確符合社區需求的願景為前導的規劃，均充滿不確定性，方案培養出具能力和熱誠的在地工作者，也因為即將撤站，人員將無法繼續雇用，許多累積不易的經驗、組織和網絡極有可能無法延續[10]，小鄉的協作社區夥伴指出，「補助是補助到有名氣的NGO組織，或者是給有意願去做的、願意去承擔社區工作的這些協會組織，我覺得是兩種不一樣的結果」。

另外，「在地」也牽涉到「因地制宜」，重大災難的複雜性以及需要長期持續的復原工作常會被許多非營利或非政府組織所低估（Regnier, 2010）。重建初期外來大型機構墨守成規的方式，也經常無法細膩地回應各個地方不同狀況的需求，反而造成浪費、消耗與衝突，這些負面的結果也打擊工作者的士氣：

就算是〇〇基金會，他們用在地的社區工作者，可是問題就是它並不瞭解在地的需求，我覺得那

[10] 參見黃彥宜（二〇一五）莫拉克風災工作站訪評成果報告，未刊稿本。

是折磨在基金會工作的社區工作者，因為他看到就明明不是這個樣子，可是基金會要求你一定要符合他們的宗旨，或是符合他們提案原本的樣子，可是他們提案的初衷就已經不是依在地人的需求下去設計的。

從上述的資料，「在地」指的是與土地連結的情感，願意長期投入和細緻地從日常生活中的紋理去回應需求和解決問題，服務提供時不是用外來機構的框架套用於當地，也避免外來團體的短期效應，或造成資源集中的趨勢。然而，這樣的過程均不是一蹴可幾，需要花時間互動，培養信任關係，進而方有契機催生社區能量：

就是花時間跟社區培養感情，培養感情就是會帶來信任，所以當他知道或感受到你是真的陪伴他們，而不是拿了一個計畫，我覺得社區跟你發展出來的工作關係是很不一樣的，其實會變成一種我覺得是可以催化他們的能量，就是用我們原本的一些經驗跟方法，可是最重要的還是從他們自己長出來，跟後來他們內部自己發展出來的。

目前公部門的社區培力模式以評鑑獲獎為導向，這樣的方式實無助社區能量的培養，多數是錦上添花。和小鄉經常協力的民間單位的工作人員觀察：

我從公部門出來，其實現在會看到公部門對於社區工作的思維還是比較以社區評鑑做導向，他們所有資源跟投入跟所有服務的設計，都是怎麼「push」社區去參加評鑑，為縣市政府拿到成績。

小鄉的諸多努力也在反轉公部門評鑑導向的模式，而重視社區為本的理念，將人們聚集在一起，提供機會分享知識和經驗，創造共同理解，而這樣的取向旨在充權參與者和他們的社區，藉由在整個過程，將他們視為「主動的行動者」（de Wit et al., 2018）。小鄉發展出適合偏鄉的步調和節奏，及因應社區的屬性「做」社區，不是帶著計畫、議題或是用統一的標準進入社區執行。楊弘任（2011）觀察，任何社造行動者都需在血緣、地緣、祭祀圈所造就的在地性邊界內，同時進行「邊界維繫」與「社會改革」的雙重行動。從在地性自我辨認的臨界點來看，「過了這裡就不是」的在地歸屬感，一直需要有「邊界」來維繫，尤其當在地性的尺度縮小到村落社區或街道巷弄時，這樣歸屬感的邊界就十分清晰。同時社造運動就是要改造邊界內人群既有的生活世界，要將有意義的價值與實作帶進來。小鄉和社區合作時，習慣先把全村的大小間廟都拜過一次，包括小土地公廟，活動結束後也會請在地的理事長帶他們，再跟在地的廟跟神明做稟報。祭拜行為連結在地性邊界的歸屬感和認同感，小鄉除了和鄰里社區合作，也串聯旗美九區，或是與旗美區以外社區間，乃至藉由網際網路的連結，透過小鄉活動的串聯，在地邊界也彈性擴大與調整，小鄉透過小規模的行動，希冀對公部門主流社區培力模式帶來改變，帶入以人為中心和社區為本的理念與價值，漸次發展和鋪陳出大的社會變革議題。

結語

社區的類型大致可分為地理社區和利益社區，現代網際網路科技發達，許多溝通交流不限於特定區域，加上生活普遍忙碌緊湊，投入地理社區的時間也相對變少。然而，地理社區是居住所在，人們也需要面對面的互動及支持，且許多議題也發生在地方社區，地理社區重要性仍在（黃彥宜，2019）。社區常被描述為自然形成且美好生活的展現，團結、共同利益與認同被視為是社區生活的重要元素。小鄉的行動將此視為是目標，須致力經營方可得，並正視衝突在日常生活中的正常性與轉化為行動的可能性。

小鄉除了工作人員，理監事和會員也是重要組成，他們都是高雄旗美地區的在地工作者，有的是莫拉克風災前就投入地方社區事務，更大部分是風災重建期間，透過人力培育計畫所養成的地方重建人力。藉由成立小鄉也形成利益社區。而小鄉工作人員也是一個行動單位，以區域為規模採取組織行動，目的可能是單一或多重議題，多數著眼於社區生活品質的改善、提供社區長者、兒童、青少年和婦女等社會支持性服務，或針對特定議題採取創新行動。地理社區的行動經常是雙焦點，除了任務完成，也希望社區能量的建立，除改善社區的生活環境外，居民也能藉由投入社區，發展組織技巧、問題分析、規劃及領導等能力，甚且能影響縣市或區域規劃的政策與方向。社區工作的進行須動員內外在人力與物力資源以執行各項工作，然而，社區工作者重視的是訓練在地領導者，而不是自己扮演領導的角色。

社區在一般人的概念中，通常都視為一群人團結一起，為共同的目標努力，人際關係是利他、分享、慈善和相互依存的，面對複雜陌生的現代社會，社區讓居住其中者可以建立家人之外的人際網絡與關係。從小鄉的經驗，在現代社區保有傳統社區的人情與互持是需要經營，若有專職人力可投入深耕則更有助益，這也是小鄉長久堅持的訴求，使社區工作不只是個人志業，更可以是職業與專業，由在地人參與在地事，讓偏遠的每個小鄉鎮找到活力與出路。

第二章　什麼是社區工作

小鄉的故事：小鄉們、理監事和協力夥伴在做什麼？

社區慣稱位於旗山辦公室的小鄉工作人員為「小鄉們」。小鄉們採取團隊方式行動，是一個跨學門的「集體行動體」；小鄉的理監事和協作夥伴多來自幅員遼闊的旗美九區。縣市合併前的高雄縣政府社會處長期致力輔導社區發展協會轉型，不以辦理自強活動為主要工作內容，也鼓勵社會處工作人員以認養方式陪伴社區成長（吳麗雪等，2004）。因為當時的高雄縣政府在風災前就長期投入人力和資源做社區組織的培力，小鄉理監事和協作夥伴多具有豐富的社區組織或參與經驗。高雄縣政府自二〇一〇年啟動「高雄縣／市莫拉克災後社區重建人力培育計畫」（附件一），除委由旗美社區大學擔任輔導團隊外，也委託長榮大學開設社會工作學分班；這套多方共構出來的培力網絡與運作機制，將「在地人」轉化為「重建人」，形成緊密的信任與支持網絡，以持續社區的重建工作（陳武宗等，2018），也催生了「社團法人高雄市小鄉社造志業聯盟」。小鄉的發展不是一蹴可幾，社區工作人才是需要長期培力與資源挹注。

小鄉在莫拉克重建經驗中，體認到讓在地長出自身力量，才能共同面對各種議題。所以小鄉扎根在當地，運用各種社區工作方法，促發在地網絡能量。二〇一三年小鄉對外募集二手相機，發展「一百二十公分的角度：你看見什麼？」活動，讓山村居民透過相機記錄當下，以在地視角詮釋山村生活，帶著想法按下快門，用作品為自己發聲。二〇一七年發展「伴我一聲」計畫，透過田調和聲音紀錄，將地方記憶、族群文化和山城職人等故事，製作成廣播節目，讓更多人聆聽在地生活經驗。木梓社區想重新活絡社區，小鄉從二〇一七年開始陪伴，讓社區志工有能量，找回對家鄉的自信。

小鄉也舉辦志工培力課程，提供社區志工就近學習、讓社區照顧關懷據點的課程可以更加多元，也儲備志工能量投入社區照顧。此外，常態辦理培力課程和議題講座，孕育社區人力成為可以支持在地的人才。多年來，小鄉投入撐出社區與在地組織交流空間，讓彼此的經驗循環成互助力量。

目前小鄉的經費約有六成來自政府部門[11]，多數申請較無太多績效考核要求和可以自訂ＫＰＩ指標的計畫案，讓工作保有自主空間，但這樣的方式也讓他們經費來源呈現不穩定的狀況。因此，也積極爭取來自民間部門的經費和支持。

社區工作

「社區工作」一詞有的學者將其視為是通用語，涵蓋各種模式和措施；也有將其視為是社會工作方法之一，係由專業社會工作者在社區所執行的服務。本章將用小鄉們、理監事和協作夥伴的經驗說明社區工作的概念。

[11] 目前小鄉經費來自政府補助占百分之六二點五、民間方案補助占百分之三三點四、一般捐款占百分之零點零一。

圖9：2017年小鄉社造於杉林區舉辦第一屆第三次會員大會許多不同社區組織共襄盛舉

①社區工作的概念

Dominelli（2014a）認為社區是空間、關係和利益為本的群聚，在一個特定區域內為了共好，人們聚集在一起。雖然社區的概念充滿爭議，但重要的是集體價值和集體行動，將人們結合在一起，團結一起做事可以比個人做更多。社區工作指稱居民的集體行動，過程中產生相互連結、團結、建立信任關係，並共同產出問題解決方法。外來的援助要能於過程中產生不同的願景和新的可能性，並讓參與者擁有所有權而感到權能增強。所使用的策略從運用非正式的社區網絡與社區資源，到組成社區組織以向有關當局施壓的方式皆包含在內（Dominelli, 1990）。

Dominelli（2014a）認為社區的範圍和界線是浮動的，端視議題和採取的行動有所不同，可能小至鄰里，大至國家或全球。Mayo（2009）則將社區視為是和國家對比的概念，社區工作在協助有共同利益的人們聚集一起，針對需要採取行動並發展方案，「使能」人們獲取支持以滿足需求或進行抗爭，確保該負責任者能負起責任。Payne（1995）對社區工作的定義也大致相同，他將社區工作界定為協助有共同利益的居民結合在一起，透過需求評量，採取共同行動以通力合作的方式來回應社區的需要。實施的方式包括方案的規劃與執行、社區居民相互支持與互助，或經由抗爭使主管單位正視並處理他們的問題。這些論述都關照「人」及人的需求，並透過集體行動以解決問題。

社區工作係以社區為其運作基地，透過不同的手段以動員居民並使其能團結一致、鼓勵參與並改善公共設施。Mayo（1998）將社區工作的方法分為「技術取向」和「變革取向」，技術取向強調在既有的社會關係脈絡下運作，包括促進社區的主動精神、建立自助及非正式的照顧體系，以補償公部門在福利服務提供上的不足；或促進不同福利機構間的協調與聯繫，以改善服務輸送的品質（Dominelli, 1990; Mayo, 1998）。改造取向則視社區工作是轉變壓迫、歧視或剝削社會關係的策略。它強調社區參與及充權社區以挑戰剝削及歧視關係，同時發展策略建立盟友以促進社會的變遷（Mayo, 1998）。

社區工作的行動可能是小型、非正式或由下而上的服務提供或活動，也可能是介入鉅視結構的集體行動。然而，Popple（2015）指出，社區工作多數時候被視為是一種在地狹隘的有限活動，雖然如此，社區行動也可以對民眾居住的鄰里或更多樣的社區產生重大影響。他認為社區工作是一個通用的術語，其中包含社區發展、社區行動、社區組織、社區教育、社區關懷與社區經濟等多種形式的活動。在取向選擇上，Dominelli（2014a）和Popple（2015）均認為社區工作是價值導向而非價值中立，社區工作要能挑戰不均和壓迫，並重新界定社會問題和權力關係。van Ewijk（2010）認為工作者經常需要「解構」（de-construction）和「共同建構」（co-construction），前者指打破自己的覺知並對情境有一個新的和開放性的回應；後者是在和服務使用者互動過程中，產生新的覺知和問題解決方法。

社區工作的內涵在臺灣也有諸多討論。從華藝線上資料庫運用「社區工作」字元搜索，整理國內期刊文章對社區工作的討論發現，學術界和實務界對社區工作的界定相當多元，有和英國學者Popple（2015）相同，認為社區工作涵蓋社區發展、社區營造、社區照顧、社區教育、終身學習等（徐震，2005；方雅慧、何青蓉，2011；黃源協等，2011；林明禛，2013；謝振裕等，2014）；亦有不限定服務範疇，強調社區工作是一個過程，目的在讓大家朝追求更好共同生活而一起前進（黃盈豪，2009）。

也有文章強調社區工作是由社會工作專業者所提供的服務，也是社會工作三大方法之一（李易駿，2019）；或認為是以社區為對象的社會工作介入過程，強調外來專家的進駐，到需要協助的社區中進行專業性的服務（鄭如雅、李易駿，2011）。僅有一篇用「草根社區工作者」[12]來指稱社區居民於日常生活中投入鄰里事務，如辦理讀書會、打造社區活動中心和護樹等行動（呂莉莉，1998）。在推動單位上，有較多文章討論大學角色，如探討社區與大學的關係者（張英陣、鄭怡世，2012），或將服務學習課程連結社區，引導學生進入社區和居民一起工作與學習（廖淑娟等，2011）；或以大學為中心，和社區發展協會合作辦理的活動（謝振裕等，2014），亦有討論以社區發展協會為實踐單位的文章（賴兩陽，2010）。

國外文獻對社區工作的界定比較寬鬆，涵蓋多種模式和行動。社區工作的特點在於針對特定需求、議題或問題採取集體行動，不論是由專業人士發起或由居民自組，重視的是行動過程中參與者的連結與共享所有權，並藉由一起行動感到充權。在英國，一般認為社區工作是社會工作一個取向，但從事社區工作者不限於社工領域（Mayo, 2009）。臺灣的期刊文獻多數對社區工作採廣泛的定義，但也有認為社區工作是由社會工作專業者以專家角色進駐社區提供協助。大學和社區發展協會等在社區工作的推動上也有一定的角色。

Henderson與Thomas（2013）用「鄰里工作」（neighbourhood work）來指稱與當地居民直接面對面的

12 這裡的「草根社區工作者」指非專家或社區領導者的一般民眾。本書將「草根社區工作者」和非受社區工作相關專業訓練的「素人社區工作者」交互使用。

工作，包括組織團體或網絡來解決居民認定的需求或問題，並在過程中彼此相互支持或為該地區的居民提供服務。Henderson與Thomas強調在鄰里層次的工作也可能積極參與全市、國家或是國際性議題。Popple（2015）指出社區工作和鄰里工作都指稱實務者與在地居民一起工作，但社區工作是比鄰里工作更為通用的概念。本書對社區工作採行比較廣泛的界定，不侷限於地理社區，其界線也視行動而有變動，有時也和鄰里工作交互使用，指稱貼近、支持及與投入鄰里社區的人一起工作。以下將用小鄉的經驗來做說明。

② 小鄉的社區工作

本節將從小鄉們、理監事和協力夥伴的實務經驗來討論社區工作的概念。小鄉們稱他們是將自己「種」在社區，生活於其中，看見社區需要而長出服務，因此對社區工作也有其特殊的看見。

❶ 是做在地有需要的事情

小鄉們住在當地，社區就是他們生活的空間，不同於外來專家進駐的模式，他們就在日常生活中與居民建立關係，也不急於引入方案或服務至社區，而是抱持向社區學習的態度，依社區步調而行動。

> 社區工作它可以是一種共同生活的方式，或者是我們一起生活，也是一種社區工作的實踐，因為我們就是在這個地方一起生活，用社區為場域去做一些工作，用一種生活在社區的方式，跟社區

> 可以建立很自然、很自在也比較自由的關係，持續地向社區學習。

此外，他們也認為社區工作含納不同的專業，因為支撐日常生活運作需要很多人力和專業，「社區工作是跟生活很貼近的，它就會很多樣化，專業社工不是社區工作裡面唯一的專業，它應該有很多個人、專業和各種可能性」。政府單位因為部門劃分，推動社區事務會有不同計畫名稱和責任區分，但對小鄉而言，社區生活涵蓋多元的層面，不一定框限在某個部會的計畫中：

> 若承接文化部的系統會叫社造，如果是承接衛福部就會稱為福利社區化。但是對小鄉而言，我們就是做在地有需要的事情，所以不一定分我是做社造，還是做福利工作，我覺得這個就是生活裡面所要面對的事情，我們什麼都做，福利照顧也做，文化紀錄我們也有做。

從生活出發，小鄉的服務就如同社區裡面的雜貨店具多樣性，涵蓋各年齡層、軟體與硬體等各式議題，有主動上門求助者，也有小鄉看到社區需要而發起：

> 小鄉很像是在高雄山區的雜貨店，我們雜貨店裡面什麼都賣。我們有訪問過一個開雜貨店的阿嬤，她說得很傳神，以前開雜貨店，只有一樣東西沒有賣，只有棺材沒有賣，其他她都賣。我們提供社區很多的陪伴，有很多的服務，很像雜貨店，什麼都賣。

我覺得我們就一直在這裡，所以會看在地目前任何的需求，只要是我們可以做的，我們都會去接觸。所以不管是長輩的、文化的、青少年的，我們這兩年愈來愈多的實習生或是青少年，希望透過我們去認識更多的社區，或是投入更多社區的工作。我們並沒有那麼快地去設定我們只能做哪一個，所以我們什麼都做，什麼都服務，什麼都在處理。

在鄉間，一間雜貨店除了販售菸酒米鹽、蜜餞零嘴，炮竹金紙、南北乾貨等日常物件外，也經常看見鄰里厝邊三不五時閒話開講，雜貨店除買賣、給人一個閒坐聊天的歇息地外，還得擔當錢莊，讓人賒帳、借錢應急（林欣誼、曾國祥，2017）。小鄉的社區雜貨店也是居民求助應急之處，有所不同的是，小鄉提供的是服務和諮詢，但同樣看重人和人之間的連結。

❷人和人的連結

小鄉們認為產業和觀光，並非解決社區問題的唯一方法。社區工作必須看重「人」，包括人與人、人與環境、人與照顧，但在目前政策下看來，這些事經常被邊緣化。因此，在投入培力社區發展協會提供關懷或照顧服務時，他們在日常生活中創造舞台讓長輩可以展現和自我實現：

社區做的長輩照顧可能是延緩失能，但是更重要的是，長輩的自我實現，我們搭建很多的舞台給長輩有自我實現的可能性，我們正在幫阿公阿嬤變成廣播節目主持人或是來賓，利用故事的述

> 說，我們把它剪接成廣播節目，一集一集地播送。

製作廣播節目的緣起為小鄉一位夥伴有一次在路上碰到一位阿嬤，她對他說了三個小時的生活故事。於是他心想，這些社區長輩似乎都很孤單，觀察他們平時的興趣，就是喜歡聽電台、買成藥。因此透過文化部的「伴我一聲」計畫案，幫長輩們在YouTube創立了一個社區電台「小地方大鄉民」，開始進行系列專訪，讓長者擔任主持人或受訪者，透過節目介紹高雄偏鄉九個地區的人事物，故事大多取之長輩的工作與生命經驗，透過陪伴進行照顧（陳佳楓，2019）。遇到長輩過世，小鄉也協助家屬在告別式會場呈現長者的作品和生前活動照片，讓長輩得以優雅謝幕：

> 小鄉做的是生老病死，死我們也在做，一百二十公分拍了一些長輩的照片，因為歷經五、六年的歷程，有一些長輩已經過世了，我們就會把這些照片送回去給他們的家人。我們隔壁社區理事長的媽媽過世了，理事長的媽媽也參加社區照顧關懷據點，理事長他想在告別式的會場，布置一個媽媽的畢業典禮，電話就打來給小鄉了，他就說：你們可以來幫我們弄一下嗎？所以我們就把辦公室的投影機、布幕、桌巾、燈泡及各式各樣的器材，扛到告別式會場的旁邊，就開始幫理事長的媽媽做一個畢業典禮的布置，覺得小鄉以後也可以做生命禮儀。

小鄉也曾與大學合作，透過「行動廣播」以保存族群語言文化，記錄在地生活，運用資訊科技製作串流影音節目，講荖濃溪及旗美九區的故事及意見，在偏鄉邊陲向中心主流發聲（黃肇新，2019a）。小鄉也策劃系列活動關注長者使用代步車的安全，他們運用實習生瞭解長者使用代步車的習慣和狀況，協助長者裝設警示燈：

> 小鄉因為深耕在地，所以我們做的福利照顧也不是只有社區照顧關懷據點的推動這件事，就像最近看到我們山區，路邊愈來愈多阿公阿嬤在騎四輪代步車，就是馬路上的「三寶」，他想要往哪裡走就往哪裡走，我們也意識到這個問題，我們沒有辦法幫阿公阿嬤開駕駛訓練的課程，但是我們意識到他們可能會有燈光不足的安全性的問題，或是我們想要了解，因為每一台車都有很不一樣的改裝，所以這個車子一定會有不同長輩的需求，如長輩會改裝去掛雨傘，裝菜籃。實習生來的時候，我們帶他們設計表格，然後帶他們去蒐集長輩代步車的狀況，另外還會幫這些長輩的椅背或是車子安裝警示燈。這看似微不足道，但是我們覺得這是貼近需求，看見社區需求想要去完成一件事情。

小鄉也與國際青商會辦理「擦亮世界的角落，照亮回家的路」，「照亮回家的路」主要幫使用電動代步車的長輩安裝安全警示燈，「擦亮世界的角落」是運用志工從田寮到甲仙，擦亮一百六十多面反光鏡，「小鄉做的蠻多事情，是在關注人，因為我們深信社區工作就是找到有可能性的人，讓他們變成一群人之後，他們就是一個很好的在地力量」。

小鄉試圖投入營造溫暖、友善和相互支持的在地價值。而其作為也頗類似Lightburn與Sessions（2006）所稱的「療癒社區」（healing community），目的在建立社區連結以減少孤立和增加關懷，並建立服務提供者的利益社區，透過照顧文化和社區集體力量去改變社區，而人力培力即是工作要項。

❸ 人力培力

小鄉藉由開設培力課程，和社區建立關係及認識社區，繼而陪伴有意願的社區開展方案，但小鄉不似傳統輔導團隊的角色，而比較像是「有一個人可以陪你討論的夥伴關係」，社區的意願是小鄉決定是否參與的關鍵，若是社區只是希望小鄉協助寫計畫，這也不是小鄉陪伴社區的初衷：

> 上完課之後就會繼續問我們說他們要發展什麼事情，我們可以幫忙哪些部分，如果是社區有意願，我們就會相對地有意願，有社區會覺得你就是幫我寫計畫，我們就不一定會那麼地積極跟努力。做久了就會有人跟他說，你要做社區，你就要去認識小鄉。

圖10：小鄉社造號召多個社區組織沿臺29線擦拭沿路反光鏡

社區有無意願是小鄉是否投入的重要判斷依據，「這些社區是他們先自己伸出手來的，不然我們才幾個人，他們願意一起來做點事情的時候，我們才有心力『砸』進去」。

小鄉人力的培力方式相當多元，也有很多是臨時造訪，需要耐心以對。但在看似日常的交流互動也隱含對有意投入社區的居民進行「能量建立」（capacity building）：

> 社區的一些雜事很多，可能社區的人他就帶著新的筆電過來說，欸！我們不會用電腦，但是要怎麼做核銷？或是他們會來叫我們教他們怎麼寫email、怎麼開word之類的。就會很多這些突如其來的事情，可能會中斷我們正在工作的一些節奏。但我們都蠻清楚地知道雖然很繁雜，但我們目前給這位社區夥伴的支持是讓他可以找到自己的方法，然後去面對他原本生活中可能會面對的問題，我們陪他們走這一小小段的路。
>
> 我覺得就是蹲久啦，因為我們從莫拉克到現在，所以慢慢地在這個地方的人有任何問題，他們就會直接想到說可以先來跟我們聊，不一定能夠解決，但至少有一個人可以說。

縣市政府多以委辦、自辦或公設民營的方式設立「社區培力中心」[13]以輔導社區，目前以委辦居多（李易駿，2016）。工作內容除進行宣導與說明外、尚包括人才培力、分級規劃輔導、社區概況調

---

13 目前各縣市名稱互異，有稱為「社區培力中心」、「社區育成中心」、「社區願景中心」或「社區資源中心」（李易駿，二〇一六）。

查、福利社區化計畫、輔導實驗性計畫、資源整合及連結平台與社區培力等工作（黃松林、楊秋燕，2016）。有些輔導團隊為了協助社區能順利申請公部門的經費，而以「家長式」的方式指導社區更動計畫（林勝義，2022）。小鄉沒有如地方政府的社區培力中心在輔導社區時，須重視績效指標或符合評鑑標準，在培力過程反而能重視學者和實務工作者所強調的所有權議題，即非由補助單位或外來專家主導一切，而是居民能真正參與其中，針對社區需求和問題發展因應的服務和對策：

> 有一些新的協會剛成立，或者是剛改選完，或者是想要做一些事情的時候，他們就會去問隔壁的社區，或者是問區公所說，這個計畫我不會寫，我想要辦社區照顧關懷據點，但我不會做。這個時候社區或區公所的夥伴就會說，你可以去找小鄉來幫忙，蠻多是這樣子。現在回想起來，應該算是臭屁一點就是說我們是做口碑的，就是大家會口耳相傳來問我們。第一是來問我們不用收錢；第二個是相較於有些培力中心，可能它期待社區培力起來就是成立據點、朝評鑑或者是選拔要得獎等這些目標。小鄉沒有這些壓力，我們在跟社區互動和培力的過程中，比較是看社區目前的現況它需要什麼，然後它可以長成什麼樣子，大概會有一半以上是社區自己決定，我們只是從他的決定過程中，去看看我們可以協助那些事情。

小鄉從與社區建立關係後，中間透過討論、發現需求、達成共識、確認要執行的過程與實際操作，是一段漫長的陪伴過程，和社區關係是一直積累的：

> 我們一年可以很用心陪伴的社區，了不起兩、三個，三、四個就很浩大、大成本，因為我們不是一、兩個月就結束了，而且今年陪兩個，可是去年陪的兩個還是在啊，所以我們會是一直累積。

小鄉們各有專長並各司其職，形成通才團隊，在鄉里中高度的投入，扮演著如Sawyer（2007）所形容的「場邊教練」（side coaching）的角色。他們並非在指導做「政治正確的事」，而是幫助居民做檢視或學習新技能，或在他們卡住、無頭緒時提供支持。小鄉們也經常創造契機，讓社區成員可以發揮所長，建構協力網絡。

❹ 建構協力夥伴

小鄉服務的區域為旗美九區，幅員相當廣大，而小鄉的辦公室位於旗山，除了理監事的組織是合作單位外，小鄉也設法在各區培養協力夥伴：

> 我們不會只有小鄉自己做，我們都會在每一個社區裡面找到更多的人共同來參與，然後讓他們成為我們的協力夥伴。小鄉的辦公室就在旗山，其他社區我們不可能每天都可以幫他們處理一些事情，但是也因為有在地志工的力量，讓我們減少移動的問題。

圖11：「小步舞曲」——鄉村長出來的照顧力量特展中圖像化呈現區域串聯網絡

此外，協力方式也是克服偏鄉資源不足的方式，讓彼此成為資源，社區間善用與交流自己的能量和經驗：

> 我們在做陪伴有一個很重要的概念是：我們這個地方是偏遠的地區，我們沒有資源，我們怎麼讓彼此成為資源，這也是我們做莫拉克重建的發現，我們不太可能仰賴外界資源，可是我們先讓大家共同學習之後我們可以一起協力，我們就可以成為彼此的資源。也許我們沒有都市來的老師這麼專業，可是我們就近。我們帶社區有一個概念，就是我們可能什麼都沒有，我們也沒有很專業很厲害，可是我們絕對有我們自己的能量，我們自己的經驗。我就是資源，我的能量可能就是別人很好的資源，所以我們從莫拉克開始，我們就往這個方向去促成他們之間彼此的連結、串聯和協力。

若有培訓課程，小鄉也會邀請社區內有特殊專長者擔任師資，透過課程讓更多人可以相互認識建立關係：

我們去年有找一位回來開烘焙坊的青年，我們請他教不用烤箱就可以做的甜點，今年就發展了零剩食的課程，讓廚房志工可以來上課。社區夥伴可以認識我們，他們也打破了原本只有認識的那些人。當他們覺得課程有趣，也會跟鄰近的夥伴說，這樣就讓不同的社區可以互相認識。

小鄉成員也各自有網絡，彼此網絡相互堆疊加乘。小鄉理監事屬於柔性領導，充分授予小鄉自主運作的權力，但理監事的網絡對小鄉是重要人脈，這些均是人際充權的要項：

> 因為那時候有個人力支持計畫，我們要一起上課，就會知道彼此的社區在做什麼，這是小鄉一開始有的網絡。我們的理監事也都在這些區域裡面，理監事就會成為我們最好引薦社區的關係人。透過一些培力課程，又加上我們有兩個年輕人，她們有不同的生活圈，這些生活圈的朋友，也開始認識我們。

社區是人際關係的網絡（Todd & Drolet, 2020），然而網絡如同一個體系，不會自動維繫，需要經營和維護（Hardcastle et al., 2004），小鄉們因為長期定居社區，受到大家的信任，因此成為社區的結點，得以進行社會網絡串聯和維繫。這過程需要團隊行動和對人的敏感度，同時創發一種我團體的認同感。

小鄉的作法：

團隊行動

小鄉們採團隊行動，可以擴大接觸面和連結的網絡：

團隊是一種力量，每次去到一個點我們都一起去，我們彼此的個性不同，到了那個場域，彼此都會找到不同的聊天對象，我們就會在那個過程中，開始開拓不同居民或志工互動的經驗和累積情感。

邀請可能人選做參與

互動過程中，小鄉們保持對人的敏感，並相互交流討論以避免盲點，這些努力都在挖掘和邀請適合人選一起協作：

我們會發現到，在每一個點裡面就會看見誰比較適合做什麼，我們回來的時候就會開始討論彼此發現到什麼，就會把那個可能成為我們後續培力的人，讓他們有更多的參與。

和參與者共同建構行動

抱持開放的態度，並和參與者共同建構行動，有感和有趣經常是行動的動力：

我們不是單單只做我們自己想要做的方案或事情，更重要的是過程中，跟在地產生關係，然後一起做有感的、有趣的事情，這件事情不是小鄉想做，而是我們要一起做的事情。

小鄉們小心地處理彼此間的權力關係，將參與者放在主動的位置，而不是配合者或是消極的服務接受者。除了人際關係網絡外，小鄉也擴及和社福機構間的網絡連結，讓機構之間有更多的認識和對話，以產生更綿密的服務網：

> 心路、家扶、伊甸、華山和社會局的社會福利服務中心，都在旗美地區有設點。這兩年這些機構都會來找小鄉，大家都想做社區工作，但是不知道怎麼開始。我們就有意識到在旗美地區這些夥伴彼此之間沒有橫向的聯繫，這些組織各自來找小鄉。小鄉就會想要建構比較扎實的社會安全網，把社區網絡的部分去做加強。我們固定邀請這些機構聚會，做資訊交流、互相支持跟協助。

小鄉將自己定位為串聯區域網絡的組織，社區工作的推動

圖12：2022年小鄉社造策畫「小步舞曲」——鄉村長出來的照顧力量特展呈現區域串聯成果

是由九區夥伴一起推動，社區發展協會也是重要夥伴：

> 小鄉在做一些社區的推動和訊息傳布上，都需要靠我們九區的夥伴來做一些串聯。串聯是很重要的力量，大家的組織互相接觸，才可以一起往前做更多，這是大家很相信的一件事情。
>
> 小鄉有蠻大一部分的社區工作是跟在地的社區發展協會合作。我們這九個區裡面，大概有一百零七個社區發展協會，這些協會裡面的幹部和志工，就會是我們主要的合作或者是陪伴的對象。

藉由這樣的協作、討論和網絡機制，讓社區工作夥伴可以互相回應跟聚集資源，無須等待外部專家與外來資源。此即如Aigner等（2002）所提，當社區中有更多的水平連結，可以開啟更多的網絡和開展更多的資源及機會。小鄉稱這樣的模式為一點五線的社區工作，主要是因為：

> 小鄉並不是第一線的工作者，我們自己並沒有社區照顧關懷據點，也沒有自己的C級巷弄長照站，也沒有投入孩子課後輔導，我們比較多是陪伴這些組織，如果他想要去做一些事情，他沒有方法或者不知道資源在哪裡的時候，我們去陪伴他們。

一點五線的社區工作者，不似社會個案工作者直接介入服務對象的家庭或生活，但也不似社區培力中心的外來團隊，和一般社區居民接觸機會較少，小鄉們住在社區，並和社區發展協會、機構或其他社區組織一起工作，依社區的資產和需要去創發多樣形式的介入和服務，不是以問題為導向，而是經營一個正向和支持的環境。

❺創造發聲的機會

社區工作是一個光譜，從自助團體運用自己的資源以改善設施或生活環境的技術取向，到居民組織在一起，針對特定問題採取共同行動，藉此要求有關單位提供特定的服務或改變政策的變革取向。小鄉辦理的方案與活動，涵蓋技術與變革取向，端視社區實際需求。在取向上的選擇也是浮動而非固著的，如「一百二十公分的角度」活動初始主要募集資源為社區兒童、少年和長者創造學習機會，比較偏向技術與自助取向，但隨著經驗的堆疊，拍照也可成為發聲的工具，讓服務提供者看見長者的需求，藉此調整服務取向或提供新的服務，屬性上偏向變革取向：

> 近年來我們就開始讓長輩的紀錄不僅僅是個人或者人像，我們希望他可以開始去記錄他的生活。社區安全網，或者是長照2.0，有沒有可能透過長輩的圖像去看見，而可能更貼近他們的生活需求。比方說，像社區發展協會在做社區照顧關懷據點，透過照片有沒有可能讓他們發現到長輩在移動的過程中需要扶手的建置，或是可以在浴室裡面加止滑的功能。其實這些都是長照2.0可以提供的服務，但是可能長輩不清楚。我們在做「一百二十公分的角度」到現在，開拓另一種可以看見長輩需要的可能。甲仙社福中心今年就正式跟我們合作，我們開始在甲仙帶長輩拍照，然後從

他們拍攝的照片裡面檢視他的家庭或是生活的環境，有沒有比較容易受傷或是跌倒的。

小鄉強調服務和活動都不是為了辦而辦，而是作為和社區建立關係的媒介或發展新的可能性和發聲機會：

在做一百二十公分重點不是在拍好的照片，做伴我一聲也不是為了做出好的聲音節目，我們都覺得這些是我們進入社區的一個媒介，我們是希望可以讓長輩的照顧，孩子的照顧、婦女的培力都可以有新的可能。

圖13：長輩自己用相機記錄居家生活，小鄉團隊藉由照片檢視長輩的居家安全需求，讓長輩不是只被照顧，而是共同參與在服務當中

小鄉們的活動藉由和社福機構合作，可以創發以經驗為參考的實務服務，這讓兒少和長輩不只是被照顧，也可以影響服務提供或成為在地互助網絡的重要角色。

小鄉社區工作的特性

本節主要從小鄉的實踐經驗整理社區工作的特性，包括「整體的觀點」、「以人為主體」、「社區為本的協作模式」和「非價值中立」等。

① 整體的觀點

小鄉的社區工作實踐不似政府機關會依其部門特性和工作內容，劃分為社區總體營造、社區發展、社區照顧或福利社區化等，小鄉的夥伴認為社區就是生活的場域，因此服務不限於社區照顧或社會工作實務，他們也觸及臺灣社區營造的工作範疇，或從文化活動、硬體環境改造、陪伴或是資源連結等接合居民的需要，形式相當多元。小鄉服務對象包括兒童、少年、老人、婦女和男人等，服務內容涵蓋照顧、文化、硬體設施，甚且生命禮儀，採整體的觀點。這些行動需要連結個人、機構、組織或團體，也需要不同的專業投入，社會工作是其中一種專業。從小鄉的經驗，社區議題多元，需要從不同角度和不同人力或專業介入，社區工作是一個通稱的概念及需要整體性地關照。

圖14：2020年小鄉爬梳多年來在山區的社區工作，策劃小錄鄉間展覽，開展當天山村中每個跟小鄉社區工作上有連結的夥伴都來參與，小鄉多年來編織的在地網絡再次凝聚

②以人為主體

小鄉們向來認為人才是最重要的。社區工作的目的，就是要培養社區的居民，成為一個有能力解決社區問題的人。因為他們認為回應偏鄉的問題，不在於透過觀光或產業，而是人才培力。小鄉們投入很多時間和精力造訪社區，找到「有可能性的人，然後變成一群人」，一起針對共同關心的議題採取行動；也提供社區為本的諮詢服務，增強草根社區工作者的能力。如同Taylor等（1987）所強調，社區工作和其他專業不同，它是一個致力於增強非專業者之專業性的專業。

活動是社區工作的媒介，主要是讓居民能有展現的舞台；兒少和老人也不一定是被照顧者，他們也可以展現自己的能力、擁抱自己的認同或故事及重申需求。當草根社區工作者具所有權去想望社區的未來，如Brenner等（2021）所描繪，他們也將帶著希望和承諾投入，無論在教室裡還是在公共中心，他們都可以發出自己的聲音，影響自己和外在世界的改變。

③社區為本的協作模式

小鄉們、理監事和協力夥伴的社區工作策略不是從外地至社區駐點，而是生活於其中，透過日常密集互動充分瞭解社區生活脈絡，觀察居民的生活同時參與社區，並充分瞭解居民關心的事，繼而從生活中的需求發展服務或活動，如van Ewijk（2010）所稱的「客製化社會支持」。他們也跟在地學習，運用在地智慧尋求社區問題處理之道。小鄉辦公室承載各式服務，宛如社區雜貨店，諸多行動都是以團隊方式一起行動，小鄉們專長和個性互異，可以相互幫襯互補。面對廣大的旗美九區，就透過各區的志工、機構、團體和組織相互串聯，彼此分享在地知識、交換經驗並創發解決方法。社區為本的協作模式不是一蹴可幾，需要在地長期耕耘，因為協力夥伴對小鄉的熟悉和信任，方可發展共享的意義，繼而共同行動。

小鄉之於旗美九區如同中介組織，進行一點五線社區工作，串聯社區發展協會、機構、大學和社區組織共同協作，以提供社區居民更好的服務和活動。但對社區工作的生手，它又似如Corwin等（2016）所形容的「骨幹組織」（backbone organization），引領新手社區組織共同建構願景、提供支持、執行聯合行動、共享策略與實踐。

④非價值中立

小鄉促成改變的方式是在日常生活中，連結服務提供者和社區在地協助者，運用攝影、廣播等介質和募集資源，一點一點帶來改變。其工作取向不固著於技術取向或變革取向，而是看到需要長出服務，是變動的。旗美九區因地緣偏遠及人口數量較少，山區社區的公共服務與生活需求，不易受到資源分配決策者的重視，小鄉們運用照片協助長者針對其需求發聲，促成服務提供的改變，這些均在日常生活中及小規模地進行。英國社區工作者曾企圖透過和勞工運動連結或採行大型集體行動以促發改變。但現今學者和實務工作者也在思考新的模式，如Dominelli（2020）提及，改變也可從在地和小型社區做起，居民和團體可以面對面互動進行在地動員。

社區工作透過集體行動促成改變，什麼需要改變和如何實踐均是價值的選擇，因此不是價值中立的。實作時，社區工作者本身的價值、觀點和理念貫穿其間，但不是強加工作者的價值於社區身上，而是巧妙適切地安排，開展一個協作空間，讓彼此得以對話、辯論和相互學習；同時也需要將個人或群體置於所處的社會脈絡，特別是背後的權力體系，並改變對事情的想法而有新的行動。同時，社區工作者也需要支持公民的能動性，不被公部門社區評鑑和經費補助的規範所限制。

結語

Aigner等（2002）提及，在二十一世紀裡我們經常認為社區是想像和虛擬的，但我們也重新發現面對面的社會互動對塑造社區的認同及共同關係的重要性。小鄉們、理監事和協作夥伴就住在社區，他們既是居民也是服務提供者。他們藉由日常與居民面對面互動進行鄰里工作。然而，他們也透過網絡連結與協作進行區域層級的服務。如Aigner等所說，互動、關係建立和信任是形塑認同與集體行動的關鍵。

小鄉們的社區工作看似平常，如照相、錄音、人才培力等似乎很多社區組織和團體都在執行，日常中應付上門求助的種種諮詢，相當繁瑣，需要極大的耐心予以回應。但他們用新的看法和不同的方式看待日常與平常，將素人社區工作者視為問題解決者而不是待解決的問題，同時也是同行者，影響著自己和社區的改變。小鄉有意識地建立人際關聯和結構化網絡關係，讓活動不是如煙花般地一次性呈現，而是可以不斷地累積和延伸，成為居民展現的舞台、人才培力的機會和發動變革的證據。

小鄉的成立和當時高雄縣政府於風災前即長期投入資源於在地組織和人才培力，風災發生後的重建策略也是以在地人力培育為核心有密切關連，公部門資源若能配置於啟動在地能量，影響是深遠的。小鄉方案經費雖多數來自公部門，他們選擇和申請適合的計畫或轉化方案的執行方式，依社區的狀況和需求提供協助和培力，讓社區得以擁抱自己的認同和具行動所有權，重申與展現自主性。

第三章　社區工作的策略

點亮木梓、火把遊庄：找回一個社區的童年回憶

高雄市杉林區木梓里共分為五個部落，包含白水泉、紅毛山、木梓、茄苳湖和蜈蜞潭，唯一的對外道路是產業道路高一二九線。木梓里地處三不管地帶，位於杉林、內門、甲仙和南化的交界山區裡，根據戶政事務所提供資料顯示，木梓目前有三一三家戶、七三四人，不過實際住在這裡的人不到一半。約有超過四成是六十五歲以上老人。近三十年，年輕人紛紛出外工作移居，木梓的高齡化現象越來越嚴重。先是二十年前，木梓國小廢校併入杉

圖15：「點亮木梓、火把遊庄」是小鄉與木梓社區2018年協力策劃的行動，第二屆活動吸引將近八百多人的參與，當中包含木梓在外鄉親和各縣市民眾，共同走三公里的回鄉路

林國小，派出所也裁撤，對居民而言，這個世界好像一點一滴地將他們拋開（李慧宜，2019a）。

二〇一八年，當地的社區發展協會剛改選，新任的理事長想振興社區。面對資源與人力的缺乏，小鄉先以定期帶領大家運動的方式，幫組織暖身，並且開始整理年久失修的活動中心，當時牆上還貼著數十年前的反共標語。小鄉進入社區做陪伴與培力工作時，居民提到希望一起做件特別的事，聊天中，大家開玩笑地說到以前功課不好，就是因為學校太遠，回家時才走一半就全忘光了，不經意又說起舉火把照路的事，因而希望透過火把遊庄的活動，留下這些寶貴的記憶（許麗娟，2020）。

早期的火把是用乾芒草梗或竹筒內塞入浸過煤油的棉布製成，實際看了成品後，小鄉們覺得有趣，想說可以來發展更多的可能。第一年火把遊庄的活動就有兩百多人參加，對木梓這樣的小村落來說是很驚人的數字，畢竟連旗美地區當地都不一定聽過木梓這個地方。這一次的成功也讓社區有了信心，後來隔年的活動還在小鄉的協助下成立戲劇團，花了許多心力讓社區成員親自上台，演出舉火把的故事。而這一次的火把遊庄活動更來了五、六百人，當地素人演出的戲劇與金曲歌王謝銘祐的演唱都是活動的一部分。到二〇二〇年，在沒有活動預算的情況下，就用網路募款的形式籌資，採用「行做伙就有路」這個標語，結果順利地籌到足夠金額，人數也再創新高，達到七百人以上，原本散居各地的木梓人也紛紛響應回鄉，甚至還有遠從基隆回來的木梓子弟，不論男女老幼，大家共同舉著火把，一起走完全程三點三公里的舊時歸路（李慧宜，2019b）。三十多年停滯的社區，用共同的記憶讓自己重拾自信，讓自己為家鄉感到驕傲。

什麼是社區工作策略

一般習慣將社區視為是一個地方、有共同特徵的群體，或是一群人關心共同的議題；並用連結、社會凝聚和情感等社會關係面向來指稱社區，社區經常被當作名詞或形容詞。然而，也有認為社區不僅是名詞或形容詞，也是動詞。因為居民需要針對社區問題採取集體行動，人們也應該參與他們的社區事務，因此社區是指介入和參與（Checkoway, 1995）。社區工作的重要內涵之一，即居民針對特定議題和需求採取集體行動，因此，Saul Alinsky提及社區實務工作者需要協助人們設計策略以達致想要的結果。策略是考量手段與目的後的行動，但需要視社區情況而修正（Jones, 1995）。本章將運用木梓社區的經驗來說明社區工作的策略。

Crocker等（2016）認為策略是一個「主動性」（proactive）而不是「反應性」（reactive）的過程，需要預測變化，並促發行動，同時也讓參與者在過程中產生所有權感，因為所有權感會鼓勵投入。居民積極參與社區的所有權感，也會帶來充權和能量建立（Harley et al., 2000）。所有權關照在社區中誰的聲音被聽見、誰影響決策、誰被過程和結果所影響、誰來界定問題，而信任是所有權感的基礎（Lachapelle, 2008）。這些論述均重視策略要能超前思考、預測替代方案、關注權力關係和帶來充權與能量建立。

Checkoway（1995）強調策略除了是行動外也是一個思考的過程，是科學也是藝術，在整編資源以達致目標的過程中涉及選擇、排定優先序、實踐的場域、時間、角色和風格等面向的組合。Jones（1995）也認為社區工作的策略是藝術和科學的結合，他用「策略性創造力」（strategic creativity）來指稱策略需要創意和分析。Jones也列舉策略三要點，一是策略要符合實務工作者個人的價值和信念，行動要兼顧實務者個人的感受和社區想達致的；二是要讓民眾覺得做起來舒服，一小步一小步慢慢推進，這樣會讓民眾覺得有力量；三是「殊途同歸原則」（principle of equifinality），從A點到B點中間有很多路徑，不只是直線，一條不通還有另一條，有很多可能性。Checkoway和Jones的論述均在提醒參與者的彈性、創意和對各種可能性的開放。

能量建立和夥伴關係也是在策略過程中被強調的重點。能量建立指建立社區技巧、知識和網絡（The City of Armadale, 2017；Scottish Community Development Centre, 2020）。van Ewijk（2010）強調在能量建立過程中，專業者提供資訊、諮詢和一些服務，但真正發展的力量來自社區。他區分能量建立的「社會教育」（social education）和「社會教育學」（social pedagogy）取向的差別，前者為專業者支持和訓練人們以改善學習和社會能力；後者為透過非正式的協助以發展能力，如在街頭、社團或家中等非正式的介面學習和發展社會所需的能力。van Ewijk重視的不只是結構化的學習，也重視日常生活中非結構化的學習機會。

夥伴關係是指一群具有共同利益的組織，他們為了共同的目標而努力。夥伴關係通常從協調開始，繼而合作與協作，最終方形成夥伴（Snow, 2012）。夥伴關係立基在信任（van Ewijk, 2010）。Jones（1995）整理社區工作策略的實施步驟包括：策略性地分析問題；找到一個可循的路徑以處理問題；瞭解社區想做什麼；社區的特質、可獲致的資源、人力和資訊；並以共識和協作方式進行之。步驟有掃描環境、預估情況、精確地找出議題、設定願景和目標、發展策略、執行策略及後續戰術、評估結果。Henderson與Thomas（2013）也提出鄰里工作九步驟，分別是：進入鄰里、認識鄰里、需求、目標和角色、建立契約並將民眾集結、形成和建立組織、協助釐清目標和優先順序、保持組織持續運作、處理朋友和敵人、離開和結束。Jones、Henderson與Thomas係以專業社區工作者或外來專家的角色著眼，有清楚的開始和離開結束階段。小鄉的在地陪伴並不是那麼遵照理性邏輯順序，沒有那麼多「專業」步驟。每個社區的脈絡和特性不同，進行步驟可能蜿蜒曲折，也可能反覆修正。

小鄉的策略

木梓社區是小鄉近幾年花最多心力陪伴的一個社區。它距離小鄉辦公室約四十分鐘的車程，自一九八七年就沒有運作過了，小鄉如何讓木梓社區動起來的策略有：主動與社區接觸、用活動漸進引導參與、建立組織分工的概念、成功地辦理活動以增進居民信心和引導至常態性的服務。這些部分和Jones和Henderson與Thomas所建議的步驟有些共通之處，但也有所差異，因為小鄉並非以外來專家角色，而是以幫伴協作繼而建立夥伴關係的方式介入。

①主動與社區接觸

小鄉和木梓社區開始接觸是杉林區公所社會課業務承辦人員的引介，當時木梓社區剛改選完，會務要開始運作，但接下來要做什麼，需要有人一起討論。小鄉即主動和社區理事長聯繫，並進入社區拜訪：

我們就進去了，理事長是一個六年級生，蠻年輕的，他也不知道接了理事長他可以做什麼？理事長就開始跟我們討論說他可以做一些什麼事情，我們也反問他：你們需要做什麼？理事長的概念也沒有很多，但是因為社區照顧關懷據點在高雄推廣還蠻用力的，所以他就說我們隔壁的社區都有在做據點，不然我們也來做看看好了。言談之中感受到他們極度地沒有自信，因為在這個社區裡面要找一個會打字的人和會用電腦的人是沒有的，就是一群媽媽和一群長輩。

小鄉並沒有立即協助木梓寫計畫和申請經費進行社區照顧關懷據點的籌設，因為他們深知一個社區想要做關懷據點的時候，它必須在事前具備社區工作的基本觀念。

做據點要有別於傳統的那一些吃喝玩樂的觀念，志工跟幹部同時也要了解出來做據點服務工作，對於社區的幫忙會是什麼，和他們必須要付出的事情有哪些。同時社區也必須開始分工或者組成工作團隊，當具備這些才開始成立據點，這樣才不會讓據點很容易地關門，或是隨便就倒了。

小鄉們和社區互動時經常花很多時間和社區幹部像朋友般地聊天：

開始就是要一起開會和討論，理事長他們都會說他們不會開會，不知道怎麼開會，開會到底要幹

> 嘛？我們就是一起聊天比較多。在木梓我們一開始嘗試著帶他們一個一個細節討論下來，大家的意見也都會被一起採納進來。

輕鬆互動和閒聊也是一種培力方式，「聊的過程中，可以慢慢長出社區自己的樣子，然後他們也會有興趣了，他們也想做了」。有目標但又無壓力的聊天，是一種不做預設、帶有安全與傾聽，以及使用的語彙及肢體語言可讓社區居民感到輕鬆愉快，但也鼓勵他們發言、協助居民釐清及整理思緒[14]，是社區工作重要的溝通策略。

圖16：小鄉經常陪伴社區召開會讓幹部與志工充分討論和參與

②用活動漸進引導參與

在偏鄉，社區的廟宇經常是居民活動和信仰的中心，因此小鄉善用廟埕，每週固定帶老師進去，培力志工做健康促進活動，目的在建立社區參與的習慣。

14 該段文字引用自陳家豪先生對本章的回饋。

圖17：小鄉社造初期以健康促進培力課程展開木梓社區的陪伴工作

以前大家各忙各的，我白天上完班，農事忙完就待在家裡面了，透過練習，開始把大家固定聚在一起。每個禮拜四的晚上，我們帶老師去到社區的廟口，帶著志工媽媽一起做健康促進的練習。我們先讓大家固定一週出來兩天，固定有這個習慣出來做一些事情，不管是運動還是討論什麼都好，讓他們在一個習慣的時間出來。

經過一段時間，小鄉協助居民整理三十年塵封的活動中心，透過小型行動讓居民覺得有成就感。

他們要運動，總不可能永遠用戶外的空間，活動中心也需要用到。我們就打開那個門，非常可怕，牆壁斑駁，連天花板都是，空間堆滿了沙發，或是紙張、各種保密防諜標語，一些破舊的書櫃跟被蟲咬破的書，我們就帶著他們整理三十年沒有動過的活動中心開始。

六個月後，小鄉發現志工還不是很有信心，因此決定辦理一場小活動以凝聚居民，也讓社區幹部學習組織和分工。小鄉們和木梓社區居民聊到過去的生活經驗，居民回憶小時候他們走路去學校要走兩個多小時，因此，必須點火把照亮上下課的路，聊到這些時大家滿是開心的回憶。於是小鄉就鼓勵社區長者教年輕人如何做火把，居民的反應是蠻樂意的，「只要不教他們核銷，只要不是死板的上課，他們都很願意」。

他們說以前為什麼這邊的人都是做工，因為以前成績不好只能做工。以前學校距離太遠了，走回來，老師教的東西都忘記了，所以成績不好。冬天時上下學剛好是天暗的時間，他們會用乾管芒莖數根為一束，或者竹管添入煤油做成火把，用來在路途中照明，有時候則是父母在路口持著火把等候他們。他們也提到現在社區裡年輕人很少，我們就想說可不可能找大家、找外面的遊子一起回來舉火把，好像可以一起來嘗試看看。

舉火把上下學的話題引發參與者之間熱烈的討論，其中包含歡笑滿滿的共同記憶。於是社區決定辦理「火把遊庄」，邀請外地親朋和木梓居民一起舉火把走過溪畔的上學小徑。討論過程，大家愈討論愈起勁，唸著要開始打電話把親朋好友都吆喝回來，社區媽媽也在一旁討論著要煮哪些料理，這和初次與社區居民見面情形，已經有了相當大的差異（陳昭宏，2018）。小鄉逐步引導讓社區志工從習慣走出家門進行參與，至共同完成一些小活動創造成就感，慢慢建立大家的信心後開始密集透過聊天、討論建立共識。

③建立組織分工的概念及給每個人舞台

木梓是一個剛開始運作的社區，對於活動的辦理並無太多概念，因此小鄉們就逐步引導社區志工瞭解流程和分工。

他們已經三十年沒有動了，大家只是像鄰居這樣子互動，他們不太能理解要怎樣子辦活動，怎麼樣分工，或是不知道把自己放在什麼樣的位置，所以我們就透過事前工作，跟他們保持頻率很高的互動。

社區居民雖然彼此熟稔，但因為沒有一起工作的經驗，小鄉們會幫忙設想或提醒每個人適合擔任的任務和角色。

那位大哥，他很會幫忙去找一些人來協力，或是那位大哥，鋤草工作是他的強項，就要把他們找進來一起加入，我們會去幫忙他們想可能的人和找到可能的人，協助他們分工。

社區中每個人皆有其特質，他們的長才須放對位置方能展現。方案和活動的辦理也是一個培訓與累積成員能量的過程，由小至大，逐步累積。小鄉們協助社區知道活動前期和後期各要準備和處理的事務，並理出進度和活動流程，後續分工則全由社區主導，因為社區更瞭解每位居民的專長和資源，然後由幹部邀約參與，一起協力。

> 因為在地人才知道他們到底誰會做什麼，誰有什麼工具，誰會怎麼樣，要辦的流程把它列出來，讓他們分工去做。活動前一兩個禮拜我們開始做火把，他們就會幾個約一約什麼時間一起去砍竹子、灌煤油。

有些時候也需要創造機會讓婦女在社區有發言的機會。第一次小鄉與木梓社區辦理舉火把活動時，在會議中請志工媽媽簡單煮個午餐，但志工媽媽回應說：「簡單的我不會煮！」小鄉工作人員建議：「那炒個米粉吧？」過了十分鐘，志工媽媽又舉手：「我覺得除了炒米粉，應該再來煮個排骨湯。」雖然是簡單的互動，卻自然地讓志工媽媽參與了會議（陳佳楓，2019）。小鄉觀察到社區婦女有充沛的能量，然而在社區中做事情是女人，說話是男人，作決策也是男人，社區辦活動時，須從簡單能做到的開始，讓社區婦女體驗有能力做到以前做不到的事情的成就感。

小鄉也曾導入戲劇課程，主要是觀察到婦女志工的社區參與經常背負許多壓力，希望藉由表演讓她們有展現的機會。

> 過程中我們除了一些培力課程導入之外，也帶著這些社區媽媽把自己兒時記憶演成戲劇，目的是

希望她們在台下的女兒、兒子或是丈夫，可以看到他們的老婆和媽媽們出來參與社區後有很多不一樣的改變。婦女在農村裡面參與社區是非常辛苦的，因為有時候回去還會被先生罵，所以搭建舞台給這些志工媽媽，讓她們在家人的面前，有再一次的驕傲。

對於海報的設計或是多媒體的報導，小鄉會去細緻處理畫面或與拍攝者溝通，讓每位志工均有機會上鏡頭，而感到被看重。

> 在挑海報照片的時候，就會去挑志工都有在裡面的，或者是人是清楚的，像公共電視或有些媒體跟我們熟悉了會來報導，我們就會讓記者去採訪社區時，最好每一個人都有畫面，當電視報導二十幾分鐘，他們被看到的時候，他們就會很爽啊，小鄉模式就是會去細緻處理這些環節。

小鄉也關心志工情緒，協助排解社區生活中「小小的政治學」（micro politics）和人情世故中的「鋩角」：

圖18：小鄉社造開設社區劇場課程——木梓社區於第二屆火把遊庄登台演出兒時記憶

她們彼此之間也是會有吵架、誰講話不好聽什麼的……她們好像把我們當成生活中很重要的小螺絲，她們心情不好的時候，內部有些狀況的時候，她們會假藉約我們吃飯的名義，但是行抱怨之實，社區媽媽一定會有些摩擦，我們會用不同方式去跟她們做排解。

有時志工也需要抒發空間，「她有時候就會騎著摩托車來找我們，說要來繳中華電信的手機費，其實我覺得不一定是，她來會跟我們聊聊天，可能家裡沒有人跟她聊天或是講話」。這樣綿密的日常互動和細心處理人際關係，小鄉們和木梓社區發展出互助和互惠關係。

最近連日大雨，但是他們還是很熱心抱了八箱芒果來，以前還有筍、菜、麵、破布子，住在農村真的餓不死，如果跟社區打好關係的話。我們前陣子在搬家，很多東西需要貨車載，他們就會義不容辭地說有需要，他們絕對會從木梓社區出來幫我們載，或者是他們有困難的時候，第一個就會想到我們，就會打電話來問說該怎麼辦？

④成功地辦理活動以增進居民信心

第一次辦理舉火把活動時有兩百多位離鄉的遊子返鄉參加，社區原本不相信會有人到偏僻山區參加活動，然而活動的成功讓村莊充滿自信。

> 兩百多個人一起回來參與這件事情的時候，就會覺得很驚訝，社區就因為這樣就很有自信，自己很感動之外也覺得自己原來是可以辦得到，原來做社區是這麼一回事，觀念就在那個時候，慢慢建立。

小鄉協助社區拍攝影片，藉由影片的傳播，增加居民對社區的認同感、自信及自覺有能力參與社區事務：

> 第一年我們有幫他們拍成影片，當影片傳開來的時候，在地人開始覺得我的家鄉很棒，他們覺得做這件事很有感，自信就慢慢地找回來。有一些人去到旗山的菜市場也會被認出來說：欸！你們木梓就是那個

圖19：集結不同社區和民眾共同點燃火把，傳遞掀開火把遊庄活動的熱情！

舉火把的村落。默默無聞的木梓，就慢慢地被看到，但是被看到倒也不是我們的目的，而是這些居民，有沒有感覺自己也是可以做到很多事情。

小鄉發現社區夥伴每天喜歡用line傳送早安圖，因此他們也善用手機通訊軟體作為宣傳的媒介，讓在地人透過在地網絡滾雪球般地傳散火把節的訊息。

那時候剪了一個一分鐘的宣傳影片，因為社區夥伴最喜歡用line傳早安圖，所以我們就用那個概念，每天都這樣傳，那個影片就在短短不到一個禮拜的時間，就在每位社區夥伴和店家開始流傳。透過line網絡，比我們貼海報效益來得大，因為是在地人宣傳在地的活動。

影片或是海報有時扮演的不只是資訊傳遞，也是社區參與和投入的「黏合劑」，居民看到影片時，「就會有人說好可惜喔，去年沒有參加，明年辦我們一定要回來參加」。第一年火把節的成功讓社區很有自信也很感動，「辦完的當下，就有人說：我們什麼時候要辦舉火把？明明剛辦完！他們很久沒有這麼多人一起聚集做一件事情，所以他們都很期待」。第二年「點亮木梓，火把遊庄：歡迎你回家」共有六百多位參加。

感動的原因是火把節是發自於在地，不是為了觀光，而是讓自己凝聚和練習，所以就會有感人的地

> 方。今年有很多外面的人來參加，他們就會說：不太覺得是來被服務的，不太像是來參加一個旅行，他們覺得是跟社區一起的。

第二年的火把節有日光小林、杉林、中洲、南新等社區發展協會的參與，也有杉林八八重建協會、杉林國小戰鼓隊、大滿舞團等團隊前來演出「贊聲」。其中日光小林社區發展協會特別安排大滿舞團演出大武壠族的傳統歌謠（李慧宜，2019a）。

因著這個活動，小鄉也將他們的社區網絡一起帶進來協作，「可以利用這樣的機會，把附近社區拉進來一起參與活動」。而這樣的互助也可以讓社區成為彼此的資源。偏鄉資源匱乏，但彼此給予的在地能量不會因為活動而結束，而是成為穩定的協力關係。

圖20：每一年火把遊庄的終點會有社區演出並於地板以竹燈排列木梓字樣

沒有外界來幫我們的時候，我們可以自己幫忙自己，所以像這樣的火把節結束了，但是中洲社區還是願意花部分的時間進去協助木梓的社區照顧關懷據點。我覺得這就是一種比較穩定的協力關係，而不是活動大家互相捧場而已，這個對於偏鄉區域還蠻重要的，就是創造了一個機制，先讓自己能量起來，你能量起來的過程中，別人也推了你一把，當你開始有能量的時候，你也可以回過頭去成為別人資源，就會形成在地的能量。

社區間的協力是需要花費精神和有目的地促成，如「讓他們一起上課和促成合作，讓某社區志工去木梓幫忙帶長輩照顧的課程」。木梓社區用舉火把活動串起世代和區域間的集體記憶與連結。火把節成為社區文化傳統與社區認同象徵。小鄉和社區並不將火把節視為觀光活動，而是凝聚社區的觸媒，吸引離鄉遊子返回，帶著家人一起走一段回家的路。

⑤引導至常態性的服務

在活動中，小鄉觀察居民已具備基礎能量，因此開始協助媒合外部資源持續和深化培力健康促進活動的志工。木梓社區的志工也經常至小鄉辦公室由小鄉們教導如何量血壓，回到自己社區再利用晚上相互練習設備的使用。小鄉也媒合師資教導志工如何帶領長輩健康促進活動，也透過社區照顧培力課程，邀請其他社區有經驗的志工傳授方法。讓社區從無到有，需要花費頗長的時間，「社區照顧關懷據點長輩的出席表，就是一字一句慢慢告訴他們要怎麼弄」。小鄉視社區能量，協助木梓社區一步一步朝預定的計畫邁進，「不疾不徐穩定發展，我們慢慢地陪他們，慢慢地成長」，志工也很投入，「社區很可愛，他們每個月去訪視一百多位長輩兩次，八個志工，要訪視一百多人，可是他們還蠻用心地去做訪視的」。

引導至長輩照顧除了是木梓社區的初衷外，常態型的服務也可以延續火把節的動能，讓居民可以持續參與。

> 長輩照顧需要常態性地進行，所以它就會把社區願意參與的這一群人「箍住」（臺語），不然可能火把節結束之後就散了，明年再來一次，就會變成大型活動，年復一年地操作。即使木梓現在一個月才做兩次社區照顧關懷據點服務，都在週日，收取一百元，它可以維持這一群人持續地參與，所以也改變了社區運作的型態，據點就成為一個軸線，讓社區在這樣服務上面被拉住。

木梓社區的社區照顧關懷據點自二〇一八年在無申請公部門經費下迄今已運作多年，疫情期間配合政策暫停服務，疫情之後，以

圖21：高雄杉林區木梓社區照顧關懷據點試辦

送餐及訪視為主，基礎已穩固。

⑥理念的溝通

小鄉們不斷地和木梓社區溝通活動和資源運用的理念，尤其是公部門經費的申請。公部門對資源的下放經常是錦上添花，而不是雪中送炭，會選擇績效好容易看見成效的社區做補助（Huang & Chen, 2009），對於尚在起步階段的社區，通常不容易得到奧援。

> 在辦活動之前，我站在一個尊重公部門的立場，就打電話去邀請○長來參加，但是我有請他可不可以幫我打電話給消防隊跟衛生局，我們要辦這個活動還是需要有一點安全上的防範。可是當○長回我說，你就是送公文進來，可不可以我再回公文給你。依我之前的工作經驗就大概知道是打官腔，我們就自己花錢找護士來救護站。

政府的經費經常是雙面刃，當社區剛起步時，公部門經常是漠視的，但社區稍有成果時，公部門又經常積極介入以收割成果，因此小鄉也與社區細膩地討論自主性的議題，彼此有了共識，後續協力方能順利進行。

○長來參加火把節後，就開始說他明年要編經費，讓這個活動擴大舉辦。這就是那隻手伸進來和收割的開始。小鄉不能去幫木梓社區決定哪些資源要，哪些資源不要，可是我們可以去分析給他們聽，我們這一次這樣子辦完，沒有拿公部門的經費，費用還是夠的。我們有多少錢跟多少能量做多少事，還會比較快樂一點。公部門如果明年要給木梓錢，給你五十萬、一百萬好了，那個會是你們想要的嗎？引導他們思考這件事。

小鄉和社區討論火把節採收費的模式，社區原擔心收費會影響參與，但實際結果出乎意料地有盈餘，而不跟公部門申請經費也不會讓社區耗費人力進行核銷等瑣碎的行政工作。

我們有跟社區協調跟討論說，有沒有可能收費，在地人一百塊，外面的人是三百塊，小孩子就不用錢。一開始很擔心收費可能會有人不想來，但也蠻驚訝的，結算後還有一些盈餘。我們就跟社區講說，有時候並不一定要跟公部門要錢，他們沒有什麼年輕人，所以也沒有太多的人力去做核銷。

小鄉引導社區思考是否申請公部門資源，提供各種資訊和可能性，讓社區瞭解辦理活動和社區照顧關懷據點並不只是申請公部門經費一條路，分析社區利弊得失讓社區瞭解並參與決策，這也是一種充權。

小鄉社區工作策略的特性

小鄉的社區工作策略包括主動性策略、秉持信念、所有權和能量建立及重視夥伴關係，以下說明之。

①主動性策略

小鄉的社區工作策略多屬超前部署的主動性。雖然木梓社區一開始是想要成立社區照顧關懷據點，但小鄉花了幾年的時間觀察他們的情況，再從觀念、社區參與習慣和能量建立切入，創造機會和活動讓社區志工練習組織和分工；當社區能量和資源足夠時方設立據點。中間雖沒有固定的期程，但很多策略運用，都是朝向協助木梓社區完成初衷，「活動課程不能是主要的，我在把他們『call』出來的過程中，我們背後有一個企圖是要慢慢訓練社區志工未來要做長輩照顧的工作，而不是做戲劇學習，同樣的活動性質，可是有一個目標層次不一樣」，此外，也可將火把節動員出來的人力和資源，運用帶狀的常態性服務再組織起來。

對政府經費的申請，小鄉很小心地評估並和社區做討論，火把節並未接受公部門大額費用補助，而是用募款方式；社區照顧關懷據點運作則多賴收費與捐款，主要是希望讓社區維持自主性和不被補助規範框限。他們也對政府給單一績優社區資源過多的資源配置方式做出批判，「很多的社區都是單打獨鬥，個別的社區做得好的，它就吸納非常龐大的資源，可是一個社區能夠消化的資源基本上有極限，最後我看到蠻多的狀況就是『黑白做』，可是就有能力應付公部門要的成果報告」。

社區工作策略的運用也是一個持續檢視的過程，依在地脈絡與情境的變動而做調整，但目標都在支持社區一起發展共享的議題、認同和集體行動，也對政策提出批判性思考。

②秉持信念

Jones（1995）重視策略和實務者信念與價值的扣連。Popple（2015）也同樣重視社區工作者專業自我的運用，他認為社區工作者需要忠於、肯定和呈現自己的價值並致力實現自己的世界觀。小鄉們的信念影響著策略的選擇：

> 不管我們帶著社區居民做什麼，都是我們的一個手段跟方法，中間的核心跟我們設定要達到的目標就是要讓社區活起來、動起來，然後是社區的組織分工跟他們彼此的合作，再來是情感的凝聚，這才是我們做社區陪伴很重要的核心。

他們運用如Snow（2012）所提出的「策略性溝通」（strategic communications）方式，所有實踐計畫和行動均在向木梓社區傳遞小鄉秉持的信念和價值，目的就是將居民聚集在一起，發展對社區的認同，並藉由互助讓彼此成為資源。如打掃活動中心和活動辦理均可請人代勞，但小鄉陪伴著居民一起行動，除了讓他們有完成一件事的成就感外，也學習組織分工和建立能力；不急於引進公部門資源和將火把節觀光旅遊化，而是考量社區的能量和自主性的維護，避免社區陷於科層、核銷與績效呈現的框架。

在提供社區個別成員協助時，小鄉們不是將其視為問題，而是考量他們所處的脈絡與情境，協助他們因應社區中遇到的挑戰，並發展個人和集體技巧去處理問題。小鄉們是組織者、教練也是說客。

③所有權和能量建立

小鄉進入社區前會評估社區的意願，「在接觸社區的時候，通常都是社區先有意願，我們並不會去找不想動，然後我們硬要它去動的那一種社區，基本上是社區也想一起攜手做一些事情」。小鄉陪伴木梓社區並無期程設定：

圖22：火把製作需要大量人力砍竹也成為社區凝聚的行前準備工作

> 在陪伴的時候，我們並沒有去設定說何時要正式成為政府單位認可的，有揭牌儀式登記在案的社區照顧關懷據點，我們並沒有設這樣子的期程，反而是，他們有辦法的時候，資源也剛好夠的時候，就先鼓勵他們自主運作，以前在公部門通常都會希望你半年的時間，或是三個月的時間就有一個點正式成立，因為這樣子才有績效。

Craig（2002）認為很多由上而下的改變會失敗，通常是因為所有權不是在地社區，他因而提出「在地所有權」（local ownership）的概念，強調由在地社區思考要達致什麼樣的改變，目標和期程設定也由社區決定。社區活動的目的當在鼓勵社區成員參與和分享知識與經驗，並創發所有權感（Munford & Sanders, 2019）。

小鄉注重納入所有參與者的意見，也關照社區權力關係中較邊陲的婦女的參與。做決策時，也非由小鄉們以外來專家角色越俎代庖，而是藉由分析、溝通和資訊提供等與社區以共識方式共同決定。議題的設定也扣緊居民的生活經驗，讓居民透過活動說自己的故事。因為，外來專家並不能增加社區問題解決能力，強調組織化和能力為本的取向，方有助於居民建立自信和充權（Abraham, 2018）。小鄉運用van Ewijk（2010）的社會教育和社會教育學方法，除了用課程以系統地提供知識和技巧外，也於日常生活中藉由非正式的互動，提供資訊、諮詢、支持以建立能力。小鄉進入社區居民的生活、經驗和歷史，挖掘社區既有的能量和資產，並和他們重新創造新事務，除了科學知識外，也需要創意以破除固有的看法和認知習性，如Jones（1995）所說，是藝術和科學的結合。

④夥伴關係

夥伴關係也是社區策略重要面向。小鄉致力建構區域網絡，除了自己投入之外，也運用自己經營的網絡，讓區域之間做串聯的工作，這樣的夥伴機制，讓社區間的互助和協力可以穩定和結構化，不會侷限於活動時相互捧場。然而，這些都需要花費長時間去累積，「社區來協力串聯都不會是剛好這個活動，是因為前面有累積好幾年」。培力的人才和社區愈多，愈是網絡的延伸，這是一種綿長的幫伴，「某個階段，社區已經有它的能量了，我們也不會覺得非我們不可，但是一起走過的革命情感，連結的線和情感是不會斷掉的」。這樣的夥伴關係在偏鄉形成一股集體的力量，是重要資產。

結語

小鄉的社區工作策略是充分認識社區，也讓社區認識小鄉，彼此熟識才有包容與空間，也才能真正地從社區文化脈絡中去思考，並從傳統智慧找點子，也才不會用當地沒有的東西硬塞或複製其他社區的經驗。從快樂無壓力的小活動開始，讓社區練習組織、分工、建立流程和學習面對衝突。與社區連結情感和培力是一個緩慢的過程。活動過程不論是小鄉工作人員或是社區居民均就特質安排工作，讓參與者找到自己的位置發揮所長，知道自己的能量和建立自信，在日常生活中用舒服的節奏引導社區逐步深化活動和服務。

和文獻中的理論與策略相比較，小鄉的生活化策略和理性專業程序有所差異。小鄉和木梓社區利用閒談關心、於日常生活中拿捏排解人際間的小紛爭，及無償的協助等，此種「不經意又很日常」成為建立信任關係的重點，也打下後續深厚的夥伴關係。臺灣的社區以村里行政區域作為社區的疆域和範疇，往往限制社區的想像及區域性資源網絡的形成，山頭、本位及內外部派系等都難以促成社區間的協力[15]。小鄉藉由火把節的辦理，讓社區間彼此協力，形成區域的互助與協作網絡。

火把節的文化活動是凝聚社區的媒介，而不是作為消費或觀光的目的。小鄉在木梓社區的策略充分顯示「主動性」的特性，立基小鄉的價值與理念，超前思考，結合創意與分析，關注權力關係，達致社區的充權和能量建立。這也是一個幫伴互助的過程，讓社區彼此相伴一起長出力量，雖然耗時，但社區工作需要看重緩慢力量！

文化與照顧雖在中央和地方政府分屬不同部會與部門，但在社區生活層次，並不是兩條平行線。從木梓社區的經驗，「照顧」議題不限社政部門的業務，形式也可以很多元，文化與照顧兩者是可以相互幫襯、堆疊和累積，從文化議題切入也可以走向照顧。小鄉協助社區考量自身的能量、準備度和意願來重新界定提供照顧服務的進度與方式。

15 本段文字引自陳家豪先生對本章的回饋。

第二篇

小鄉的志業

一百二十公分的角度、伴我一聲和婦女培力

第一章　充權和影像發聲

小鄉的故事：一百二十公分的角度

小鄉們發現在偏鄉常見青壯年人口為了維持家計，大多至外地就業，使得實際居住於社區的居民以老人及小孩為主，衍生隔代教養現象、祖父母和孫子年齡差距大，導致世代之間缺乏雙向的互動溝通。二〇一三年他們承接「高雄六龜茂林區社區培力據點」時，即不斷地思索著如何陪伴社區中的老人和兒童，創造他們之間更多對話，於是決定運用「莫拉克重建區社區培力永續發展計畫」規劃家庭共學世代交流方案，透過拍照為主題，希望藉由相機，讓山區的小朋友與長輩，記錄自己的生活和部落，更希望在隔代教養普遍的偏鄉，透過相機來創造更多世代間交流的機會（社團法人高雄市小鄉社造志業聯盟，2014）。

於是，他們隨即展開對外募集二手閒置相機。透過臉書傳遞和親朋好友的協助，過程中也獲得公益平台基金會的支援，募集到的相機陸續累積了五十台之多。小鄉們帶著這五十幾台相機從二〇一三年陸續在茂林區多納部落、萬山部落、桃源區高中部落、六龜區寶來、新威社區、杉林區枋寮、新和社區和其他縣市辦活動。隨著方案延伸各社區和人口群，「一百二十公分的角度」也伴農作跟耕地對話，倚部落跟長輩對話，奔校園跟同學對話，從災難復原過程中學習，在重建歷程中和生命對話（高雄市政府，

2014）。二〇二一年又和杉林區杉林社區及新和社區分別合作進行「一百二十公分的角度」課程，並在課程後將長輩拍攝的作品，編排製成年曆與成果小書。

迄今，小鄉依舊持續進行「一百二十公分的角度」方案。不論有無經費，只要有社區感興趣且理念相近，他們就會帶著相機跟對方討論，並開始新的拍攝計畫，這也是小鄉經營最長久的專案，為大山環繞的旗美九區留下許多珍貴的影像資料，攝影集也獲全國各地的圖書館館藏（謝宏偉，2023）。「一百二十公分的角度」源自：小朋友快樂的童年，一百二十公分；爸媽彎腰捏臉頰的關愛，一百二十公分；阿嬤駝背的生命歷練，一百二十公分！

本章將用「一百二十公分的角度」的案例來說明充權的概念。「一百二十公分的角度」主要在促進對話，和「影像發聲」（photovoice）的訴求有不謀而合之處，都在運用參與者所創作的照片以突顯他們的經驗和洞察。影像發聲雖是一個質性、社區為本和參與性的行動研究方法（Jarldorn, 2019），但本章並不強調它作為研究方法上的運用，而著重探討其理念。

充權的觀點[1]

「Empower」這個英文字在臺灣有各式各樣的翻譯，如增強權能、充權、培力、賦能、賦權等，甚且

1　本節部分資料曾發表於黃彥宜（二〇二〇）。充權與社區工作。載於林萬億（主編），社區工作：理論與實務工作手冊（頁一六五—一八九）。巨流。

圖23：2016年120公分的角度於臺南生活美學館展覽

有文章翻譯成引爆。如前言提及，本書將視行文脈絡，培力和充權交互使用，本章使用「充權」的譯法。

① 充權的概念

充權一詞最早出現於西方十八世紀的醫學領域，關心醫病關係中醫師和病人權力的不對等，醫師掌控病人的病情和醫療資訊，病人很多時候無權置喙，因而倡議病人有知和參與醫療計畫的權利（Walters et al, 2001），後來逐漸被社會學科所引用。

一般認為，最早引用充權一詞的社會工作文獻是一九七六年Barbara Solomon所寫的《充權黑人》（*Black Empowerment*）一書，描述美國社會中的黑人因為長期遭受優勢團體與環境結構的負面評價，以致有既深切且全面的無力感（Payne, 2005）。

現今，「充權」已是一個熱門的名詞，不論左右派都喜愛它。認為個人和家庭應該為自己負責，國家應該減少公共支出的右派或新自由主義學者，經常將充權掛在嘴邊。反對市場模式的左派與基變學者也很重視充權，雙方陣營都談，因為意識形態不同，所談的內容也大不相同。左派和右派的說詞，在臺灣經常被混用，社區工作的實施不是價值中立的，不同立場的實務工作者，在運用充權觀點時也會有不同的做法。

右派注重個人層面的充權，強調個人自助與效能。右派的個人充權目的在希望個人能夠「使用者付費」、重視「自力更生」和「不要依賴政府」等（Kabeer, 1999）。右派的新自由主義者強調服務使用者的選擇權，但基變觀點的學者和實務工作者認為，選擇的前提是要有得選，很多服務使用者常因資源不足、資源分配不公、缺乏資訊或因本身族群、性別和年齡等身分的限制無法或不知如何取得服務，而保守人士卻反過來責怪那些「受害者」未能把握機會做出最佳選擇。

因此，左派認為若充權僅在個人層面上，未能擴及關係和集體層面，不算是充權，因此有必要先釐清。左派的基變觀點主要源自公民運動、婦女運動、第三世界解放運動及服務使用者的抗爭運動，認為個人病理化的社會問題觀，使服務使用者經常受到壓迫與歧視，充權的目標和策略在於使受壓迫者或團體去挑戰不正義，獲取平等權利及更公平地分配資源。新自由主義的觀點強調個人責任和自助，認為社會福利被視為是一種負擔而不是集體責任（Askheim, 2003）。

個人充權和集體充權並非天平的兩端。個人充權是集體充權的基礎，但不能因此被解讀成要「自助人助」或「自立自強」，或強調個人的改變而不是制度的改變。從結構角度出發的學者認為，充權最重要的是權力的概念，他們提出權力是一種社會建構的關係，背後牽連不同的權力關係，如男人和女人、成人和小孩、新住民和本地人、有錢和沒錢的、漢人和原住民等。某些人在社會中的位置常會讓他們經歷制度化的壓迫，如原住民常因為社會歧視或刻板印象而遭到不合理的對待。

② 權力是充權的核心概念

充權的核心概念為權力，是從後現代的角度加以詮釋，和傳統社會學認為權力是一方有權一方無權的「零和關係」，或是一方優勢一方劣勢的「宰制關係」不同，而認為權力是多重面向的，也是一個複雜的力量，可以從不同來源取得，也可以在互動過程中加以創造，所有參與社會交換的人都能形塑權力，因此權力的運作沒有好或壞，也不一定有方向性（Dominelli & Gollins, 1997）。

後現代的學者Foucault（1977）提出，權力是像網絡般的結構，連結著各種社會位置，權力具有不同的形式，並在不同的局部間不斷流動。他提及哪裡有權力，哪裡就有反抗。權力不是宰制的運作，是變動和流動的。Giddens（1984）認為在既有的權力關係中，權力的弱勢方可以藉助某種操縱資源的方式，對權力強勢方實施控制。充權的權力觀點包括：

❶權力不是實體，權力是從互動關係中發展出來的

觀察社區居民是否達到充權的狀況，必須先觀察他們所處的權力關係是如何影響著他們；同時對有權者訂定的規範與遊戲規則，他們是將之合理化或是有能力做出反省和挑戰（梁麗清，2006）。

❷權力雖不能給予也不能擁有，但社區工作者可以協助「促成」

權力無法由一個人給另外一個人，但專業團隊可以協助社區居民發展能力，增加對生活環境的掌握。社區參與向來被視為是社區充權實施的重要作法之一（Adams, 1996）。

③充權的實踐

充權在社區的實踐策略引用Freire（1972）的受壓迫者教育學的組織方法，關照社區工作者的角色，主要目的在促進自信、融入、組織、合作和影響。充權的實踐有三個層面，分別是個人、關係和結構層面。

❶ 個人層面

著重個人的心理發展與改變，讓個人擁有自尊和自我效能，肯定自己的能力並採取行動以達成目標。

❷ 關係層面

充權過程取決於人際關係，權力也是透過關係發展並行使的。「關係充權」（relational empowerment）包括加入團體的歸屬感，和伴隨成為成員的團結感與自信心（Christens, 2012）。協作是充權發展過程的一部分，尤其是過程中外部促成者所扮演的促發角色（Kieffer, 1984，引自Christens, 2012）；接納和尊重的態度，及重視關係的建立與協作，都有助於參與者自主能力培養（Nunkoosing & Haydon-Laurelut, 2013）。

❸ 結構層面

結構層面的充權在和團體一起挑戰不正義，爭取平等權利及促使資源的更公平分配（Askheim, 2003）。

同時關照結構權力關係，考量階級、族群、種族和性別等社會區隔，及它們如何影響個人，重視個人即政治的觀點。若僅以個人的角度去理解充權的意義，強調個人改變的動力，只要自己能夠覺察問題有改變的動力必能得到成長，這種說法沒有顧及制度的壓迫（梁麗清，2006），制度的不公與不正義經常導致個人消權。

影像發聲的概念

影像發聲的理論基礎之一為充權，為平時未能擁有攝影機的人充權他們去拍攝和促發社區的改變（Rose, 1997）。雖然科技的進展，讓使用相機不再是精英的特權，但是還是有一定的價格門檻，不是每個人都能輕鬆擁有。用影像發聲的優點在於，基本上照相是民主的，因為它不需要大量的培訓或技巧（Jarldorn, 2019），門檻相對是低的（鄭怡雯，2018）。

Freire（1972）的論述也經常和影像發聲相扣連。Freire重視傾聽、對話和行動。Freire經常運用符碼來催化對話。照片即是符碼的形式（Latz, 2017）。照片也傳達重要社會文化觀點（Riley & Manias, 2003）。

運用影像發聲的目標，Wang（2005，引自Castleden et al., 2008）認為主要在幫助個人進行紀錄和反思特定的社區問題；鼓勵針對社區議題做團體討論；及影響政策制定者。參與者的詮釋是很重要的一部分。Budig等（2018）則認為影像發聲可以讓參與者獲取知識和技巧、改變自我覺知和使用資源。Catalani與Minkler（2010）提及影像發聲可增進個人充權；增加對社區需求和資產的瞭解；和促發行動與倡議以影響政策改變。

運用影像發聲大抵希望達致個人層面的充權，如學習新技能、改變自我覺察和從參與者的視角提出對事物的詮釋。其次是社區層面的充權，如增進對社區需求、資產與議題的瞭解、討論和發聲。最後是集體層面，包括促發集體行動或影響政策。參與是充權過程中的關鍵環節（Hardina, 2003），影像發聲是運用相片作為促發意識和行動的符碼，傳散的管道大多透過社區展覽的方式（Strack et al., 2004）。因此，Liebenberg（2018）提醒需要仔細地考慮和規劃實施與展示的過程，以讓參與者的投入更具意義。

Ohmer與Owens（2013）曾將影像發聲運用於世代參與方案以促進社區改變。他們提及影像發聲能夠讓居民運用照片，根據他們自己的具體關注來排定優先序，是識別和界定社區議題的有效媒介。Strack等（2004）研究指出，影像發聲經常運用於青少年。青少年藉由學習操作相機和拍攝照片，可以建立自尊並提高自我能力，而這兩者都是個人充權的要項。此外，拍攝家人、朋友和社區的照片可以讓青少年反思自己是誰、想成為什麼樣的人，這些均有助於自我認同的形成。Greene等（2018）研究發現，照片作為說故事的工具，可建立青少年社會、心理和專業的技巧，也可建立公民參與和認同，提醒被成年人所忽略的觀點與看法。

Strack等（2004）也強調引導青少年針對自己的照片做討論或採取行動的重要性。讓參與者有機會重新發現自己的想法和意見是很重要的充權。因此，為參與者提供向決策者告知他們所關注問題的機會，被視為是在影像發聲操作過程中，不應被忽略的關鍵事件。

本章將探討小鄉如何運用「一百二十公分角度」方案，以攝影作為媒介，達致充權的過程。小鄉是從生活具體觀察出發，看到需求而採取行動，執行操作過程中並非帶著影像發聲的理念與方法，本章用影像發聲作為分析的論述之一，目的在豐富討論和對話，而不在於框限或檢視小鄉的經驗。

「一百二十公分的角度」方案的發展

「一百二十公分的角度」是小鄉從莫拉克風災重建時期就開始操作的方案，運用募集來的二手相機，在部落和社區帶志工、長輩、小孩透過攝影發聲，迄今運作已十多年，二手相機也逐漸汰換為小型數位相機，至今約跑過一百多個社區。他們的目的是讓參與者「成為一個可以為自己發聲、為自己記錄的角色」。

① 方案的緣起

在偏鄉年輕人口外移，社區經常就是老人和小孩，隔代教養很普遍。然而，隔代教養經常被貼上問題的標籤。「跟多納、茂林夥伴在聊的時候，我們就覺得隔代教養真的是我們社區的問題嗎？還蠻多這裡的社區工作夥伴都是阿公阿嬤帶大的」。小鄉們發現隔代教養是一種家庭的形式，不一定是問題的根源，兩代間需要的是對話的機會和可能。於是思考運用一種媒介，讓他們一起去完成一件事。

小鄉有位夥伴對照相很擅長，於是邀請部落的青少年一起嘗試，先培訓青少年為種子教師，再由他們去帶部落的兒童，最後他們兩方的人馬再一起來帶長輩。「一百二十公分的角度」透過相機作為媒介，拉近部落孩童、青少年與長輩之間的距離，創造世代互動交流的機會。此外，在甲仙區寶隆社區也曾讓長輩帶著孩子學習插秧，孩子從旁以相機作紀錄。

②方案發展過程

二〇一三年的一月小鄉在臉書成立粉專募集相機。募了三個月並沒有得到任何回應。於是書寫計畫向公益平台申請支援，後收到十台相機。之後陸陸續續透過粉專開始收到相機。募集相機也是交流對話的機會，因為可以讓外界瞭解小鄉在偏鄉的努力，也因而得到打氣和支持：

> 很多人寄相機給我們，我們就覺得很開心，每次郵差寄包裹來，就覺得很開心。募集相機也是我們跟外面的人對話的機會。如果說今天你捐了相機你就會想說，小鄉到底有沒有好好地做？我們就透過這樣子的方式，也讓外面的人更認識我們。
>
> 那個時候，辦公室鐵門一打開，郵差先生一來就說：「有包裹喔！」我們就很開心「衝」到門前簽領，因為很多人都會在卡片上留言跟我們講，你們在做的事情很棒，要堅持下去。那個互動過程中，都是支持我們繼續留下來的能量。

第一個合作的社區是多納部落，他們希望除了增進長輩與兒少間的互動外，也運用相機做部落編織文化的紀錄。小鄉考量兒少對電腦會有興趣，也和數位中心合作，教導他們做照片修圖後製。待他們都學會了以後，就開始去帶長輩拍照，「年輕人可以開始跟長輩近距離的教學啊，然後我們就發現到他們其實很久沒有被拍照了」。兒少在學習照相時，是感到愉快和有成就感的：

> 在每一天的生活當中都會發生很多有趣、難過、快樂的事，按下快門的當下是很有意義的一個動作。當無聊的時候，打開相機就會有種很奇特的事發生，會對相機傻笑沉默，所以拍照是一件快樂的事。（鄧澄衍，2014）

圖24：2016年在嘉義市島乎冊店帶領社區孩童記錄社區生活點滴——阿嬤與孫女在書店內一起分享作品內容

展覽是很重要的環節。小鄉也將作品作公開展示，規模則視經費而定，也會邀請拍攝者和大家說明。讓兒少跟自己的長輩介紹作品，除可增進祖孫間的關係，也可讓長者更認識在地組織：

> 孫子很驕傲地跟阿嬤介紹自己的作品時，其實阿嬤要進去前很不好意思。因為那個空間要脫鞋子，阿嬤就

覺得她的身體，因為農作完，髒髒的，很不好意思。那是她第一次踏進課輔班，她的孫女有這個作品展，這是孫女和阿嬤、在地組織跟阿嬤關係建立的第一步。

小鄉認為方案的重點不是讓孩子拍出很好的作品，而是將相機作為媒介，除了增進世代互動，也激發孩童對自己的自信。兒少除了運用攝影展現自己的想法，也可能為生活帶來改變：

我們那次的題目是晚餐，有位小朋友就回去拍他爸爸吃飯的樣子，孩子們就說，他們家以前吃飯的時候都是看著電視，自己吃自己的，用相機去記錄也讓他們家在吃飯的時候有更多的歡樂和彼此的聊天。拍照除了激起更多他們對這個世界的好奇，這件事情也悄悄地改變他們的生活。

（2016年「一百二十公分的角度，你看見了什麼」攝影展影片逐字稿）

讓小鄉們印象深刻的經驗是在嘉義的場次。攝影幫助孩子在過程中找到自己的興趣，繼而願意投入，他們玩得開心並共同布置作品展：

嘉義的一個課輔班停課了，因為孩子把老師氣走了。所以我們就去帶照相的課程。負責人有點驚訝，我們帶了兩天的課程，這是她第一次看到孩子沒有罵髒話、沒有拿出美工刀出來威脅老師不要再上課，就玩得開心！我們辦展覽的時候，也讓這些孩子共同布置自己的作品展。

該課輔班的孩子多參與宮廟的陣頭，在拍攝過程他們展現了與在課輔班截然不同的行為與態度，充滿自信與自律：

> 這群孩子有無比的精力，但言談中可以看到他們對於陣頭文化的熱愛，也是他們生活的重心之一。他們慎重地擲筊請示神明是否允許他們拍照，還嚴肅地告誡其他孩子哪些可以拍，哪些不能碰觸，當下他們的自信和規律，到了一種神聖的境界。謝謝孩子們帶領我們到他們的生活之中，感謝孩子們願意跟我們分享他們的自信[2]。

偏鄉的長輩沒有機會使用相機，他們一開始拿到相機的時候都很害怕，他們怕會用壞掉，沒有錢賠。我們會一直鼓勵他們用壞了也沒關係，只要你願意拿起來拍。後來可以看到長輩的改變：

> 每一位長輩看到自己拍的照片時，他們都會覺得哇！原來我怎麼這麼厲害！人家常常說「吃老就沒有用」（臺語），可是他們就會覺得喔！原來我還可以做不一樣的事情。

小鄉透過活動找回長輩的自信，「長輩常說自己老了就沒用了，我們是不是可以在這樣的一點一滴

---

2 社團法人高雄市小鄉社造志業聯盟（二〇一六年六月八日）。一百二十公分的角度：你看見了什麼？神明的孩子。臉書。https://www.facebook.com/120cm/posts/614571118697801

中，慢慢地幫他們找出自信的感覺，即使是很細微的」。攝影活動也經常結合社區的特色，如甲仙區寶隆國小與甲仙愛鄉協會提倡食農教育，就以攝影記錄作物成長與農事經驗；杉林八八角落文化種子協會，記錄大愛園區內的課後輔導班活潑多元的學習歷程；寶來國小的孩童以相機和未來的校園對話；賽嘉部落則呈現排灣族深具傳統意義的文化空間[3]。

③細緻的活動設計

拍照前小鄉多數會說明拍照須注意的事項和禮儀，和兒少一起訂公約，大家一起討論制定，再由大家在同意書上蓋章，以示負責。也發展出書寫本，刺激孩子在拍照前多一份思考，想像構圖的畫面，寫下拍照時的想法與心得，也引導他們分享透過照片想說的話。攝影也可進行長者充權，讓長輩在社區感到被需要，成為社區的積極投入者：

> 他慢慢發現到他原來很喜歡攝影，然後我們就開始在團體裡面賦予他重要的角色，鼓勵社區讓他成為攝影組的組長，這樣他就會開始去找夥伴，他就會很積極地參與，他就不會遲到，活動的時候就會第一個先到，因為他知道自己有任務。

[3] 文化部（二〇一六年七月二十九日）。一百二十公分的角度：小手拉大手攝影展。文化部文化新聞。https://www.moc.gov.tw/information_250_51510.html

「一百二十公分的角度」也記錄長輩精彩的生活，「有家屬在長輩病危的時候來找我們，跟我們要這些照片的電子檔，我就覺得我們可以在長輩人生最燦爛的時候，參與他們的生命，很有感」。因此，小鄉們都會將影像回歸到社區，不會只有小鄉存檔，也會將所有的照片洗出來，留給社區或參與者。若有比較充裕的經費，就會將個人照裝上相框送給長輩。除了展覽，小鄉也讓長輩的作品可以成為自己的手工書。這些細膩的互動和設計，都是以照片媒介，給長者舞台、位置和肯定。作品集不是小鄉成果的展現，而是長者生命記憶的回顧與紀錄。

拍照也提供行動不便的身障者另一個出口，運用照片說出自己的想法與心聲：

> 有位身障者，他很年輕，大概二十至三十歲吧，到社區成為他唯一可以出門的機會。只要是社區服務，爸爸媽媽就會安心地讓他出門。從他的作品裡面就可以看得出來，他非常渴望想要走出家門作參與。

「一百二十公分的角度」也可提供一個友善的社區空間，

圖25：甲仙社福中心與小鄉社造協力用三年時間帶領甲仙區五個社區100多位長輩拿起相機記錄生活並於2021年辦理攝影展

讓身障者家人放心，也讓身障者有機會走出家門到社區參與活動。

④協助長輩電動代步車裝上反光背心

小鄉鼓勵使用電動代步車的長輩一起參與「一百二十公分的角度」活動。和甲仙區的社區協作時，透過長輩拍的照片發現代步車是許多長輩的重要交通工具，但代步車在行駛上仍有相當的危險性。因此，小鄉透過甲仙區社區長輩的作品瞭解到他們的福利需求，進而嘗試尋找資源，協助長輩在電動代步車身裝上反光背心。「二〇三〇臺灣無貧困推進協會」和曾和小鄉合作「擦照世界的角落，照亮回家的路」的國際青商會都是反光背心的資源提供者。

⑤社區和機構間的協力

「一百二十公分的角度」的執行也運用小鄉慣有的社區策略，在每一個社區找到更多人共同參與，

圖26：2023年回到茂林區多納部落拍攝長者日常生活

讓他們成為小鄉的協力夥伴。在社區有更多的夥伴共作，除了擴大參與，也可以就近協助處理參與者遇到的許多狀況，如電池沒有電，或記憶卡拍滿了怎麼存檔到電腦等。

小鄉也跟社福單位協力辦理課程，如曾和心路社會福利基金會合作，辦理成人心智障礙者的課程。除了教導學員學習用相機拍照，也學習訂定公約、分享作品和製作個人作品手工書。主辦單位希望讓學員從作品中找到自信，也讓機構工作人員透過照片瞭解學員的想法，和他們在家中的生活。對於表達能力較為受限的心智障礙者，照片也是一個溝通的媒介：

> 我們也藉由相機裡的照片來認識他們，就像參與了他們的生活，認識了他們世界。作品裡有簡單的晚餐、被生活輔導員協助整理十分乾淨的房間、家裡養的小黃（貓咪）、小黑（狗狗）、雞等。甚至，有一位大哥騎著摩托車，跑了三個里，把六龜當季特產的水果，與沿路的廟宇及遇到的朋友都拍下來了。[4]

小鄉與身心障礙機構合作時發現，引導心智障礙者在拍照前先和遇到的社區居民打招呼與問好，然後再開始拍照是一種很好的社區融合方式。

---

4 社團法人高雄市小鄉社造志業聯盟（二〇二〇年九月二日）。一百二十公分的角度：你看見了什麼？臉書。https://pages.facebook.com/story.php?story_fbid=1763489883805913&id=196389157182668

心智障礙者學員對肖像權的概念不太理解，所以在課程中會特別提醒學員拍照前要先徵求被拍攝者的同意。這也讓學員在六龜街區拍照時，養成常常跟路人打招呼、詢問的習慣，間接地促進了學員和社區居民的互動。這樣的方式讓居民因為身心障礙者主動與和善的問候而減少異樣的眼光，並對他們有不同的看法。

和社福機構協作時，小鄉先讓機構瞭解「一百二十公分的角度」相關資訊，讓機構思考可以合作的方式，經過數次討論，繼而合作辦理。透過這樣的方式，小鄉就不只是機構所連結的資源，而是共作夥伴。運用影像發聲，繼而逐步打造一個友善與支持的社區環境。這些均不是單次活動可以達致，需要有如小鄉的在地組織長期陪伴與支持：

回到我們從之前的經驗來看，所有外來的團隊都有可能會因應一些原因而離開，只有在地長出自己的力量來，另一方面在地有需求，第一時間會解決跟可以協助的，一定是這一群在地的人，這一群在地組織它如果更有能量的時候，它才能真正去協助到整個社區可能會發生的問題跟狀況。

小鄉的經驗與「影像發聲」和「充權」的對話

本節主要整理小鄉運用影像發聲的特殊性、小鄉充權行動的特色及小鄉如何運用多元方式發聲。

①小鄉運用影像發聲的特殊性

「一百二十公分的角度」和影像發聲最大的不同在於小鄉是將照片作為介入的媒介，初衷在增進偏鄉兒童的文化資本和世代間的交流。此也呼應Yoshihama（2019）的看法。Yoshihama認為影像發聲多被視為是參與式行動研究方法，但他強調當更關注影像發聲運用攝影作為藝術為本的介入和創意。

對話與改變是小鄉在進行「一百二十公分的角度」時的目標，希望透過影像與大眾做對話，如隔代教養不必然是問題的根源，需要的是支持而不是標籤；也不是只有外界想像的悲情和需要同情，而能從不同的觀點重建生活紀錄。小鄉透過照片也在呼籲關注硬體重建之餘，應有更多目光專注到「人」（社團法人高雄市小鄉社造志業聯盟，2014）。但「一百二十公分的角度」不似影像發聲設定在運用視覺圖像刺激居民識別問題，從共同關注的問題建立聯繫和關係，繼而組織居民針對這些問題採取行動，並和政策制訂者做對話，以帶來改變（Ohmer & Owens, 2013）。小鄉係從個人充權切入，逐步醞釀集體充權。

近年小鄉和社區與機構合作，運用長者的照片促成服務提

圖27：2023年回到茂林區多納部落拍攝長者日常生活

供的改變和社區環境的改善，這些均歷經十多年的經驗累積，這也說明任何形式的充權均需要長時間的醞釀、陪伴和培力。

②小鄉充權行動的特色

「一百二十公分的角度」所呈現的充權觀主要在反轉刻板印象、將資源導入偏鄉、讓偏鄉居民為自己記錄和發聲，也讓偏鄉的聲音被聽見。活動背後理念均不是如新自由主義所強調的個人責任和自助，而重視權力的反轉與發言權的爭取。除了個人充權，也重視改善和創新服務的集體充權，但小鄉不採行集體抗爭的方式，而是運用攝影發聲，雖是柔性的藝術介入形式，但軟中帶硬。此外，關係充權也是「一百二十公分的角度」的重要成果。

❶個人充權

由兒少、長者和心智障礙者自己掌鏡，決定要拍攝的主題與意義，Castleden等（2008）認為這是很重要的權力分享。照片也讓兒少有機會述說他們的經歷和見解，加上團體中與同儕互動分享、參與部落傳統技藝的紀錄、手作書和展覽會等均提供了兒少發展個人與社會認同的機會，和有助於建立社會能力。長輩因為對攝影的興趣，被賦予領導者角色而對社區有歸屬感並做出貢獻；手工書和個人相框等活動可讓他們感到自己受到看重。心智障礙者藉由拍照增進與人的互動，在社區不同場域取材，可以重新參與多樣的社會與經濟空間。拍照提供參與者重新界定自己、展現能力和挑戰刻板印象的機會。這些個人層面充權涵蓋情感、行為和認知等元素（Christens, 2011）。

相片是一個媒介，重要的是來自人際關係的互動與正向經驗。從募集、整理、規劃課程、執行、回饋等都是相當繁重和細緻的工作，小鄉需要投入大量的人力與資源，這些均是影響方案順暢操作的關鍵（社團法人高雄市小鄉社造志業聯盟，2014）。

❷ 集體充權

「一百二十公分的角度」目標之一，在藉著影像更真實地呈現城鄉的落差及區域間的生活差異，除舉辦巡迴攝影展推廣計畫理念與經驗外，也讓相對弱勢的偏鄉孩童與老人能被看見，增加區域間交流機會。相機募集也將外界資源引進偏

圖28：2016年與嘉義市後火車站孩童記錄社區後，於島乎冊店一起策畫展覽和分享作品

鄉，減少城鄉差距，並藉此讓外界更多人認識偏鄉據點在做的事（社團法人高雄市小鄉社造志業聯盟，2014）。這些行動意圖均具集體充權的內涵。

小鄉也透過檢視長者的照片內容，發現需求並創發服務，並連結機構服務去改善長者的生活設施和社區環境，讓他們對生活可以有更多的控制。長輩生活在社區中，透過照片呈現在地議題，有助於導向更具回應性的服務。兒少活動也在倡議偏鄉文化資本和教育資本的匱乏，呼籲重視和改善。Scottish Community Development Centre（2020）提及，透過分享相互的經驗來促進服務提供的改變，可以讓居民有更多的權力和影響力，並減少不均、孤立及增進更好的健康與福祉。「一百二十公分的角度」呼應了Scottish Community Development Centre的研究發現。

圖29：2021年120公分行動前往甲仙社區帶領長輩拍攝生活——社區長輩多數騎乘電動代步車形成不同的視角

❸關係充權

從「一百二十公分的角度」的經驗來看，攝影除了促進個人和集體充權外，關係充權也相當重要。VanderPlaat（1999）認為權力不是取或給，而是透過互動過程中產生，強調相互性，因為工作人員也會被所服務的社區充權。此外，進行改變的同時，除了工作人員，也需要參與者有意願投入和進行倡議。這和Pigg（2002）所稱的「相互充權」（mutual empowerment）類似，強調社區工作人員須具備的人際能力，包括在協作過程激勵和引導他人或共享領導權。工作人員和參與者是互為主體，相互支援和幫襯。小鄉在進行「一百二十公分的角度」時，即相當重視和參與者彼此「一起記錄和學習，一起敘述我們的故事和生活經驗」，並看重團隊工作，深思熟慮地規劃各種討論、分享和展覽。

從增進個人的自信與能力的個人充權，至連結參與者、機構或社團，逐步地將人們聚集在一起合作以創造新的服務的集體充權，需要關係充權貫穿期間。此即如Barr與Cochran（1992）所強調，須於社區進行有意識的持續行動，包括尊重、批判反思、關懷和團體行動等。「一百二十公分的角度」提供機會讓所有參與者相互學習，漸進地累積社區表達和解決事務的能力。

③運用多元方式發聲

小鄉透過展覽、作品集結成冊、粉絲頁和演講等，提供了參與者向社會大眾或決策者告知他們所關注議題的機會，這是在影像發聲操作過程中不可被忽略的關鍵事件。偏鄉兒少和老人的聲音在公共舞台上鮮少被看到或聽到，具有發言權也是重要的充權過程（Duffy, 2011）。

大眾對偏鄉的兒少、老人和身障者或有些刻板印象，但這並不是他們的能力問題，而是缺乏發展能量及展現的機會。因此，Derr等（2013）建議用「公民機會的差距」（civic opportunity gap）取代「公民成就的差距」（civic achievement gap），沒有發聲是因為沒有機會，或因為聲音不會被聽見所以不願意陳述，而不是退縮或能力不足。

此外，方案執行者如何回應和對話，也會影響參與者如何看重自己的聲音。Greene等（2018）強調展覽主要在帶領觀眾進入參與者的世界和所描繪的事實。因此，對於兒少更需要提供安全、滋養的空間，方能促進他們的參與，及增進他們與成人互動關係的品質。小鄉許多展覽均和兒少一起完成，由他們選擇喜歡的作品，引導團體討論、在展覽會場擔任說故事者。決定和行動多由兒少自己掌控。展覽和出版是一個協作過程，小鄉和參與者一起工作，透過影像說故事以和觀眾進行互動。

小鄉重視攝影成果須回到參與者和社區，而不是小鄉的績效。操作的過程如Minkler與Wallerstein（2003）所強調，當不只是以社區為基地，而是以社區為本。Poole等（2022）認為，以社區為本能讓居民扮演主動的角色，參與其中去處理他們的議題。而能力和關係建立是關鍵。「一百二十公分的角度」執行過程運用多元方式，培養參與者的知識和能力及參與機會的提供，讓他們具所有權感，也打造一個融入的社區。

結語[5]

「一百二十公分的角度」將孩童的想像力與活力刺激長輩，以長輩的豐富故事與歷練引領兒童與青少年，使雙方都能透過攝影更加緊密社區關係，使「一百二十公分的角度」不只是「觀看」，更是人與區域之間各種人生經驗交流的機會和文化的傳承。將攝影作為紀錄工具，小鄉訓練兒童與青少年學習簡易入門之攝影技巧，並藉由他們尚未成熟，充滿好奇的視野，於區域內進行有意識的紀錄，讓社區特色有不同於以往的呈現，豐富社區文化特色。

活動中可以觀察到參與者的改變和自信的增加，透過跨縣市區域串聯鄰近縣市，及舉辦巡迴攝影展推廣理念與經驗，也讓相對弱勢之偏鄉孩童與老人能被看見，社區間相互協力除了增加區域間交流機會，也可整合串聯發揮資源的集體效益，聯合行動創發服務和打造友善融入的社區空間。

這過程中需要耗費大量的人力和資源，也需要時間的醞釀，和細膩規劃與執行。和各社區合辦時也常因為計畫期程限制、相機耗損不及募集速度等，增加方案的執行難度，雖然困難不少，這個方案也執行十多年，培力不少社區運用影像充權。此外，透過攝影也可以增進心智障礙者與社區居民的互動，是很好的社區融合媒介。影像圖像也可以將需求具體「視覺化」，也是發掘需求的方式。

小鄉的行動兼具個人充權、集體充權和關係充權，但不似右派的個人充權是為了讓個人承擔責任；

[5] 部分文字引自社團法人高雄市小鄉社造志業聯盟（二〇一四）。一百二十公分的角度：好事成雙．社區協力．世代共學。社團法人高雄市小鄉社造志業聯盟。

雖具左派的充權觀，但不是用集體抗爭的方式，而是以攝影介入，作品輯的包裝也多偏向柔性訴求，但其背後隱含著反轉刻板印象、倡議偏鄉資源配置不均的意圖。小鄉以攝影為媒介增進參與者的自我效能和能力，並發展彼此間的連結，並將攝影結合團體討論、書寫展示，結合圖像和敘事，可以進行紀錄、對話、反思和促進行動，也可讓參與者認可他們的情感與興趣，重申他們的位置。

第二章　伴我一聲：小地方大鄉民社區電台

小鄉的故事：伴我一聲

有一次在路上，小鄉的夥伴碰到一位阿嬤，對他說了三個小時的生活故事。於是他心想，這些社區長輩似乎都很孤單。觀察他們平時的興趣，就是喜歡聽電台、買成藥。因此透過文化部的「伴我一聲」計畫案，幫長輩們在YouTube創立了一個社區電台「小地方大鄉民」，開始進行系列專訪，讓長者擔任主持人或受訪者，透過節目介紹高雄偏鄉九個地區的人事物，故事大多取之長輩的工作與生命經驗，透過陪伴進行照顧（陳佳楓，2021）。「伴我一聲」專案由文化部補助，主要有四個目標（社團法人高雄市小鄉社造志業聯盟，2017）：

①記錄語言和保存文化

有感於偏鄉長輩凋零迅速，以記錄生活語言為核心目標。收集旗美九區各地區、各族群對於生活的描述，建立「資料庫」讓多元的語言文化為人所知，為人所愛，進而主動探索。

圖30：伴我一聲主視覺

②縱向世代的連結

偏鄉地區人口外流嚴重，造成文化斷層。行動廣播車及語音資料庫，能作為世代間的橋梁，讓不同世代都能多了解對方一些，讓長輩的知識成為年輕人創意的動力。

③橫向地域的連結

作為旗美九區的平台，一起共好帶動偏鄉活力。

④交流城鄉文化及資源共享

偏鄉文化難以向外傳遞，弱勢族群容易被強勢族群排擠。行動廣播車希望以「行動」打破世代與地域的疆界，主動將偏鄉文化帶入都市。雲端資料庫讓弱勢族群保有選擇權，讓族群文化有機會得以延續。

除了「小地方大鄉民」廣播節目的製作和行動廣播車外，也有現場口述的「真人廣播」、原住民族古謠錄製、廣播教案工作坊、臺語和客語等語文教學等，小鄉矢志用聲音找回記憶，為農鄉發聲（謝宏偉，2023）。

廣播與社區電台

小鄉的「伴我一聲」方案以社區電台的概念執行，其起心動念是為了讓長者有更多元的舞台。本節主要整理廣播與社區電台的相關文獻，也將討論廣播與長者的關係。

① 廣播的優點

廣播具有低生產和低設施成本，及傳播的邊際成本接近為零的優點。它以聽覺為媒介，不會排除那些無法讀或寫的人，也非常適合用在地語言傳播內容（Buckley, 2000）。廣播以語音傳遞，Fox（2019）提出，語音不僅僅是說話，或者是言語的表達與討論，語音也是一個行動，是可被執行的；發聲也是一種能動性，讓溝通實踐成為可能，也讓人們有能力去對周遭世界做反應。

Skoog與Badenoch（2020）提及廣播也可作為開啟調查方法的新工具，它宛如一個「鏡頭」，可以用來發現、詢問和分析歷史，讓記憶和檔案紀錄受到重視，也為民眾重構和修復過去，他們強調參與現在就必須參與過去。也有研究指出廣播也有助於增進身心健康（Skuse, 2004）。

②社區電台

社區電台不以營利為目的，提供個人、團體和社區講述他們自己的故事和分享經驗，並在媒體豐富的世界中，成為活躍的創作者和貢獻者（Al-hassan et al., 2011）。社區電台關注在地事務及需求，因此容易讓聽眾有所共鳴，它也以當地語言進行的廣播，這些是經常被主流大眾傳播所忽視的聲音。社區電台也因為是由社區成員所經營，有可能服務特定的團體和處理特定議題（Dagron, 2001）。社區電台主要提供主流媒體外的個人、團體和社區運用他們所熟悉的語言，表達和分享意見，投注關心的議題。

然而，社區電台除了提供資訊和社區新聞外，也維繫和分享文化、連結社區、促進歸屬感與所有權感及充權（Watson, 2013）。Reuter等（2019）也有同樣發現，他們認為社區電台可以鼓勵人們在社區中更為活躍，並增強公民參與以闡述或辯論社區重要議題。此外，電台也進行媒體技能培訓和辦理能量建立活動（Al-hassan et al., 2011）。社區電台可發揮訊息交流、社會網絡建立、培訓技術和能力等，這些均和社區發展息息相關。

社區電台和一般電台的區別，地方也是關鍵，Keough（2010）認為商業電台是「無地方性」（placeless）的媒介，社區電台則合併「區位」（location）與聽眾社群進入廣播中。Chapman等（2003）認為，社區電台的發展反映了兩方面的進步，一是訊息技術的改善，二是轉移到更具參與性形式的資訊和知識的移轉。參與性被視為是社區電台重要本質，除鼓勵多樣性，也不似一般電台強調專業性（Reuter et al., 2019）。多樣性包括在特定地理區域產生多元的方案，並充權參與者表達自己的想法（Foxwell,

2012）；或是為特定的社區提供量身定制的內容（Meadows & Foxwell, 2011）。而其精神如「澳洲社區電台協會」（The Community Broadcasting Association of Australia）所強調，社區電台藉由展現被主流媒體視而不見的社區部門，以增進一個文化多元的社會，並促進社會融入和凝聚（Order, 2017）。

③廣播、社區電台與長者

Order與O' Mahony（2017）研究指出，廣播是一種維持和增進老年人生活品質的低成本工具，同時可被廣泛地運用。Krause（2020）的研究也有同樣的發現，他認為廣播可和其他非藥物、藝術為本取向的活動並用，以支持老人的福祉，諸多有助於長者身心健康的內容都可在廣播中免費聽取。Reuter等（2019）指出，有些社區電台節目也讓長者參與，這樣的方式可提供老年人才藝發揮的場域，也讓長者的才能得到廣大聽眾的認可，繼而肯定他們作為社區成員的價值。

社區電台也提供老人擔任志工的機會，透過這些參與和社交機會，可降低寂寞感而有助於健康和福祉（Order, 2017）。長者也藉由參與機會建立「有目的的認同」（purposeful identity），以挑戰社會大眾對老人的標籤和刻板印象（Order & O'Mahony, 2017）。這些研究強調廣播作為一個低成本的傳播工具，其內容有助於增進長者身心健康；或是提供社會參與和交流的機會，讓長者有機會一展長才或是降低他們的孤立和寂寞感。

臺灣研究也指出收聽廣播是老人的嗜好與興趣，但現今傳統的老人電台並不能提供老人多樣的選擇。因為傳統之AM與FM電台常為區域性電台，讓老人沒有太多的選擇，不能滿足老人需求。而且現今網路電台中，適合老人的電台也不常見（柯柏志等，2009）。王舜偉等（2001）將廣播分類為「強勢廣播」和「弱勢廣播」，前者指廣播是使用國語、關注流行、名人趨勢、政治性與大環境議題；後者為使用閩南語、不追求流行、電台邀請默默無名者、議題非關政治性或是關注個人事物。他們的研究發現，臺灣主流媒體多為中上階層觀點，處於弱勢的中下階層較少在媒體中有發聲的機會，而部分老人也因為節目與自己生活上認知差距太大，是所謂讀書人的節目；因語言、議題及缺乏互動的障礙，使其與之極少接觸。王舜偉等研究也分析賣藥電台受到歡迎的原因，這些節目多使用閩南語，並能貼近在地，符合閱聽眾使用習慣，進而拉進距離。莫季雍等（2010）也發現賣藥電台經常透過廣播表現關心及相當親切，提供老人一種受到撫慰、安慰的感覺，替補家中子女未能在聊天與情感上滿足的部份，得以消除老人寂寞感而獲得信任。雖然前述研究年代較為久遠，但仍能說明部分長者收聽廣播的現狀。

因此，節目如何精心策劃並有效地建立忠實的聽眾，透過情感交流而有所連結是重要議題（McMahon, 2020）。Perlman與Peplau（1981）用「擬社會互動」（parasocial interaction）的觀點來詮釋聽眾和媒介內容，或人物產生的近似人際互動的親密感。擬社會互動受到媒體人物和受眾的特質所影響，其中媒體人物的吸引力和感知相似性，為產生擬社會互動的重要前因（Klimmt et al., 2006）。因此，對長者而言，廣播節目使用語言的親近性、主持人或來賓營造關心和親切的氛圍，或主題貼進在地生活，均是達致擬社會互動的關鍵。

伴我一聲方案的發展

「伴我一聲」的經費來自文化部「社區營造青銀合創實驗方案」第一類「青銀合創發展在地知識」計畫，自二〇一七年至二〇二〇年為期四年。進行重點大致可分為：

①社區組織、文化盤點及工藝師普查

二〇一七年小鄉先進行社區組織與文化資源盤查，在地有一百一十個社區組織，他們實地拜訪完成七十四個。在踏訪各社區中，透過分析得知超過三分之一的社區組織皆有推動社區長輩照顧工作，以健康促進運動及共食為主。偏鄉長輩相對在生理肢體上是健康的，小鄉發現長輩需求多數在心理上的寂寞和自信匱乏。因此，小鄉先邀請六位社區長輩進行生命故事述說，當時的初衷是希望用聽長輩說生命故事的方式去陪伴長者。小鄉也帶長輩至國小及廣播電台分享，「用聲音做紀錄。我們這邊有很多不一樣的族群、語言和故事，所以就想朝著比較生活化的方式錄製廣播節目」。

後續活動延續二〇一七年社區踏查資料分析後設定的主題，以「族群遷徙」、「偏鄉生活與行業」及「八八風災之後」為軸線製作系列廣播節目，將在地知識以聲音訊息為媒介傳遞。「族群遷徙」分享北客南遷、平埔族群、舊部落印象、滇緬族群等。在錄製耆老古謠時，長輩都很慎重以對，「長輩特別地把傳統服飾都穿來，就很正式，我們在記錄的時候也會把這些聲音檔案送回到社區組織去，也提醒他

們可以給長輩收藏」；「也曾經錄過南洋姊妹會回娘家活動。她們嫁來臺灣其實很難得有機會回自己的母國，她們很想要回家，然後大家就提議說我們可不可以自己來辦回娘家」。

「偏鄉行業與生活」分享早期寄藥包、藥籤、中藥行；樟腦製作；交通客運；換工獵人；雜貨店和泥作工等。「八八風災之後」主要討論對風災印象和風災之後的情形。為了進行「偏鄉行業與生活」專題，小鄉進行旗美九區工藝師普查的工作，繼而邀請達人進行錄音：

圖31：2019年小鄉在南洋臺灣姐妹會姊妹回娘家活動現場錄音

> 原來在地有這麼多有趣的事情。我們有一集是去訪談美濃的藥草阿嬤，現在的人已經不太知道什麼是傳統草藥！我們就盡可能把山村快被遺忘的一些技能或是一些生活足跡，把它記錄下來。我們也有採訪一位在修裁縫車的阿公，阿公已經年紀很大了，我們去採訪他的時候已經八十幾歲了，他還是持續在修理，因為他覺得東西就是要物盡其用，能用的時候就盡量用，能修的時候就盡量修，職人的精神，早期的裁縫車也愈來愈少人用了，我們記錄下來，未來至少還知道這件事情。

小鄉試圖用聲音進行文化世代傳承的工作，讓長輩腦中的古謠得以被記錄、保存和傳承：

試錄完畢後讓兩位長輩試聽自己的歌聲，沒想到其中一位長輩聽著聽著就流下眼淚，她覺得可以聽到原本只存在腦海裡的歌，可以如此清楚地被保存下來，就可以稍稍放心，不必擔心會消失了。

小鄉也教部落工作人員錄音和剪輯技巧，讓他們可以自行進行古謠的保存及傳唱，也可發展對部落工作有助益的學習教材，這些對傳統文化的保存有相當的助益。

②「小地方大鄉民」之行動和真人廣播

「伴我一聲」錄製節目的頻道取名為「小地方大鄉民」，也放在YouTube影音頻道[6]。該計畫鼓勵青年參與訪談、收錄聲音資料、彙整和剪輯等。參與的青年有「長榮大學的實習生、教育部青年署暑期工讀計畫的工讀生，大概一年都是二到三人左右」。共計完成十二集小地方大鄉民系列廣播節目，除了記錄三大主軸的文化議題，也收錄旗美九區舊地名故事和農村長輩有故事性的特色料理。小鄉原以為節目放在影音平台，會是各年齡層相對好觸及的方式，但發現還是有些長輩因居住環境不見得有網路及訊號，收聽節目有困難。因此，小鄉在上傳網路平台後，皆會製作可以掃描條碼的頁面，讓受訪者或其家人可使用手機隨時掃描來收

圖32：伴我一聲頻道

6 小地方大鄉民YouTube影音頻道網址：https://www.youtube.com/playlist?list=PL9qU8oP4vqG1bgonWZpeQJ-tIQdmzhwS1

聽。若社區有提出需求，也會再將照片及聲音等電子檔案存在社區電腦，供其備檔收存。

「伴我一聲」最初是和長榮大學合作辦理教育部「大學社會責任實踐計畫」，將長輩帶至長榮大學電台錄製，後來因為路途遙遠，因而發展行動錄音車，「我們募到一輛車，載我們到長輩家或是社區的活動中心，或者是一些角落去跟他們做採訪」。為了讓錄製完的節目有更多的傳散，就開始進行「真人廣播」，「被我們採訪過的長輩，我們就帶他去一些社區或者是文創市集，讓他們到現場跟大家直接碰面，真實地去闡述他的故事」。

真人廣播以族群歷史、料理文化、家庭關係、山林產業為主軸進行分享。真人廣播融入現身說法者的專長，結合音樂、體驗或美食品嚐等活動：

小鄉也有去「社工春瘋」市集擺攤，我們也邀請阿嬤們到現場說故事，反應非常好。我們第一年是邀在做平埔文化的夥伴跟阿嬤，在場的大家就覺得：「哦！原來有一個平埔族群叫大武壠」。小孩唱古調給大家聽，大家很感動。六龜新開部落的一位阿嬤有十八般武藝，以前她的柑仔店就什麼都賣。現場的年輕人都沒體驗過挽面，所以大家的右手都貢獻給阿嬤，讓阿嬤跟他們互動，那一次的互動大家都覺得很有趣。第二年市集我們邀請阿勇，是在六龜做山茶，回家接棒的第三代年輕人，請阿勇去談茶的文化，現場泡茶給大家喝，透過這樣的方式去互動。

這些活動融合聽覺、觸覺、嗅覺和味覺體驗，聽眾於是也打開好奇心，而能活潑、輕鬆地互動和提問（社團法人高雄市小鄉社造志業聯盟，2020）。南新社區也因為參與真人廣播活動，帶著阿嬤去溪洲國小講故事，「是連續四個學期，講到小朋友畢業了」。這些努力都是希望能為社區的長者或達人創造舞台、讓他們被看見及自我展現：

希望幫大家找到實現的舞台，或是被看見的可能性，所有事情的背後是我們在找尋的一種價值，就是自己在生命中存在的價值、成就感和被需要的感覺。

小鄉提及，鼓勵阿嬤參與是需要一些巧思，擴大宣傳和提高參與者的能見度是不錯的方法：

宣導要有方法，以前我們要邀阿嬤去電台錄音，阿嬤都說：「我不要、我不要」。我們就把跟去的阿嬤做成人形看板。活動結束將人形看板搬回社區後，就有其他的阿嬤說：「為什麼你們有我們沒有？」然後那個阿嬤就會很得意地說：「啊叫妳去，妳就不要去啊！」

一些小激勵和人形看板簡單的輸出技巧，帶來許多新的可能性和發展，激勵阿嬤走入校園。

③記憶食譜

二〇一八年小鄉發起「記憶食譜計畫」，主要是因為食物連結著記憶，也反映社區不同族群、性別、離散或思念的生命經驗。小鄉除了邀請來賓分享食譜，錄製成廣播，也編製食譜，總共做了六本。

> 我們覺得在地對於吃這件事情，是可以談到很多在地文化的東西，所以我們決定要去找這些料理，是希望這個料理跟社區媽媽、志工媽媽的生命經驗是有互相連結的。
>
> 國共內戰的時候，有一群軍隊被遺留在泰國和緬甸邊境，直到民國五十幾年才被接回來臺灣，他們分布在清境農場、高雄的美濃和屏東里港。我們去訪問了美濃區精功社區，他們有很多料理跟泰國緬甸是很緊密的。
>
> 一位社區媽媽從嘉義嫁過來甲仙，她在嘉義是山上的人，她覺得結婚之後不想要再做山上的事，但是沒想到嫁來甲仙之後還是在做山。她先生就是很疼

圖33：透過採訪記錄，將不同社區的料理故事集結為一本本記憶食譜

她，所以她心情不好或者是難過的時候，就會煮花生豬腳湯給她吃。我們在做採集的時候她先生剛好過世了。我們在跟她聊的時候，她就說出這道跟她生命有連結的料理，然後煮給我們一起吃。

食物的滋味與人生滋味融合，每一道料理都是生命中的一塊拼圖，味蕾與情感交織成一張充滿酸甜苦澀滋味的記憶網絡（凌煙，2019），如甲仙社區媽媽藉由料理思念過世先生的體貼。食材也孕育著不同的文化（李珊瑋，2019），讓我們理解食物如何跟著人而移動，如精功社區被遺留在泰緬邊境的國軍和其後代，用料理表達因為跨國而生的流離經驗。

記憶食譜進行方式是除了錄製廣播節目外，也請記憶食譜的主角現場烹調那道料理，讓大家品嚐。小鄉也邀集一些年輕人協助記錄。通常多是來自都市端的寫手，協助做一些簡要的文字紀錄，繼而出版成食譜冊子。在這過程中，青年們緊貼在主角身旁，詢問作法及這道料理和主角之間的故事，藉此拉近都市與農村、青年與長者的距離（社團法人高雄市小鄉造志業聯盟，2020）。小鄉認為這也是「黏住」年輕人的方式，讓都市年輕人即使工作生活不在鄉下，也會有所連結：

> 一位靜宜大學中文系的同學曾來小鄉協助，他畢業後就到他家附近的社大去工作，做社區工作相關的事情，有一位用食譜作品參與競賽有得獎。有的是我們只要有任何的活動，或者是他們在環島的時候，就會永遠記得旗山有一個小鄉，就會繞進來看我們；上一次的實習生是交到了男朋友，她就帶來讓我們看看，鑑定一下。

「伴我一聲」目標之一在進行世代間的文化傳承，目前雖然參與者有限，食譜仍扮演世代間的橋梁，讓長者的生活智慧與知識成為年輕人發展的養分，也為小鄉擴展與都市端網絡的連結。

④教案發展與廣播的延伸運用

鑒於文化部希望該計畫能發展成產業模式，因此小鄉嘗試發展教案，「所以在第四年，有跟在地的國小談合作，我們就設計了一個教案，然後到學校去進行四到五個禮拜的課程」。小鄉認為對聲音的敏感度是需要培養的，雖然聲音存在於每天的日常，但我們常常視之為理所當然。小鄉希望從孩子的教育做起，讓他們去探究聲音背後的訊息，感受到聲音的力量。因此，教案著重帶領孩子單純地去感受自己的聲音、了解聲音在日常所扮演的角色。也教導他們認識不同媒介所錄製聲音的差異，及如何進行訪談和製作節目。最後產出「如何開始做一個廣播節目」和「聲音好好玩」兩則教案。

教案對象除兒少外，也運用於教導茂林社區的工作者，針對部落長輩的族語古謠進行錄製；另外也曾教授那瑪夏區公所清潔隊員錄音剪輯的流程，讓他們可以自行錄製垃圾車的廣播，隨著政令隨時進行母語的宣導，居民的接收度也隨之提高（社團法人高雄市小鄉造志業聯盟，2020）。小鄉和社區採取協作和共做的模式：

最初是我們帶著設備器材，進到了那瑪夏，第二年的時候就變成我們只是人進去，那瑪夏清潔隊

> 的隊員們自己去買器材，隊員們自己來學怎麼剪接，怎麼收音、怎麼變成一個聲音的完整的檔案，小鄉就是在做這樣子紀錄的過程中，盡可能讓在地的人跟我們一起共做。

透過共做方式，小鄉不是居於具層級關係的指導位置，而是和部落成為平等的夥伴關係，這可增加部落對廣播的所有權感和參與。小鄉也和美濃區精功社區一起把社區歷史故事與香料飲食文化整理成導覽稿，由社區居民錄製成一段一段的語音導覽，再搭配條碼掃描裝置，讓隨時來社區的民眾都有一個認識精功社區的機會，促進大眾對於滇緬族群的認識，也解決社區人力不足的問題：

> 因為人少，他們也沒有辦法有很密集的導覽人員，所以我們就嘗試做語音導覽系統，你到社區的某一個點，看著地圖，用手機掃QR-Code之後，就會聽到他們自己的介紹。

透過廣播教案，小鄉嘗試用聲音去經營一個社區，和用聲音去陪伴一個社區。廣播的延伸運用也解決社區導覽人力不足的問題。

圖34：青年來到美濃精功社區利用語音導覽走訪社區

圖35：透過訪談並錄製為導覽影音讓社區有多元的方式被看見

用廣播進行社區工作及再界定照顧與發聲

運用廣播，小鄉也在進行社區工作，並再界定照顧及反轉長者的角色，同時也進行在地發聲。

① 用廣播進行社區工作

小鄉把廣播視為社區工作的方法之一，肯定「過去」在老人生活中扮演的角色，運用聲音記錄和蒐集在農村快要消失的記憶與文化。社區電台也是一個培訓的場域，教導部落青年錄音和剪輯，而能記錄和保留傳統文化，甚且於日常生活中利用各種可能性，如垃圾車用母語廣播，增進族人間的聯繫。此外，社區幹部也可運用這樣的技術和技能，製作語音導覽，彌補導覽人力不足的現況。廣播技術和技巧的能量建立，讓參與者不是單方地接收小鄉所提供的資訊，而是能受益於以技術為媒介的教案，繼而發展部落和社區關注的議題和任務。Deuze（2006）強調社區電台具投入和參與式文化，因而著重不同層級溝通過程，並不是將自己放在優越的位置和觀眾建立層級關係。小鄉執行「伴我一聲」方案時即重視和社區發展共做關係，並塑造一個強調參與、互動、交流和開放的悠閒自在空間，以記錄和傳承在地文化資源。

旗美九個區域具不同族群和文化，小鄉以電台活動做串聯強化在地社會網絡和分享在地知識。現今網際網路的發展提供社區電台更多優勢，有利於外展和擴大地理涵蓋區域。真人廣播活動經常吸引來自不同地方的民眾參與。真人廣播和記憶食譜，呈現出社區工作貼近生活的多元性。文字留下的或許只是當下的紀錄，但真正帶有影響性的，是人與人關係的建立，以及觀看土地的方式（社團法人高雄市小鄉造志業聯盟，2020）。記憶食譜運用多元感官媒介，有助於營造旗美九區共同地方感。因為「地方」是人們生活的種種處所，是生活的世界，是一個我們已經賦予意義的空間，是透過各種感官如聽覺、嗅覺、味覺、視覺、觸覺而認識的（許奎文，2018）。

小鄉將廣播視為「我們進入社區，還有陪伴跟記錄過程的一個媒介」，但也逐步串聯九區多元和多樣的網絡和資產，用聲音傳遞在地知識與文化，讓偏鄉記憶和經驗可以保存、再現和被看見。Order（2017）提及社區電台像「塊莖」（rhizomatic），可進行異質連結與多樣性的連結。小鄉的社區電台連結文化、部落古謠、語言、懷舊、族群，甚且塑造如「家」般熟悉安全的地方感，這是在主流廣播體系比較少有的感覺。社區電台也有助於外展和串聯，如AMARC（2000，引自Skuse, 2004）所形容，這樣的廣播站有很強的在地參與承諾、社會融入和社區發展的特性。

②重新界定「照顧」和長者角色的反轉

Meadows與Foxwell（2011）指出，長者經常是被主流媒體所孤立，熟悉的音樂和聲音可促進社會孤立的老人情緒和社會福祉。廣播也可提供社會網絡和陪伴（Keough, 2010; Ewart, 2011）。「伴我一聲」運用「懷舊」（nostalgia）陪伴參與錄製廣播的長者和聽眾，其影響如下：

❶ 對長者的影響

小鄉的「伴我一聲」讓廣播成為一個展現的舞台，讓參與者增進自信、扮演不同於日常的角色而感到自身的價值。讓長者有機會使用社區廣播媒體述說自己的生命經驗和故事，透過與他人的分享、對話和互動，不僅可以讓他們找到老後生活的意義，也有助於與社區的連結。

雖然小鄉也曾讓長者的家人和社區志工，協助處理保留及下載錄音檔給長輩，以增進下線後的情感交流；或製成錄音帶及蒐集收音機提供給長者，讓長輩能更普遍收聽，但實行上有所困難。偏鄉長輩使用手機的能力和普及度有所不足，所以小鄉更著重廣播的紀錄功能，致力於記錄快要消失的文化或地方故事。

❷ 對聽眾的影響

對聽眾而言，早期農村的生活經驗、記憶食譜和百工百業等主題，讓懷舊的感情被喚起，像是一把鑰匙，能打開記憶的寶庫。和廣播者為同世代者，有共享的經驗和共同世代成員身分感知，容易

圖36：旗山南新社區長輩參與「伴我一聲」活動，前往長榮大學實習電台錄製台呼

圖37：小鄉社造的麥克風來到旗山唯一客家聚落——雞油樹下訪談耆老

拉近距離，發展擬社會互動。此即如McMahon（2020）所描述，在線上宛如老朋友們的情感連結被重建。對跨世代的聽眾，小鄉透過活動，讓長輩和聽眾在真人廣播中互動和品嚐古早味，引發年輕世代的興趣。廣播電台就像一座橋梁，增強聽眾間的情感連結。此外，都市端的年輕人因為協助記憶食譜的紀錄，而出書或發展職涯。對身體仍懵懂的小學生來說，透過遊戲來探索自己的聲音，展現自己和認可自己的聲音，也有助於增進他們的自信。

懷舊是「伴我一聲」方案重要的介質。Cutler（2009）認為，懷舊可將人和社區聚集在一起；對自己有強烈的認同；幫助我們回顧和反思生活；讓人們看到他人的觀點；也傳遞世代相傳的文化遺產。而成功的懷舊作品較少強調對往事準確的記憶（Bornat, 1998），因此小鄉設計活動時重視的是交流和傾聽的過程及打造分享機會，透過懷舊做陪伴，而陪伴也是一種照顧。讓偏鄉少有機會發言的長者對廣大聽眾發聲，也在充權長者，讓懷舊更具發展性。

目前政府積極推動的共生社區即在反轉被照顧者成為方案行動者，小鄉們陪伴長輩到校園和孩子互動講故事，也可反轉長者的角色，從被照顧者成為兒少陪伴者和教師角色。長者的記憶也如同文化的種子，在兩個世代間進行傳承。長者以生命故事述說的方式和兒少互動繼而建立情感，也有助於對彼此的理解與共融。Jopling（2015）研究也指出處理老人的孤寂感，跨世代的接觸是成功介入的關鍵。換個角度，兒少也從被照顧者轉變為社區活動積極參與者，並和長者成為互為陪伴者。

「伴我一聲」試圖重新界定照顧的內涵，被照顧者不一定是被動的服務接受者，他們也可以藉由參與廣播破除對老人的刻板印象，而展現能動性。在此情況下，照顧者和被照顧者間的界線是模糊和變動的，透過角色反轉而互為主體，兩者間權力關係是平等的，而不是層級關係。

③在地發聲

Reuter等（2019）認為社區電台參與性本質，可以提供不同社區公民參與的途徑。因為，他們容易被主流廣播所忽視。廣播可支持他們的發言權，增進公民行動和對話。「伴我一聲」同樣地著重讓社區居民具發言權。小鄉考量到過去農村的現況常是由外人所詮釋，以外在的角度對農村留下評論，「小地方大鄉民」將麥克風交給在地，如此便能以貼近真實樣貌的觀點，嘗試去為在地發聲（社團法人高雄市小鄉造志業聯盟，2020）。活動經常邀請「有實作經驗卻較少有機會分享的對象，使其能站上分享台，向大眾展現值得留下紀錄的生命經驗」。這讓居住於偏鄉的職人和長輩可以展現技藝、家庭料理、族群飲食或臺茶文化。

曾參與「伴我一聲」方案的長榮大學傳播系教師也指出：「我常想，莫拉克十多年過去了，為什麼還有一群留在社區努力的年輕人？例如：寶來人文協會李婉玲及小鄉陳昭宏，這些在角落發出微光卻沒有被看到的人，他們青年返鄉已逾中年，從災區重建到可以養活社區組織，一直奉獻自我，但有人關心也是社區一分子的他們需求是什麼嗎？」（陳佳楓，2021）。透過廣播語音的多元運用，它可以吸引、喚起、撫慰或發出警報（Fox, 2019），藉由擁有發言權的過程，可以讓隱而不見的人被看見（Reuter et al., 2019），或未被重視的議題引起關注。社區媒體與主流媒體形成一種「既補充又能制衡」的關係，一方面可以對大的傳播生態，補充不同角度的資訊及觀點，另一方面也因為社區媒體關注的議題與角度跟主流媒體不一樣，相對而言也會對主流媒體產生某種程度的制衡（劉嘉韻，2021）。

「伴我一聲」方案，雖屬弱勢電台，對小鄉而言也是一種倡議行動，讓大眾更瞭解返鄉青年和在地組織所需要的支持，此種「柔性」的方式，有別於街頭陳抗，「伴我一聲」也充權了參與其中的人們，以社區電台作為媒介，呈現充權的的多元路徑與方法[7]。

語音是一個意見表達的中介，發聲也是一個複雜的過程，更是一種社會合作的行為（Fox, 2019）。「伴我一聲」的執行和社區組織、部落、大學或政府部門共同協作和合作。廣播製作需要透過組織間的串聯與認識，以觸及到更多的錄音對象，讓議題的發聲不限於單一對象與社區，而是能以不同切入點了解該議題（社團法人高雄市小鄉造志業聯盟，2020），也讓社區電台如Al-hassan等（2011）所形容，是充權社區的獨特和有效工具。

結語

小鄉在執行「伴我一聲」方案時先進行資源盤點，挖掘特定社區或人物的專長與興趣，再由工作人員帶著麥克風和錄音設備，走訪旗美九區的庭院樹下、家中客廳、田間野外、廟裡的會議桌等等的角

7　部分文字參考自陳家豪先生對本章的回饋意見。

落，蒐集在地不同職業、文化、飲食、生活背景等聲音故事，再剪輯成廣播節目「小地方大鄉民」，讓一段段的生命歷程從廣播中展開。小地方大鄉民社區電台在資訊化社會中，支持在地文化和語言，並提供舞台予在強勢電台中隱而不見者或弱勢者。四年下來，依需要採取不同形式，包括行動電台、真人廣播、記憶食譜和教案，提供在地服務，串聯九區，呈現豐富的觀點和文化互動。過程中除保護和共享文化外，也轉化被照顧者成為服務提供者，加強社區成員間的連結，提供他們有機會藉由主動參與製作過程而發聲、塑造認同、增強自信、能力和增強權能。

「伴我一聲」也積極營造九區居民間的歸屬感，並將錄音資料交由社區保管或透過教案教導錄音剪輯技巧與技術，增進所有權感。所有參與協作與共同行動者創造和發展一個空間和地方，讓不同的個人和團體可以用不同方式連結，增進個人和社區福祉。雖是屬弱勢電台，但內涵卻相當多樣，包括社區營造、文化、照顧、地方史、促進人和人之間的連結；方法也相當多元，結合廣播、人際互動、教育和諮詢等，並倡議在地議題和讓弱勢者發聲。

圖38：伴我一聲穿梭在不同社區採訪地方文化記憶

第三章　社區婦女的能動性

小鄉的故事：婦女的社區參與

小鄉在風災之後，並不特別針對婦女規劃工作。然而，農村裡的社區參與者以社區媽媽們居多，加上目前各社區操作的社區照顧關懷據點不論是靜態或動態課程，也多以婦女志工為主力。小鄉的據點培力課程著重讓婦女們學習到新的知識和技巧，讓她們得以回到自己的社區去教長輩。婦女參與課程，有機會接觸到很多夥伴，提供社交的機會和場域，也開展身心。

小鄉觀察到農村婦女參與社區是非常辛苦的，因為有時候回去還會被家人或先生責罵，但參與社區讓她們找到自己的新價值。從莫拉克風災迄今十多年的經營，小鄉發現有些社區媽媽已經具備了很好的能力，如上台拿麥克風演說、帶團體活動或是設計教案等。小鄉也協助成立媽媽師資團，媒合社區照顧關懷據點聘請她們擔任講師，而有一些收入。小鄉也留意到社區裡有很多具藝術、媒體能力卻深藏不露的媽媽們，所以小鄉辦了「地方媽媽的逆襲」和「社區照顧經驗交流工作坊」（以下簡稱社區照顧工作坊）的活動，邀請她們現身說法，分享經驗，也針對社區照顧關懷據點的政策提出建言。

旗美九區是南臺灣重要的農鄉，每個地區都有各自不同的農產，從種植到採收的工作幾乎都由東南亞籍的新住民婦女（以下簡稱新住民）負責。她們除了填補農業人口高齡化的空缺之外，往往也是家中重要的經濟支柱，臺籍丈夫反而常沒有穩定工作。新住民同鄉的姊妹都是在異國生活中重要的陪伴者（有些是彼此介紹過來的），姊妹們也會互相協助，如介紹就業機會，工作時互相照顧小孩。不過她們在平日仍要面對文化上的阻礙，例如因為不會華文而無法教小孩功課，卻會被自家人質疑「不識字」（她們只是不識華語文，並非不識字），或是因為不懂華語而感到辛苦（謝宏偉，2023）。小鄉的新住民服務延續原南洋臺灣姊妹會南部辦公室對新住民的陪伴與支持，這部分將於第五篇進一步說明。

婦女的能動性

Kabeer（1999）將能動性定義為有能力去界定個人目標，並採取行動。能動性不只是可觀察的行動，也包括個人帶入行動的意義、動機和目的。長久以來，個人行動和社會結構一直是相對的二元論

圖39：小鄉社造的理監事和社區夥伴多數以婦女為主

述。有部分論者強調能動性是個人有目的之選擇，不受結構所影響（Duits & van Zoonen, 2007），Lee與Logan（2017）也持類似的論述，對婦女而言，不是社會結構來決定她們的命運，而是組織起來反抗、挑戰或進入社會體制做改變。然而，Giddens（1984）則認為人的能動性是受到結構和個人相互循環的影響，沒有誰先誰後。規則和資源結構了眾人的日常生活，但人並不是消極的，他們被視為能動者，他們的行為實踐改變了在其中運行的規則和資源，人類能動者的日常生活實踐乃透過社會互動而生產，廣大的社會結構也隨之再生產。人是「反身性的能動者」（reflexive agents），因為我們通常可以說明我們採取決定背後的原因，Giddens強調，任何行動的限制也提供行動的機會，限制也可能是資源，被行動者運用於模塑他們生活中的生命歷程。

Giddens論述重視能動性是人類追尋某些行動歷程的能力，而該行為者的行動某些程度也不全然是自主的，他（她）的行為受到社會脈絡和資源、文化與規範等結構因素的限制。這些結構可能是由行動者自身承擔的，取決於他們在廣泛社會關係裡所占有的位置，或者是由別人所施加的。人們在一組規則和資源裡運作，但是人們的行動創造了這些規則和資源。能動性和結構是一種雙元性，結構和個人的能動性是相互創造和互為脈絡，結構可能阻礙行動，但也可能協助產出行動，而行動結果也可能改變結構（Giddens, 1984）。因此，結構不僅限制行為，也促成了行為，但行為可以潛在地影響和重構結構。能動性雙元性的論述超越結構—能動性二分，檢視兩者之間辯證和動態的關係。

The Commonwealth Foundation（2015）也持同樣的觀點，認為婦女的能動性不是個人的選擇。她們的選擇經常基於男性所掌控體系的原則、價值和道德；然而，婦女具備能動性也將採取行動做改變。

The Commonwealth Foundation相當重視政策和方案需要處理和回應婦女的需求。除了政策改革，也包括社會規範和實踐的變革以處理性別不均、歧視和邊緣化，用結構來支持婦女展現能動性並降低脆弱性。Huang與Huang（2021）研究也發現，九二一地震發生初期，埔里婦女在家庭、職場或社區呈現的積極行動力，隨著生活逐漸回到常軌，婦女組織也多於三至五年後停擺，有些是階段性任務完成；有些是婦女選擇或家人期望她們回歸家庭，婦女在社區位置並不會因為婦女投入增加而改變，而是需要在結構層面創發資源和有目的地鼓勵與支持。

Giddens（1984）以規則和資源角度來說明結構。社會規則是指個人與制度慣常實施的互動元素，藉此得以有規律地遵守並再製了合宜的行為。社會結構也由資源構成，這些資源指出了某些權威和財產形式可以運作的權力和影響力，藉以控制和限制某些社會互動。Giddens對「慣習」（habitus）和「常規化的實施」（routinized practices）予以重視，他視人類的能動性是常規化的和「重複的」（repetitive），而一個人所處的社會位置也影響他可以動用的資源。Bourdieun（1977）強調慣習提供資源建構行動不同的界線。慣習與文化有所關連，文化對行動者有長久的影響，它提供一份特色清單，人們由此建構行動策略（Swidler, 1986）。

Sewell Jr（1992）認為能動性源自行動者的知識基模，他們可以運用於其他的情境脈絡，人們占據不同的社會位置，如性別、階級、族群、職業、世代、性傾向、教育等，人們有不同的知識基模和接近不同類型與數量的資源，也影響變革行動的可能性。個人的社會位置影響能動性的實施。Kabeer（1999）提及能動性操作性定義是決策，可以由個人行使，也可集體行動，包括正向和負向，如運用協商、談判、欺騙、操縱、顛覆和反抗等，這些均和權力相關連。van Eerdewijk等（2017）將權力的行使，區分為負面的power over（掌控），即運用暴力威脅凌駕他人的能動性。正向部分有power to（創發），指個人有能力界定自己的生命選擇、追求目標或甚且面對其他人的反對；power within（內在力量），為個人的自尊感、自我覺知和自信，power with（分享權力），即與他人共享權力。權力可以是負向，也可以是正向和衍生出新力量。Anand等（2019）將能動性分為個人、人際和集體各層面。個人部分著重自我效能和自信；人際部分著重在家戶的決定權和移動力；集體部分為參與團體、擔任領導角色及討論和表達社會議題。

在實務實施上，如何增強婦女的能動性是重要議題，因此，本章將從能動性的視角檢視婦女在社區的互動和經驗，討論她們如何在公領域和私領域協商和創造參與、發聲及生活方式選擇的決策權。同時，也將分析小鄉如何藉由創造許多有意義的社會參與機會，如培力課程、記憶食譜和「地方媽媽的逆襲」及「社區照顧工作坊」等，讓活動成為共享的空間和建立網絡的場域，並針對政策提出建言及充權婦女，讓她們對自己的生活有更大的能動性。

小鄉與社區婦女的工作經驗和觀察

本節主要從小鄉的經驗與觀察說明旗美九區參與災後重建過程中，婦女所展現的能量及婦女在社區的位置，也檢視影響婦女參與的因素和婦女如何施展能動性，過程中小鄉又如何支持婦女並與男性一起工作，繼而建立起長期、在地和「類家人」的關係。

①婦女的能量

國內有關災難的相關研究顯示性別與脆弱性有相關，如「全國民間災後重建協調監督聯盟」歷次的民調資料顯示，災區婦女主觀上感受到的生活困擾較男性高（吳惠蓮、謝國興，2001）。多數研究也關心女性在原有的社會結構中，因資源獲得困難、社會地位低下而使自身陷於相對弱勢的處境，當災害發生時，女性的處境無疑雪上加霜（卓春英、盧芷儀，2010）；然而從小鄉的經驗，旗美九區參與災後重建的婦女，展現截然不同的樣貌。小鄉成員回憶，莫拉克風災初期，他擔任旗美社區大學輔導團的專員，進入災區協助社區媽媽進行重建工作。那些婦女已經開始參與重建時期的培力課程，有一些社區參與經驗。從互動中，他觀察到婦女滿滿的能量：

> 她們跟我說：「你看起來就是軟弱軟弱的樣子，你這下糟糕了，你會開始被我們這群媽媽『蹂躪』！」「蹂躪」意味著她們在工作上不一定會事事聽我的。雖是開玩笑的話語，但我那時也感到蠻震撼的。她們看起來就是很像生活中身邊的媽媽，但她們參與很多社區工作，這些鄰居媽媽們雖然不起眼，但是她們具備了蠻多不一樣的能力。

小鄉們觀察到這和地方政府在社區長期耕耘有關，風災前，原高雄縣政府的社會工作人員即積極培訓社區婦女參與社區：

> 在風災前的社區運作，她們就有參與，重建的工作她們的確扮演了很好的角色。早期原高雄縣政府在推社區工作的時候，她們就針對婦女做培力。當時高雄縣的社工是你有問題不要緊，她會騎著摩托車，再遠她都是陪著你，然後到你的社區去手把手教你，你不會打字沒有關係，你就用手寫，像○○有提到她就是帶著電腦教她們怎麼打計畫書和打字。

災前婦女培力工作，有效地降低某些婦女的脆弱性；曾參與社區工作的經驗，讓婦女「在重建中，面對這麼混亂的狀況，可以有更多的力量展現出來」。風災發生後，高雄縣政府推動的「在地組織社區重建人力支持計畫」更有效地運用婦女人力投入重建工作，也提供婦女展現的舞台：

> 莫拉克雖然是一個危機，但它也是一個轉機，那時候的重建人力計畫，讓我們一群年紀比較相近的年輕人，可以集結在一起，我覺得在那個時候就一起創造出很多的可能，也讓我們有參與和投入的機會。

風災也讓新住民集結起來，曾任「南洋臺灣姊妹會南部辦公室」主任的小鄉夥伴提及，「新住民最初站出來是因為自身的權益，風災也讓她們看到新的需要及要面對的問題」，爾後大家集體協力，分工扮演不同的角色，協助新住民罹難者家屬處理後事，「有人家裡可以借住，有些人可以協助翻譯，有些人陪伴和安撫她的父母，大家各自的角色就會出來」。風災也開啟新住民參與公共事務的契機，小鄉們觀察到甲仙新住民的轉變：

甲仙新住民姊妹原本比較沒有參與社區，災後因為有新住民姊妹罹難，甲仙一群姊妹就出來協助翻譯和接待罹難新住民的爸媽。那一次之後就開始很多姊妹在討論自己可以做什麼去協助其他的姊妹，或者是不是應該要更積極一點地參與公共事務。姊妹們就是因為莫拉克風災，然後去想要做更多，去走出來，甚至開始考慮到在臺灣中高齡新住民的生活狀況。

婦女參與社區可以開展很多新的可能性，「走出家門，然後才發現原來自己的生命中有一些其他的可能性，不是只會煮飯、孩子的教養或是跟先生互動而已」。小鄉們觀察有些婦女會藉由參與社區不斷地充實自己，並且尋求各種機會增強能力；有些婦女則在可以兼顧家庭照顧責任下做適度的參與。前者比較會進行跨社區的參與，後者多在自己居住的鄰里。

②婦女在社區的位置

社區的參與者，據小鄉的觀察有三分之二是女性。因此，婦女在社區工作的角色相當重要。然而參與小鄉社區照顧工作坊的婦女表示：「在社區裡有很多框架和侷限，隨時被檢視是否符合好媽媽或好媳婦的角色期待，有時還會被社區居民貼上標籤或認為有參政野心」（小鄉社區照顧經驗交流工作坊紀錄）。因此「社區的理事長和理監事普遍是男性，擔任決策的角色，媽媽們就是擔任志工角色」。在社區中，領導者的位置多由男人擔任，女人則被期待扮演支持者的角色，在權力行使上男人居主導的地位，女人處順從的位置。婦女投入許多心力在社區的事務上，所以她們是社區中的重要成員，但她們的勞務常受到忽視，或甚且被視而不見，其地位常居邊陲而不獲重視，她們也同時是局外人（Dominelli, 1990）。有些婦女志工也表示願意承擔工作和責任，但「她們會希望有一個領導者幫她們『hold』住，她們可以做好後面的事情，再辛苦的事情也沒關係」。

③影響婦女參與的因素

小鄉們觀察，影響婦女參與的因素有交通、家人支持和個人動機等。交通上的移動能力是影響婦女社區參與的因素之一，「婦女自己有移動能力的時候，參加課程或者是去其他地方做服務，她們就有更大的自主性，她們就會投入更深」。部分婦女的先生有意願提供協助，小鄉觀察到「也有少數男人願意支持，會載他的老婆去不一樣的地方上課或服務」；偏鄉地區公共運輸比較缺乏，婦女也常因為缺乏交通工具而無法參與活動。也有婦女對參與社區培訓課程與活動有極大的熱誠和意願，但礙於家庭照顧責任，而無法參與：

有一位媽媽夥伴就留言說她因為要照顧婆婆還有自己的媽媽，很多小鄉的課程活動，她就沒有辦法參加。婦女在家真的要承擔無比多的工作和責任，她們也是蠻期待可以出來走走看看，她們真的很辛苦。

有時是因為先生沒有參與意願，也讓婦女不得不放棄，「社區裡面的一些課程還有一些活動，她都覺得還蠻有意願的，但是因為先生沒有那麼高的意願，所以她就必須要遷就，就沒有去參加了」；也曾遇過婦女家人用暴力阻擾她們的參與，「一位社區的女總幹事，我跟她在社區活動中心討論社區的工作時，她的先生就真的是衝進來活動中心直接拿椅子打她，當時小孩就在旁邊。那是一個蠻大的衝擊」。小鄉們也觀察，婦女能順利參與社區，多數是能得到家人的支持，「婦女可以出來的，其實大部分家裡都是支持的，最主要是先生，有些跟公婆同住的，公婆也算支持，才有可能出來」。婦女在家庭經常被期待多重的角色，即使是家庭主婦，除了照顧家人，也要承擔經濟，「今天即便你是家裡的家庭主婦，你也是要被賦予責任，你要出去工作」。

〇〇她雖然看似是全職媽媽，她現在是「偽單身」一打三，在收入不穩定的情況之下，她背負家庭照顧和經濟的責任，一樣要背負養家活口的責任，不論你今天是男生還是女生。

新住民更常是家庭經濟主要支撐者。小鄉曾和社福機構合作，於二〇一九年深入訪問十二位旗美地區新住民，有一半的受訪者年收入不足三十萬，儘管在旗美九區農業的工作機會多，但對於沒有自己土地，並受制語文能力無法精進技術的新住民來說，經濟狀況常常只是「吃不飽也餓不死」的狀態（謝宏偉，2023）。

④婦女如何施展能動性

面對家庭和社區的限制，婦女也運用她們的智慧，在生活中尋求成長和發展空間。本節將分個人和人際兩個層面加以討論。個人層面主要討論婦女個人如何維持個人自主與選擇，人際部分主要著重在家庭關係中的因應。

❶個人層面

個人層面將討論婦女個人的態度或認知的改變，及採取的行動。小鄉觀察婦女經常會內化一些社會規約和準則，讓婦女企圖達致社會期望的目標，也限制了她們的能動性。婦女從傳統的性別角色束縛中解放出來的方法包括：學習放過自己、讓家人分擔家務和互相交換生活上的資訊及彼此支持。小鄉們說明婦女得先學習「放過自己」，不再處處要求自己服膺社會和文化規範下「好媽媽」角色，為自己爭取空間，才有辦法做自己：

> 現在很多育兒書，都告訴你，譬如說你的副食品一定要自己做才健康，孩子一定要你親密陪伴的童年，以後才能長成一個健全的大人等等。但我覺得這種種都是給婦女的一個無形的緊箍咒。有時候婦女就是唯有放過自己，不要把一切都加諸在自己身上的時候，才有辦法去生出一些時間來做自己，我覺得就是一種放過自己的過程。

有些婦女打破媳婦或媽媽家務全包的角色，重新安排家庭內的家務分工，讓家人共同承擔。這也是一個和家人長期協商與學習的過程：

> 我比較長時間跟新住民姊妹一起工作。我發現比較能走出來參與公共事務的新住民姊妹，大家在這過程中就開始去學習，然後慢慢地放掉一部分的工作給先生、給孩子，甚至給婆婆，然後去成就自己想做的事。其實家裡面的事沒有什麼是媳婦應該要做的事，家事本來就應該是家人共同負擔的。

圖40：旗山南新社區長輩參與社區逾30年，從中年志工變成社區據點的長者，每一位都在社區參與中獲得不同能量

婦女學習放下性別角色的束縛，與社會期待加於自身的壓力，並嘗試在家務上進行分工，這是一個與自己和家人的協商過程，中間牽涉到複雜的自我覺察、性別角色刻板印象的反轉和採行行動，因此，小鄉也觀察到「非常多的女性就是吃藥，當我們的壓力大到一個程度的時候，我們會吃比方說B群、中藥、補什麼，就是內服外用」，婦女為了兼顧家庭家務、工作和社區參與，需要不斷地壓縮自己的休息時間與空間，當壓力很大的時候就會依賴維他命、中藥或進補來加以緩解，但社區婦女間彼此互相交換生活上的資訊和支持是最大的助力。家庭外的人際支持網絡，支撐婦女學習可以怎麼做自己，繼而更有勇氣突破傳統性別框架或角色。

❷人際部分

人際部分主要探討婦女家庭中關係的改變，婦女運用的方法包括：

用溝通或衝突的方式

有婦女善用溝通的方式，改變家人的態度或做爭取，「你不讓我去，不然我們一起去！」；「或是教育家人」。也有因為參與社區工作後，學習到一些新方法而可以跳脫以前習慣的模式，「以前會冷戰，現在會嘗試跟先生說，是因為工作的關係，有時候一忙，沒辦法立馬回到家」。

也有婦女用衝突的方式來爭取自己的空間，「就是透過跟先生的衝突，讓先生知道自己的需要」。衝突也是一種溝通方式，小鄉們留意到，新住民遭遇到來自夫家的反彈，可能會更大，有發生過被逐出家門的事件：

> 我們曾經去援助過新住民姊妹。很多很多事情交雜在一起，但是引爆點就是她來上課，就跟先生爆發衝突。結果先生把她的東西丟出來，把她趕出家門。先生也只能對一個移民女性做這件事，因為臺灣人說實在的誰要讓你這樣子丟東西，我能去的地方多的是……

不同族群間支持網絡不同也影響婦女的自主性，對於新住民婦女，正式的支持網絡就相當重要。婦女也常在參與社區的過程，逐漸擴展自己的生活世界和視野，自身的能力不斷提升，但也擴大和先生的隔閡，因而結束婚姻關係：

還蠻多的婦女在參與社區的事務之後，發現自己的能量、自己原來是可以有很多的可能性的時候，她是一直在提升的，這個時候就真的會發現她的先生是停滯的狀態，就會產生婚姻的變化。

這些衝突的結果也可能是正向的，因而爭取到更多的參與空間，也有以離婚收場。然而離婚不一定是負向的，「沒有了婚姻的束縛之後就有更多的空間，也許可以過得更好，這也是一種解決方式」；「分開是不要讓孩子處於恐慌的情況之下、雙方還是能夠好好的對話，我覺得它反而說不定是一件好事情」。婦女選擇她們處境之下可以運用的方式並面對可能的後果。

孩子長大或家人的改變

有些先生不支持太太的社區參與主要是因為「孩子那麼小，媽媽都在外面參加活動，他覺得會影響照顧」。小鄉觀察，隨著孩子慢慢長大，不需要密集照顧或在空巢期，有些先生也會轉從不支持慢慢地轉成支持。也有隨著家庭成員身體狀況的改變，長輩有機會參與社區活動，而帶來改變的契機：

有些媽媽，她們的家人一直不那麼支持。但因為婆婆年紀愈來愈大了，她去據點上課，或是她沒有辦法再從事農作，朋友相約說一起去社區上課。去到了社區上課後，她就發現到「原來我的媳婦每天在忙是在忙這些工作」！或是從別人的口中聽見對媳婦的讚美，或家裡開始出現大量的贈品，「妳媳婦都對我們很好，我們家種了什麼，這個給妳」，婆婆對媳婦的看法會有一些翻轉。

婦女在家人反對下，不放棄地堅持社區參與，同時耐心地等待家庭結構的改變，隨著時間而反轉家人的態度。

⑤小鄉的支持

本節將討論小鄉如何透過各種活動支持婦女的能動性，分成個人、人際和集體三層面作整理。

❶個人層面

小鄉和婦女一起協作時，相當重視增強婦女的自信，如此一來她們才有能量去反轉在家庭或在社區中的權力關係，跨社區婦女間的相挺，得以排除社區裡的「眾聲喧嘩」，展現自主性：

我覺得婦女最重要的是自信，因為從她們是媽媽，後來是一個社區的服務者，她們跨社區認識後，會彼此相挺，然後發現自己。一直在自己社區生活圈裡面，就會有一個框架，我不能做太多有的沒有的事情，不然別人會怎麼看我？因為社區大家都認識，會說不能這樣不能那樣。

跨社區服務讓婦女離開自己的社區，使她們不會囿限於既有人際網絡的社會規約，並擺脫某某人的太太或媳婦的角色，讓她們以獨立的個體展現自在的自我，而更有自信：

> 我到了別的社區，可以長出另外一個自己的樣子，我不用被原有社區框架。我只要跨出去以後，就可以變成一個不一樣的我，這是一種自信跟一種找到自我，最深層的自己，然後我自己很有感。我自己出去以後到別的社區，人家會開始知道我是誰，不會再是誰誰的附屬品。

小鄉也創造機會讓社區婦女有充分的發言機會，讓社區其他居民有機會聆聽她們的想法與意見：

> 把她們聚在一起，然後讓她們每個人都有發言的機會，說出自己的感受，我覺得那個是一個聆聽

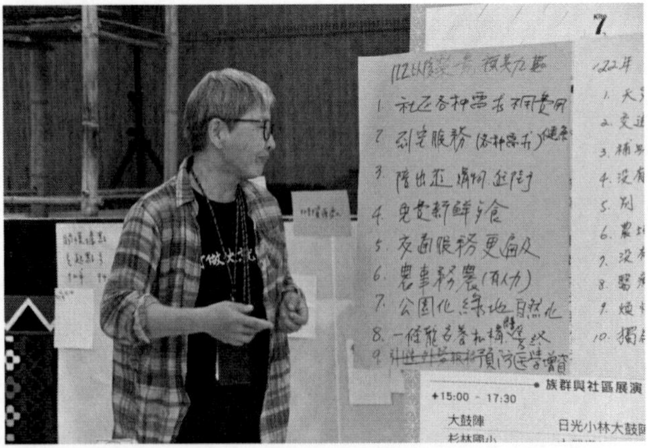

圖41：小鄉社造邀請地方婦女共同討論山區共同面臨的照顧需求與社區現況盤點

> 的過程，過去太多媽媽志工都是沒有講話的機會，可是如果你讓她有一些講話的機會，縱然只講一點點，她也會覺得是被看見的。

此外，小鄉也辦理活動邀請投入公共事務甚深的媽媽們來分享經驗，以帶給其他婦女一些激勵，「她們同時帶著小孩、顧著家庭，然後又用自己的方式在參與社區，所以我覺得這讓大家看到婦女可以有不一樣參與的可能」。過程中，也設計許多策略和活動，如讓小鄉工作人員陪伴上台，減緩婦女的焦慮；或在活動結束後，共同回顧彼此成長的點滴，藉由不斷地予以鼓勵，增強婦女的自信、自尊與能力：

> 初期婦女都會說她們不知道怎麼開始做準備，不知道要怎麼在四十分鐘或半個小時裡面去做簡報，所以那時候我們用了另外一個方式，就是我們小鄉的工作者跟她們搭配，一起上台，有時候是一問一答，有時候是像在採訪。
>
> 當這一群人走一段時間之後，我們會很雞婆地幫她們回顧這一段歷程，比如說我們都會拍照，我們會幫她們辦回顧，這個時候她們就會知道原來她們一年來成長了多少，原來我們讓社區有了多少的改變，我們扮演的角色就是一直鼓勵她，你看看你們多棒，你們一開始都不講話，現在你們可以獨當一面了，是不是很不一樣？我覺得這是小鄉還蠻擅長的一個方式。

藉由媽媽師資團也讓有些婦女可以賺取一些收入，「從早期三百元／時，有些媽媽又去參與很多進修，鐘點費可以一千元／時或一千兩百元／時，可以貼補買菜錢」。小鄉辦理活動時曾和在地社福機構合作，運用社區褓母的人力提供托育服務；或是由現場的工作人員幫忙一起看顧，讓婦女能無後顧之憂地參與活動。活動辦理時也會隨著媽媽們的作息時間來安排，「因為一到下午三點半，媽媽們就會開始蠢蠢欲動，急著下課，要回去煮飯，或是接孫子或是接小孩」。

小鄉致力讓社區婦女的努力被重視，同理她們的處境，並傾聽她們的想法和發展信任關係，同時也運用這層關係協助她們發展自信和有更多的選擇。

❷人際層面

小鄉投入許多努力讓婦女形成支持網絡，因為「婦女聚集在一起聊天，在過程中，我們就是在找一些方法，或是出口，講完後我們也許就找到解決方法」。最初，婦女會以小鄉們為主要分享和諮詢對象，對初次參與社區的婦女，小鄉是社會網絡開展的起點：

> 這些媽媽以前沒有參與社區的時候，她是真的在家裡，她就是一個媽媽，可是當她被我們拉出來做社區工作的時候，她難免心情有很多波動，如哪位志工講話很難聽。可是我覺得她好像找到一

圖42：旗山中洲社區志工媽媽藉由小鄉的引介，前往杉林集來社區擔任照顧據點培力課程講師

個新的出口，因為她以前就沒有什麼人可以講，她現在知道原來有個小鄉辦公室，有人可以陪她聊聊天講講話，其實她們的生活圈或是眼界是更開的。

小鄉鼓勵婦女組隊參與培力課程，他們希望婦女不要單獨一個人來參加，而是三至五人組隊參與，一方面她們可以共乘，解決交通問題，一方面也會分工，「她可能就會被賦予要記這個動作、她要記這個選項」，回到社區可以相互補充上課資訊。透過課程，也讓社區間形成協力互助網絡，促進社區與外團體交流，也讓婦女擴大諮詢對象和交友圈：

> 我們會開培力課程，也會邀請婦女來參加，培力課程會有A、B、C、D社區，這些社區也都是小鄉過去不同年代陪伴出來的。這些媽媽們的眼界更開了，現在她們有問題時不一定會來找我們，而會去問同學們，她們的交友圈或是生活圈更擴大，我有時候看臉書發現她們會相約參與活動。

❸ 集體層面

小鄉也透過活動辦理，嘗試改變社區裡的性別刻板印象，如

圖43：小鄉社造策劃小錄鄉間展覽，每一位參與過培力課程的社區師資都在展覽中進一步的分享自己的心路歷程

曾辦過「地方媽媽的『逆襲』活動」，小鄉們也詮釋為「逆媳」，邀請婦女分享經驗，想挑戰的不是特定的個人，而是父權體系的規約和傳統的意識形態：

我覺得挑戰的對象不是人，而是一種思維，「為什麼就是男主外女主內？」、「為什麼就是不能同時當媽媽也做自己喜歡的工作？」、「為什麼一定要跟公公婆婆住？」就是傳統思維，這個傳統思維它可能就是長在人身上，但是如果對象是一個人的話，那個意義就沒有那麼大了。

透過婦女間的交流分享，婦女們對所處的社會文化環境有一批判性的認識，進而意識到自己的能力並採取行動。小鄉以往的培訓課程，比較偏向培力社區照顧關懷據點的志工人力，多數是手作和健康促進相關動靜態的課程。二〇二一年開始邀集長期投入社區照顧工作的婦女，分享對政策的建議，藉由經驗整理可以有機會和中央政策做對話，實踐以實務經驗為參考的政策：

真正在照顧現場的實務工作者是社區婦女，但是她們很少有機會去發表自己的經驗，小鄉是希望透過這些整理，有一天可以去做真正的對話，雖然還有一些距離，我們跟中央也有一些距離，不一定可以達到，但至少一直不斷地讓自己掌握著這些情況。

小鄉透過各種方式協助婦女發展技巧、自尊和自信去參與社區；提供婦女有利的舞台去延伸她們家庭以外的網絡、移動性、發展和發聲以實踐個人、人際和集體能動性。

⑥和男性一起工作

小鄉們觀察男性被期待負起賺錢養家的責任，當他們選擇投入社區時，在家庭中也面臨和婦女類似的角色壓力，經常被視為不務正業或是沒有負起應有的責任，「你們這個又賺不到什麼錢」、「你們這個就是不知道在『搞』什麼」。因此，小鄉的男性工作人員組織「社區中年大叔聯盟」，透過撞球和吃飯活動抒解壓力：

> 他們大概跟我年紀相仿或是稍長我幾歲，裡面只有我還是單身，其他都是有家庭。他們會互相借錢週轉，就覺得在家裡很悶，投入社區工作對他們而言是一種實踐。男生都會有自己的一些夢想，可能是組樂團或者是一些以前沒有實踐的東西，在社區裡面好像相對有機會，但又會被賦予不顧家庭責任的標籤。

小鄉女性工作人員觀察，「男人也對自己的性別角色有刻板印象，覺得不太能夠隨便在外人面前示弱，或者是不太能夠說點什麼，他們每次去打完撞球後，就默默地去吃著旁邊的肉燥飯」。社區男性工作者有很多壓抑和辛苦的地方，這是小鄉發展出一種旗美地區的男性社區工作者的陪伴。

上培力課程時，有些男人會載太太來上課，「多數不會上去教室，他們就寧願在樓下車子裡滑手機或是坐在那裡，也有人會一起參與」。小鄉的男性工作人員也會刻意地去跟不參與課程的爸爸們互動和聊天，肯定他們「願意讓自己的老婆出來參與，先生們很重要」。目前小鄉培力課程多數以婦女為多，「其實男性是更難做的，但是我們因為婦女比較好做，所以我們就先從婦女『出手』這樣子」，小鄉也持續摸索和男性一起工作的方式。男人也可能有成長的需求，「但傳統對男性的角色期待，如威嚴、一家之主等，所以他們比較放不開。我覺得男性不是沒有成長的需求，只是不知道如何表達」。女性相較於男性更容易表達自己的需求，「婦女就是會輸出她的需求和問題，男性是要去挖挖挖，而且還不一定挖得到」。家庭與社區是一個權力運作的場域，內含父權體系的規範，影響女人和男人，也侷限了他們的選擇，性別主義箝制女性，也限制男性。

⑦建立長期、在地和「類家人」的關係

小鄉強調和婦女建立長期而不是一次性的關係，藉由姊妹情誼的發展，持續連結合作：

不是課程結束後就離開囉！拜拜！謝謝你們！我們比較像是朋友，我們這次因為課程而認識了，下一次如果你有事情，歡迎你隨時可以再來找我們，我覺得就有一點像姊妹。

小鄉們認為建立工作關係前須建立人際關係，人與人之間的情感是需要長期經營，「在和婦女互動的過程，我會覺得就是需要蠻長的時間一直去堆疊一直去互動，情感才會長出來」。因此，小鄉們和婦女的接觸與互動並不一定有特定目的，而是像鄰居的角色，「不是說我們接了哪一個計畫才要來跟你互動，然後希望你變成怎麼樣，比較多的互動是很生活的」，如幫在地的媽媽販售她們的農產品，有時候是「揪」團買甜點，用這樣的方式一起交換生活中的各種資訊。小鄉們希望能扮演和其他社區培力中心迥異的角色，讓社區工作是很生活和富人情味的，而不是任務或績效取向。

早上就有收到新住民姊妹說：「可不可以來討論核銷？」或是「她們想要帶家人到山上玩，可以去哪裡？有沒有推薦的地方？」，像這一種比較不會是一般社區培力中心會被問的問題，一般都會問計畫怎麼寫？很工作形式的，很任務的，小鄉給人的感覺是人家會很願意來跟我們分享大小事情。

這也和小鄉的定位有關，「我們一直把自己的位置放在『在地』，婦女培力我們更強調的是陪伴，就是一直陪著大家。陪伴不會因為一個課程的結束它就結束了，關係會一直都在」。因為長期地深入婦女生活中的紋理，逐漸建立信任關係，運用彼此能量合作創新，並互為主體：

因為關係一直在，所以我們也會一直去思考說接下來我們要一起做什麼？在陪伴的過程中，誰陪伴誰還不一定，我們也都被陪伴著。那感覺就會一直讓我們走得更遠，然後在走得更遠的過程中，我們又會開始去思考，我們要走得更久更遠的話，應該還要再加一些什麼新的東西進來。我覺得那個關係就是不斷地前進，不斷地疊加，不斷地去有更多的東西產生，課程的設計、人的關係等等都會在這個過程中產生化學變化。

有些社區夥伴，因為長久協作，也建立「類家人」的關係，相互關懷，甚且見面互動頻率比家人更高，關係更為緊密：

有人就像媽媽一樣，逢年過節她就會來送你東西，就像照顧自己的女兒一樣，我覺得我們延續的關係不再只是因為工作而綁著，她們在你生命中不再只是一個過客，而是很重要的一個關係人的存在，就像家人，我們只是沒有血緣，但是我們可能比家人還要親密，因為我們一週碰到的面比家人還要多。

小鄉的經驗和能動性的對話

本節著重將小鄉的經驗和能動性的文獻進行對話，主要探討父權體系如何影響男性和女性不同層級的能動性，和其形成的「雙重結構」（the duality of structure）現象及權力的運用，最後強調需要重視女性多樣性。

① 父權體系影響女人和男人

Dahlerup（1987）認為父權體系是一個結構、過程、關係與意識形態的集合體，男人、女人及兒童皆受到它的影響。性別的角色規範不一定厚愛男性。制度化的性別同時規範男性與女性的生活經驗。男人被期望是家庭經濟主要賺取者的角色及男性角色的「社會威望」（social prestige）變成一種心理的負擔與障礙（Tolson, 1977）。Molyneux（1985）指出由於婦女在性別角色分工的位置主要擔負照顧家庭每日所需與福祉，婦女的參與通常是因為社區需要動員免費勞動力（Asian Development Bank, 2014）。許多婦女也希望藉由社區參與拓展生活網絡與視野，她們也因而較男性擔負更多的勞務，除了照顧家人，同時也須投入勞動賺取生活費用和社區服務，肩負「三重勞務」（triple burden）。Dominelli與McLeod（1989）強調雖然父權社會關係保障男性宰制及優勢地位，但男性仍受男子氣概刻板印象的影響，因此，首要改變的是父權的社會關係而不是男人。

小鄉也重視和男性一起工作。組成的「中年大叔俱樂部」，藉由閒聊和運動提供男性社區參與者一個抒發的場域。小鄉也運用婦女照顧的專長，將私領域照顧延伸到公領域協助老人及兒童。雖然這是複製私領域的照顧角色，但也提供婦女成長機會。培訓課程讓婦女定期聚會，分享生活上的點滴，建立姊妹情誼，相互支持施展能動性。小鄉也運用她們照顧的能力拓展工作機會，培訓她們成為社區關懷照顧點的師資，部分婦女也積極掌握機會和投入，藉由小鄉提供的學習場域和舞台，讓她們不會因為社區照顧服務的「無酬勞務」而不被看見，甚且可以加以改變，賺取收入。

②不同層級的能動性

家庭與社區是一個權力運作的場域，內含父權體系的規範而影響婦女在其中的角色與地位，也侷限了她們的活動範圍。如Foucault（1977）所言，父權體制規範的行使並不一定得有外在的監管或強制力，而是透過行為者的自我約束與克制，以限制個人的行為不踰矩。然而，婦女是有能力去設定目標並加以完成，內在力量有助於她們改變自己的處境（Chang et al., 2020）。Anand等（2019）提及個人、人際和集體等不同層面的能動性。小鄉在陪伴婦女的過程發現，讓婦女具有自信和自尊是首要關鍵。因此，他們經常在活動和生活互動中有意識地創造一個環境，認可及肯定婦女的能力及才能，繼而鼓勵婦女建立網絡，讓媽媽們得以拓展人際關係與結交志同道合的朋友，「女人結社可視為突破個人處境的積極實踐」（李宛澍，1996）。這些支持與協作讓婦女得以發揮和擴展自己的能力，進而重新建構自身在私領域和公領域中的地位，創造自主的空間。當讓個人和團體有自信，如此方能發展強而有力的基礎，讓聲音能被聽到，並檢視發生於她們生活中的社會及政治議題。小鄉和婦女及婦女之間是平等互惠，彼此相互學習互為主體。

旗美九區部分婦女在災前有機會參與培訓，災後在人力支持計畫下參與重建，展現豐富的能量。

檢視相關文獻發現，災難所帶來的性別角色轉變，多數在生活回復常態後也隨即恢復傳統的模式，如Finlay（1998）研究澳洲鄉村婦女面對水災過程提出，女性不一定覺得自己是弱勢與可憐，她們也扮演了很多男性化的角色，只是當生活恢復平靜之後，世界又成為以男性為主時，她們又回到了女性的位置。林秀芬、馬小萍（2004）的研究也有類似的發現，災難擾亂災區的日常生活秩序，但社會結構卻未因此瓦解，反倒隨著災害遠離而加速「還原」，性別機制即為其中之一。Huang與Huang（2019）研究埔里九二一地震的經驗也顯示，地震發生初期，危機動員了婦女參與公領域以投入家庭和社區的復原，提供女性開展的機會，然這不是具性別意識的目的性作為，因此女性在震災過程中扮演重要「角色」，但不必然占有重要「位置」。

如The Commonwealth Foundation（2015）提及，雖然婦女具備面對困境的復原力，但仍需要政策和結構性地支持她們的能動性。小鄉等在地組織長期支持協助和陪伴婦女，並提供機會、連結資源和創造舞台，增強她們多層面的能動性。改變是緩慢和非直線的軌跡（Evans & Nambiar, 2013），因此需要長期和在地的陪伴。

③雙重結構

從小鄉的觀察指出，先生反對太太出門參與社區活動的理由，多半基於擔心婦女參與社區後無法善盡母職任務。父權社會中男性所認為的善盡母職係意指婦女能留在家中照顧與陪伴小孩，背後隱含著對兩性參與領域公私區隔的男性思考邏輯（邱育芳，1996）。婦女是家務和育兒的主要操持者，乃是婚姻契約中未直接載明的責任（Jackson, 1993），而且先生們總是希望全職媽媽能負起所有的家務，此類安排乃依循男性的規範（Borchorst & Siim, 1987）。然而，婦女仍運用許多策略，在個人、人際和集體層面施展能動性，她們勇於挑戰家庭和社區的規範，創造展現能動性的新空間。

旗美九區婦女的社區參與反應了雙重結構的現象（Giddens, 1982, 1984）。社會體系的結構特質兼具限制與使能的矛盾性。Giddens強調微視情境的活動被外在結構特質所制約，但社會結構又被行動者所建構。行動的產生也是一個再生產的過程，結構促發行動的發生，而行動的結果又影響了結構（Giddens, 1982, 1984; Outhwaite, 1990; Craib, 1992）。婦女在社區的生活與活動受到結構的影響，而在其中所形成的生活經驗與關係網又影響了婦女的意識，一些女性前行者的行動也為後續婦女社區參與爭取與創造空間。

小鄉也運用各種資源在公共領域創造機會，加以支撐婦女的社區參與。雖然「地方媽媽的逆襲」和「社區照顧工作坊」的政策倡議活動，多為小型和地方行動，然而如The Commonwealth Foundation（2015）所強調，小型的行動和大規模女性主義運動是同樣重要。Dominelli（2020）也指出，西方社會一直在討論大型方案是否會比在地小型行動有效？她的研究發現，小型和在地的方式，更有助於在地動員；工作者和在地居民一起工作和討論，可以找到更具在地思維的方式。

此外，社區經常面對諸多權力協商和角力，部分婦女也策略性選擇幕後支持的角色，符合公領域對性別角色分工期待以減少阻力。婦女將自己的活動範圍侷限於幕後，並不能完全將其視為結構下的受害者，而是一種策略性選擇。婦女選擇一個隱身於男性身後的位置，但仍具有實質影響力和執行力，同時減少來自社區的阻力。她們無意去挑戰婦女傳統的角色與地位，但在過程中卻也可能帶來性別角色的改變，雖然她們是「隱而不現身」，但實質影響力卻是不能忽視和顯見的，此呈現能動性和結構間的辯證關係。

④權力的運用

婦女的能動性遭遇到許多權力的阻擾，包括「明顯可見」（visible）的權力、「隱藏」（hidden）和「不可見」（invisible）的權力（van Eerdewijk et al., 2017）。「可見的」為家人的阻擾；「潛藏的」為婦女成長過程所內化的傳統好媽媽和好媳婦的行為準則；「不可見」為意識形態、價值和規範影響婦女選擇與參與。這些是權力負面形式掌控的呈現，彰顯了一方控制一方無權力的層級性。然而，權力不單只是支配或壓制，雖然它的分配可能具差異性，但當婦女為自己爭取時就改變了在家庭與社區的互動關係。因此，在社會交換關係中，權力是雙方皆可擁有的，而且是一個協商的實體（Dominelli, 1997）。

從小鄉的觀察，婦女是主動參與者，她們用最有效的方式去調適她們所處的位置，而不是權力關係下的被動接受者。權力也可能來自內在資源，如婦女自尊、自重、自信和自我覺察（van Eerdewijk et al., 2017）。社區參與讓婦女培養自信，小鄉也提供婦女發聲機會和舞台。不論在影響她們生活的公私領域，婦女都有能力去發言，模塑決策和分享討論，並具有批判意識和能力去挑戰來自意識形態和體制限制。這些努力呈現內在力量、創發和權力分享的正向面。權力的運作也可能創造一個溝通與行動的正向的環境，及一個雙贏的局面（Dominelli & Gollins,1997）。當行為者有能力行使權力時，常常使其更有可能去接觸其他形式的權力，權力是具衍生性的。

⑤婦女的多樣性

小鄉觀察到婦女不壓抑情緒和樂意分享，容易在社區形成重要的互助網絡與姊妹情誼。如林耀盛（2003）研究也發現，女性互為關照的人生態度可作為緩解困境衝擊的助力，女性較易顯現關照他者的態度，並賦予自身受創經驗的正向角度。但從小鄉服務新住民的經驗，也提醒不能將婦女普同化，需要關注差異的議題，因為婦女的經驗是多元及異質性的。如同Giddens的論述，不同的婦女在家庭和社區所處的位置，也影響著她們可動用的資源和行動策略。在提供服務過程中需要關照「差異」（difference）及「排除」（exclusion）的問題，不能將婦女的經驗「概括化」（totalized）（Brown, 1994）。

不同階級、種族和族群婦女在不同情境與場域中展性「複雜的主體性」（complexity of subjectivities）（Weiler, 1991），而這些「多面向的主體」（multi-layering of subjects）（Giroux, 1992）的表現係受到婦女在公私領域的位置、角色期待及權力關係所影響，社會結構的安排影響婦女的選擇。小鄉所服務的新住民資訊上的落差，不是坐在辦公室裡就可以解決的，新住民姊妹在外有語文能力的問題，對內也受制於臺灣的父權體制（謝宏偉，2023），因此，她們需要更多結構性支持。小鄉的新住民服務也延續南洋臺灣姊妹會南部辦公室的網絡，運用資源彌補新住民在資訊、文化上的不對等，並設法爭取她們的權益。

結語

女性主義者對能動性的概念有很大的焦慮，因為女性主義論述一方面得強調婦女的被壓迫，但一方面又須避免將婦女視為是受害角色（Lovell, 2003）。然而，強調婦女的能動性並不是要否認她們在父權體制和歧視的社會環境所遭受的困境，而是避免落入單面向的觀點，看重婦女是一個主動的主體，得以抗拒壓迫，也提醒政府和社區投注資源協助婦女不同層面的能動性，挑戰既存的社會結構，以提供婦女更多開展主體能力的空間。

旗美九區部分婦女在災前和災後的社區參與，讓她們獲得對自身能力的認同和肯定，並且有自信地嘗試新的事物，她們的生命經驗和網絡也因此更為不同。有些婦女是因為災難而開啟社區參與，計畫資源的挹注和在地組織的培力均有助於支持她們克服多方困難，而能持續參與。儘管女性在災難中較男性脆弱性較高，但女性積極展現能動性，風災初期活躍地參與社區復原行動，延伸照顧角色以照料社區兒童和老人，相互扶持。

婦女之間和婦女與小鄉間所連結和建立的社會網絡，提供有形和無形的支持及一個安全空間，讓婦女可以學習新的知識與技能，建立姊妹情誼和團結協作。此外，婦女間的互助共乘，可以增加她們的移動性，得以創造新網絡及參與社區活動。

婦女能動性的施展，正向部分為增強自信和能力、在公共領域的移動力、社區參與機會、建立網絡和集體發聲；負向的面向為遭受暴力對待和阻擾。因此，在地和長期的陪伴與支持就極為重要。婦女和小鄉的連結是生活化及如朋友或家人般的緊密，而這樣的信任和互惠關係也是集體行動的開始，目前雖是零星的行動，但他們試圖透過工作坊等方式，鼓勵婦女發聲和蒐集資料，尋求管道，試圖利用團體的力量影響目前的長期照顧政策。個人和結構之間是相互影響的辯證關係，辯證如同舞蹈，一個人前進，一個人後退（van Eerdewijk et al., 2017）。

小鄉和婦女在社區中所從事的活動，雖然複製了傳統家務的性別角色分工，但小鄉並未刻意去反轉社區照顧體系的性別角色，而是利用此契機，培養婦女成為社區照顧關懷據點的講師，成立跨區域師資團，而讓她們有收入，並辦理社區照顧工作坊集體發聲，施展影響力，這也讓婦女得以擴展自己的網絡與提升自信，進而重新建構自身在私領域或公領域中的地位，並藉此挑戰父權體系中的性別角色規範和創造自主的空間。婦女善用各種策略協商在公私領域的權力關係。當婦女走出家庭進入公領域時，某些程度也跳脫傳統母職犧牲與奉獻的角色，並賦予新的意含，或為母職加入「公共的面向」（public dimension）。因此，國家政策需要跳脫長期以來志願服務無酬的概念，應建立人力長遠發展的機制與制度。志工的付出不該因為無酬而被視為理所當然，婦女個體的權益當被看重，並獲取合理的報酬。

新住民婦女面對來自性別、階級和族群的限制，她們施展能動性的過程受到的阻礙更多，但她們也非被動地接受她們所處的處境，而是主動參與協商過程並作選擇，她們努力地改變家庭中的權力關係，擴大自己選擇和參與，以更能掌握自己的生活和未來，但來自正式體系的支持是相當重要的後援，小鄉的培訓和陪伴對她們的融入、參與、機會提供及復原力具正面意義。

第三篇

災變中的韌性

小鄉和協力夥伴的努力

第一章　莫拉克風災的省思：綠社工的觀點[1]

小鄉的故事：小鄉與協力夥伴的經驗

莫拉克風災是危機也是轉機，讓部分社區在經營社區產業有著思維上的轉變，從招攬大量遊客強調消費的經濟模式，走向回歸農村在地資產及特色取向，如保育土地和保有自然、農村生活經驗的傳承，並透過城市端遊客與鄉村端農民間的交流與連結，傳達友善土地的概念。雖然不是全面性的發展，但也帶來一些示範和契機。本章除小鄉的經驗外，也將述及其協力夥伴「甲仙愛鄉協會」、多納部落和「檨仔腳文化共享空間」（以下簡稱檨仔腳共享空間）的經驗。

「甲仙愛鄉協會」於風災前即長期致力於農村教育，從施作公田到農村議題倡議，不斷地在實作與實驗之間調整步調及方向。莫拉克風災後甲仙推廣「秈稻」，運用八八臨工專案結合既有公田制度，和旗美社區大學學員組成的「蔓花生家族」進行有機稻米種植，同時結合小學發展食農教育，及組織小農發展友善土地耕作方式。蔓花生家族是風災前即已發展的小農組織，有機稻米種植是甲仙愛鄉協會運用

1 本章部分資料曾發表於Huang, Y. Y. et al. (2018). A Post-Morakot environmentally-friendly reconstruction solution: Reflections from a green social work perspective. In L. Dominelli, B. R. Nikku, & H. B. Ku (Eds.), The Routledge handbook of green social work (pp. 132-143). Routledge. 及黃彥宜（二〇一九）。九二一地震的省思：綠社工的觀點。載於何貞青（主編），跨越共和：九二一地震二十週年國際研討會論文集（頁一〇二－一〇八）。行政院農業委員會水土保持局。

公田帶著國小學童嘗試農作認識土地。種稻與蔓花生家族無直接相關，家族成員各有自己的農事和產品，這個組織比較是做小農友善土地耕種學習的平台。該協會也規劃在地小旅行，藉此開始經營每一個小角落以及在地小故事。

茂林的多納部落是以魯凱族為主的社區，溫泉觀光是重要產業，業者說：以前多納溫泉沒被風災破壞的時候，鄰居彼此的問候是說：「你今天有幾組客人？」；風災之後因為沒有溫泉，然後也開始進行在地的工作，他們會問隔壁鄰居說：「你吃飽了沒？有沒有睡好？」。風災改變居民間的關係，部落也發展老人照顧和傳統編織，邀請部落長者開課傳授傳統編織工藝，也將中斷近二十多年的「黑米祭」（Tapakadrawane）重新復興，並用友善土地的方式種植部落特有的黑米，由耆老帶著小朋友種植，也藉此瞭解部落的歷史。多納部落一直都有不同的社區組織在運作，如巡守隊、婦女會和青年會等，一遇災難很快可以發揮應變互助力，在里辦公室成立應變中心，由里長擔任總指揮，分組運作。莫拉克風災後經過公部門計畫培訓，分工更細緻（鄭淳毅，2012）。居民表示「他們可以很自豪地說，兩個禮拜就算沒有空投物資，還是可以活得很好」。

檨仔腳共享空間位於高雄六龜區寶來，在風災後成立，由「高雄市寶來人文協會」所經營。檨仔腳原是一塊廢棄地，當初只是想在風災後，有個地方讓大家聚聚，前一兩年主要為安

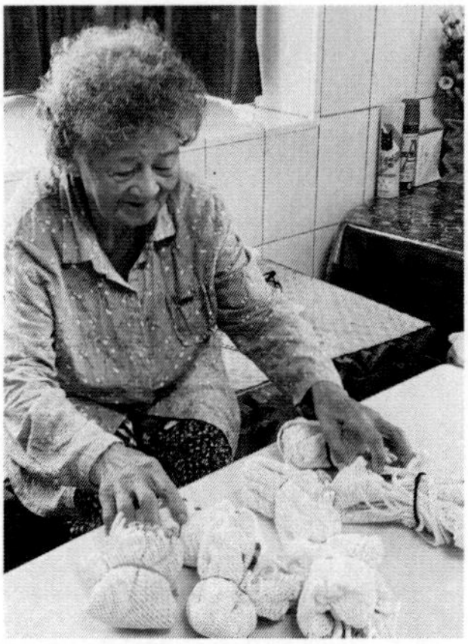

圖44：多納長輩的傳統編織

頓社區居民心理的不安和建立支持體系。後來因為想做點不一樣的事，才開始蓋土窯，學做披薩、麵包。社區婦女們彼此扶持，企盼在極端氣候的挑戰下，找到與自然共生息的方式。風災後，他們開始思考土地與人的關係，為推動無毒耕種費了許多心思，一開始，他們種的菜常常被蟲吃掉，沒有產出，因此很難說服社區農民加入無毒耕種，所以檨仔腳共享空間先從種蟲不吃的植物開始，才會出現辣椒醬、薑黃、洛神花乾、蜜餞等伴手禮。重建的過程中，社區逐漸培養了一群「素人工藝師」，當地媽媽們自己做植物染、陶藝、用種子做可愛的裝飾品。她們也研究調查周遭植物，學GPS定位、攝影，拓印，一起寫了植物的書籍，「做植物生態調查，才能知道哪些素材可以用在生活連結上，從這片土地長出來的產品，才留得住！」（高雄市寶來人文協會，2016）。

綠社工是近十年社會工作學者為回應災變和環境議題，而發展的新社會工作理論。小鄉和協力社區的經驗與綠社工的論述可相互呼應，但又具本土特色。本章將先介紹綠社工的重要概念，繼而從該觀點討論小鄉和其協力夥伴的經驗，最後提出結論。

圖45：寶來人文協會在重建期間善用工藝陪伴在地長輩，並打照檨仔腳文化共享空間攜手地方婦女產業和文化的發展

綠社工的觀點

面對世界各國天然和人為災害頻傳，國際社會工作社群開始思考社會工作當如何發展新範型，以回應二十一世紀人類社會所面臨的新問題。Dominelli（2012）對此提出「綠社工」的論述。社會工作向來重視「人在環境中」，以往關照社會環境和物理環境，綠社工呼籲重視自然與生態環境，強調保護自然和資源的公民責任，並倡議健康的環境是人權的一環。災難結束後總會引發人和土地間關係的思考和反省，莫拉克風災在短時間內下了極大雨量，各界紛紛省思氣候變遷、不當大型開發和大型工程對土地的侵蝕與破壞，友善與保護生態成為當時重要議題。然而，災難過去，這樣的省思是否化做在地實踐？災難發生後大量資源進駐，有些方案可以延續，有些方案在補助停止後也停擺，其間牽涉諸多因素。

危機即轉機，災難帶來生命和財產的損傷，但也存在一個可以更好的機會，包括「減緩」（mitigation）、降低風險、復原和社區參與。以下將討論綠社工重要概念，包括增進環境永續和社會基礎設施的長期重建、整體觀、社區工作取徑、重中國家角色的重要性、「強健復原力」（robust resilience）和環境正義等，這幾個概念是相互關連的。

① 增進環境永續和社會基礎設施的長期重建

綠社工重視災後重建要能有助於創造一個平等和永續的發展模式，此是一個長期介入過程（Dominelli,

2012）。國際間許多受災難影響的國家多數耗盡他們的財力與物力資源，在災難發生的初期盡力去滿足居民當下的需求，但長期重建，包括永續、公平和多元生計選項等議題並未被充分處理和討論（Dorlet, 2012）。一般災難重建多關注物理基礎建設，然而，Aldrich與Meyer（2014）強調「社會基礎建設」（social infrastructure）方是復原的關鍵，尤其是社會資本和社會網絡的建立。黃彥宜（2019：103）研究九二一地震的重建過程，受訪者指出重建是三十年大業：

> 整個災後重建不是三、五年，我把它定位成三十年。重建的前十年是基礎的建設，尤其是從人心的本質，愛這塊土地的心，現在已經邁入第二個十年，最後十年，如果有年輕一代來銜接，這樣才是很穩固社區重建的模型，要用三十年的時間去計劃，看兩代這樣……

重建是三十年大計的說法，呼應Aldrich與Meyer的研究，指出災後重建不只是硬體設施，也包括人和土地的情感及世代傳承等社會基礎設施，後者更需要長期投入。Haas et al.,（1977）指出災後應變以最簡化的搶救、安置與重建三段論而言，各階段所需的時間約為前一階段的十倍，或是以三週、六個月與五年為界。臺灣莫拉克風災重建期也界定為五年。然而，重建的時程並非三年或五年即可完成之（郭瑞坤，2012）。綠社工倡議災後重建是一長期工程，包括硬體與人心的復原、重新思考人與土地或環境之關係及促進環境永續。因此，政府部門資源的分配與使用當更具長遠性的考量，建立長期人才和組織培力機制，更有結構地將資源導入災後新生組織的培植，同時，在地組織在長期重建所扮演的強化社區韌性角色值得重視。此外綠社工也相當重視在地知識和經驗的重要性，認為社區居民最了解自身的需求和挑戰，也最能提出有效的解決方案，因此在災難應變的規劃和實施中應尊重社區的文化和傳統（Dominelli, 2024）。

②整體觀

綠社工認為人們的生活與自然環境（包括動植物）是相互依存。因此，在應對災變時，必須考慮到人與自然環境之間相互影響的整體觀（Dominelli, 2024），除建築設施，也強調著重長期重建、對自然和土地的尊重與情感，及社會基礎建設，特別是人才培力、世代交替、價值建立等。環境和生態都是災後長期重建備受關注的議題（Drolet et al., 2018）。Boetto（2017）提醒，許多保護自然環境的論述和作為都是「人類中心主義」（anthropocentrism），強調自然資源是在滿足人類願望。綠社工則呼籲從整體觀探討災難與重建，不只關注人與人之間相互依存關係，也重視人與生活棲地間，各類生態物種的社會組織關係，同時必須採取一個新的觀點，重新轉化人與其他生態物種的關係；地球上的萬事萬物也非為人類所用，人們須相互照顧，也照顧地球上的動植物、物理環境和生態環境（Dominelli, 2012, 2013）。

公部門在重建過程中若為講求效率或缺乏重建整體藍圖，反而會導致更多的環境問題，Tadele與Manyena（2009）觀察，重建過程中，外來行動者傾向「供給導向」（supply driven），而不是「需要導向」（demand driven），忽略在地對他們實際需要的認定。因此，有意義地納入社區居民和利害關係人參與規劃，是社區韌性重要面向（Kemp & Palinkas, 2015）。

綠社工強調社區參與和災難復原永續性的重要性，Dominelli（2018b）認為專家和民眾間的隔閡須先處理，讓兩者能共同生產知識、加強合作和一起發展解決方法。因此，社區參與須將社區的意見和在地對產業與環境的瞭解視為資產，繼而將其含融進入決策過程；同時，建築物和物理空間規劃也要能鼓勵和增進社會互動和連結，草率錯誤的決策將形成環境破壞與浪費，人為和天然災害的界線愈來愈模糊，常牽涉到人的作為或不作為。

Glavovic等（2003）提出維繫生態復原力和強化文化資本是加厚因應災變彈性層的策略，相關研究也呼應這樣的發現，認為生態復原、永續生計發展和社區韌性是環環相扣（Adger, 2000; Sapountzaki, 2007），Dominelli（2018b）則倡議，災後復原，生態環境復原不應被視為是一種手段，而當被視為是目標，重新省思人和自然的關係。臺灣多次災難經驗也顯示生態、生計與社區工作結合的發展策略有助於貧困社區成功轉型，如九二一地震的桃米社區（黃彥宜，2019）。

③社區工作取徑

社區工作是綠社工重要載體，強調去除二分的思維，結合微視與鉅視策略，包括從參與社區的個人有批判地自覺與行動力開始，繼而透過人際網絡的結盟與串聯，甚而採取行動和政府做集體的對話或影響政策（黃彥宜，2014）。社區政策具有調和區域發展的意義，如何調和社會行政向來未關注的不利地區，使得社會經濟弱勢社區亦可分享社區政策的利益是災後重建重要課題。Dominelli（2024）認為社區工作者應該深入社區，了解社區的需求和資源，並與居民共同制定解決方案。她建議編寫社區檔案，以更深入地了解社區的情況，並促進永續社區的發展。此外，也須將社區居民視為有能力決定他們想要做什麼的主體，並認為他們有潛力掌握所需的技能和知識，制定屬於自己的計劃，實務工作者也透過促進由下而上的方法，確保社區自行決定工作的進度。

然而，臺灣社會工作實務中卻將社區工作日趨邊緣化（張英陣、鄭怡世，2012），這問題也同樣發生於其他國家，學者Pyles（2007）曾呼籲社會工作者須加強社區組織的訓練，並關注災後長期重建的社會發展議題。Todd與Drolet（2020）也倡議災變社工當協助社區認可自己的資產和有效動員、關照在地知識和支持社區均等地發展基礎設施，同時也倡議社會工作當重新關注「社會」，將被專業邊緣化元素，如社區工作，重新找回到主流。

④強健復原

Dominelli（2012, 2014b）呼籲，面對天災人禍需要一個超越傳統復原力的形式和概念，而力倡強健復原。復原可分為「反應式」（reactive）或「主動式」（Doves & Handmer, 1992，引自Dominelli, 2012），反應式復原關照「適應模式」（adaptive mode），生存是主要考量，強調體系既有的功能，抗拒變遷和維繫既有現況，穩定是優先考量也缺乏彈性。主動式的復原，人們視變遷是不可避免，繼而尋求發展新的系統以適應情境，具彈性和快速回應的特質。而強健復原除具主動式復原的特性外，尚包含預防措施、危機回應和長期重建，更挑戰結構不均，強調災後的復原過程當不只是回復現狀，而是可以帶來結構變遷和創新思考。

⑤重申國家角色的重要性

綠社工批判新自由主義的思潮，重新省思國家扮演保障人民安全網的功能。在集體解決方案上，重視國家扮演權利保證人的角色，強調公共資助的社會服務提供（黃彥宜，2014）。災後重建過程中，國家掌控主要救災資源，綠社工關注新自由主義下國家角色的退卻，而倡議重新找回國家，在災難應變中，她認為國家應扮演更積極、負責任和公正的角色，以保護人民的生命安全和福祉，並呼籲國家當重視社會融入和平等分配資源，並以權利為本的取向去滿足民眾和關注弱勢群體的需求（Dominelli, 2012）。

然而，在現實中，資源分配往往受到政治因素和權力關係的影響，導致資源分配不均，甚至加劇社會不平等。因此，國家重建政策應以保護人權、促進社會正義和環境正義為指導原則。國家資源下放策略影響災後重建工作的生態，重建是一個長期的過程，需要整體的藍圖而不是只著眼於一兩個面向，而許多根本或舊有問題未能處理。國家政策如何連結永續發展目標和發展創新策略，需要和社區組織及團體協作。

從莫拉克風災的經驗，在地組織和鄰里人際連帶是在外來協助團體離去後重建的重要基石，然而國家掌控主要救災資源，重建須重視降低脆弱性、關注高風險的脆弱人口、災難風險因素（如性別、貧窮和不均等）更需要強大社會和國家體制的支持以因應災害事件，並提供社會保障和社會發展方案，國家角色不能退卻，更需要公民團體的監督（Huang et al., 2018）。

⑥環境正義

「環境正義」概念出現在二十世紀末，一開始是美國社會發現諸多環境汙染分布不均的現象，有毒、有害和危險性的廢棄物處理設施都落在窮區或黑人居住的社區，因而發起社區環境正義運動；正義概念包含分配、承認和參與，分別從經濟、文化與政治等向度關照正義議題，雖各自獨立但相互關連（石慧瑩，2017）。Schlosberg（2007）提出環境正義包含參與決策、選擇和對社區文化及傳統生活方式與知識的肯認。

環境與人權議題在災後重建逐漸受到重視。環境正義關注哪些人容易受到環境惡化的影響，並關照分配和「暴露」於危險環境中等議題，同時重視窮人和邊緣者經常面臨環境不正義。災變往往會加劇現有的環境不正義，如在災難發生後，弱勢群體可能更容易流離失所，失去家園和生計，或面臨更高的健康風險（Dominelli, 2024）。綠社工倡議環境正義，將社會工作關心的人權和社會正義擴充至物理和自然環境，關注環境如何影響人們，尤其是對弱勢者的影響，並重視處理不均的議題（黃彥宜，2014）。

由於氣候變遷等環境問題日益加劇，災難發生的頻率和強度都在增加，弱勢群體受到的影響尤為嚴重，因此災變介入須將環境正義視為核心價值，並致力於減輕環境問題對弱勢群體的負面影響，讓人們得以公平地分享環境利益和權利（Dominelli, 2024）。

小鄉和協力夥伴的經驗與綠社工的省思

氣候變遷所造成豪大雨加上土地開發和對國土保育的忽視，莫拉克風災的土石流重創南部的農業社區和原住民部落。天然災害中每個人承受的風險並不相同，災難也像放大鏡，突顯臺灣弱勢社群和農村社區與偏鄉的困境。本節將運用小鄉和其協力夥伴的經驗，從綠社工的論述加以分析。

①重視從整體架構解決問題的長期重建

小鄉和協力夥伴觀察莫拉克風災重建過程，產業是重要考量，但政府資源下放的方式缺乏長期重建的思維，偏向短線操作，許多因應資源而生的單位，在重建期結束後即宣告「壽終正寢」。一位長期協助小鄉的夥伴和小鄉們均觀察到：

> 莫拉克重建資源主要來自官方，看到很多的社區組織在重建期間承接了很多的資源，辦了非

常多的產業活動，也投入不少資源去做產業培力的工作，莫拉克在這個區塊投入的資源是非常非常豐沛的。可是那些都是消耗性，也沒有延續性，政府的模式基本沒有跳脫過去觀光行銷的方式，在那時投入的資源，到現在已經完全沒有了。

不管是任何的單位都很願意把錢投注在辦好兩天的產業行銷活動，這樣的行銷活動在莫拉克期間不下數百場，形態都一樣，不斷重複。整個重建的過程，大部分的思維還是比較偏重可以看得到的重建績效跟效益。但是長期的培力工作和扎根工作，有可能是在重建期結束之後，效益才會跑出來。

產業重建不是短期可成，需要長期的培力，如樣仔腳共享空間，從莫拉克風災發生後迄今，為照顧社區的老人、婦女和兒少而逐步推進到發展產業，並獲得各種獎項的肯定，負責人也都感慨「十年難磨一劍」（黃彥宜等，2023）。此外，社區產業要著眼的不只是產品和銷售，也需要考量整個社區的連結與互助機制，和審視社區資產，並從其中找到產業的元素：

災後重建產業是最重要的扶植，我們會覺得產業的發展其實也要有一些鋪陳。最根源還是社區互助的機能。社區互助機能強的話，人跟人之間是有連結的，因著連結而有感情，社區的人情味才會跑出來。在災後我們看到的幾個社區有條件走到產業發展的，他們都是有這樣的歷程和基礎。而不是一下子政府的投資進來，他們就有能力發展產業，反而是因為他們平常的互助機能跟人員

> 之間的關係，跟土地的關係非常地緊密。他們從對在地的熟悉裡面找到「元素」，那個元素就成為他們在思考產業要怎麼走的一個非常重要的內涵。

從在地資源找到產業「元素」，繼而連結人與人之間的關係、人與土地之間的情感，是災後社區產業發展的重要基礎。小鄉們也提及，若無長遠規劃和重視在地組織的培植，「重建之後沒有留下任何的東西，相對留下了問題。我們在社區培力的這一塊，投注的經費相對地少，但是這是扎根而且在地」。二〇一四年八月八日「莫拉克颱風災後重建委員會」卸牌，象徵政府完成重建的階段性任務。同年九月一日，高雄災區的民間社團，共同組成一個「社團法人高雄市小鄉社造志業聯盟」，持續第一線重建工作。民間團體意識到長期重建的重要性，如小鄉總幹事陳昭宏說：「重建區是農村，相對而言比較脆弱，所以遇到災難，傷害就會更嚴重！我覺得回頭去看，就是在面對這些事情，如何讓在地更有力量，是最重要的！」（李慧宜、葉鎮中，2019）。

綠社工質疑災後重建不均和不永續的資源配置及炒短線的政治結構（Dominelli, 2018b），小鄉和其協力夥伴及參與臺灣災後重建者，多呼籲長期重建的重要性，如葉杏珍（2012）提出反省，三年了，對於政府來說，重建工作應該大抵算完成了，因為居民有房子可住，有路可通行了，但相較於日本對於重建工作十年一期的想法，其實真正的重建工作才剛要開始。王价巨（2016）也倡議重建當重視帶來長期結構性變革。災後短時間內，救災及補助的議題會蓋過實際上受災者的狀況及需求，資金、捐款和其他支援「煙火式」地湧入受災地區滿足看得到的修復，但若不開始從整體架構系統性的解決問題，只是永遠在補救，會有做不完的重建。

②在地組織的重要性

重建初期，莫拉克風災生活重建中心或民間大型救災組織之工作站主要由中央政府規劃，因為委託權在中央政府，接近中央政府地理距離與社會距離較近的是全國性ＮＧＯ，相對比的，地方型的ＮＧＯ就不利於資源競逐，在地的小型服務組織也無力競標（林珍珍、林萬億，2014），而政府委外招標也曾發生社福團體搶地盤的競爭等亂象（黃盈豪，2010）。本書第一作者實地訪視發現，全國性和大型機構於重建期結束後即撤離，但不一定能將工作或經驗移轉予在地組織，導致後續基層的生活重建服務網絡很難延續，而也因為撤站，許多具能力和熱誠的工作者，也無法繼續受雇。

高雄地區有別於其他受災縣市，於二〇一〇年開始實施「在地組織重建人力支持計畫」，培訓在地工作人員參與重建；在全國性或大型非營利組織所經營的重建中心在二〇一二年階段任務結束時，於第二階段的遴選計畫，也將在地組織列為可參與遴選的對象。小鄉們指出，「補助是給有名氣的ＮＧＯ組織，或者是給有意願去做、願意去承擔的在地協會組織，這是兩種不一樣的結果」。

在地組織在第一線的自救與安置過程中，經常扮演了更關鍵性的角色（林津如，2010），主要原因如小鄉們說，「重建初期在地是兵荒馬亂的狀態，整個環境跟人心都是不安定的，只有在地人有能力去串聯資源，對整套處遇也比較有想法、對策」。社區若原有的組織有在運作，當災害發生，外面的救援還進不到社區的時候，這些組織成為一種自救的力量，如樣仔腳社區風災前老人關懷工作有厚實基礎，平時累積的關係和信任，就成為災後居民互相陪伴和復原的力量。樣仔腳社區也做防災教育，一發布颱風警報，社區會啟動防災機制：

樣仔腳社區在風災前二〇〇四年就開始做老人關懷的工作，他們有組織志願服務團隊、救難隊和巡守隊。莫拉克風災發生之後，平常他們所運作的這些組織，在外面的救援還進不到的時候就啟動了，成為社區一種自救的力量，而且是最主要的力量。

樣仔腳共享空間的經驗顯示，社區間的互助是需要長期經營的，而無法如技術取向者，希望透過外來團隊在短期內促成。災變發生初期，諸多外來團隊進駐提供服務，然而他們對在地特質和文化特性不瞭解，經常須花費很多時間進行磨合（王美懿等，2014）。小鄉們也觀察，外來專業助人者常因為語言問題或短時間難以融入當地，因此無法建立信任關係，而無法順利提供服務：

很多專業者都覺得他們有專業就能夠協助到居民，政府投入很多計畫，心理師、諮商師進入做心靈重建，專業者跟在地的老百姓有很深的專業隔閡，其實沒有跟居民有很好的信任關係，也許有些所謂「專業」的方法對居民來說是有距離的。

樣仔腳共享空間陪伴老人，也在災難發生時及時保護他們的安全，給他們安定的力量：

> 風災之後老人家很沒有安全感，所以他們就把老人家邀請出來每個禮拜聚會，希望老人家心裡面是有一些支持。每一次只要汛期發生，老人家的心裡面就會非常地恐懼，但是社區會告訴老人家說你們不用擔心，我們一定把你們每一個人都保平安，我們才會撤退。他們會透過福利照顧的工作去教育老人家，要撤退的時候要怎麼辦，一發布颱風警報，就會啟動機制。

在地工作人員因為了解在地的脈絡和情況，可以把資訊和資源做串聯，也因為處境相同，容易有信任感：

> 我曾經陪專業人員去家訪，外地專業者跟那位阿嬤一點都不熟，所以他怎麼找都找不到，阿嬤也不會跟他講就是我！阿嬤只會覺得這個人怪怪的，再者有些專業人員不會講臺語，只會國語，阿嬤聽不懂，所以後續也用了很多在地人力，我覺得在地真的有一個無形的力量，至少地緣關係增加了彼此之間的信任感。

相關研究也發現，從當地人員中徵募來且加以訓練的半專業人員，經常可以達到那些外來工作者所無法達到的社會支持功能，另外當工作人員已經無法穿過那層創傷保護膜時，來自保護膜內的當地工作人員經常可以被認可（黃盈豪，2010）。然而，長期的人才和社區培力等扎根的工作，可能是在重建期結束之後，效益才會慢慢地出現，因此經常不被要求績效的公部門所重視。小鄉們感受到：

> 人力的支持計畫，因為是三年，又對應到很多的組織，在整個重建的計畫裡面被認為是錢很多的一個計畫。再加上沒有立即的效果，也沒有任何的大場面讓長官可以立即展示，所以那個計畫被認為是浪費錢。有人說我們是浪費錢，然後沒有看到效果。

綠社工倡議在地特殊性和文化相關性的風險減緩和災難介入取向，小鄉和其協力夥伴的經驗也提醒，災後重建當有目的和意識地將資源導入扶植與培力在地組織。同時，重建融入在地人才培力，可使後續重建能有更為深層和具有在地與長遠思考的視野。社區需要長期和深度的培力，因應資源短期而生的組織通常不長久，此也顯示在地組織能量積累的重要性，不只能在外來組織離去後延續投入長期重建工作，也是社區防備災重要機制。

③重新看待人和自然關係的整體觀

綠社工的整體觀重視人、動植物，物理和生態體系等不同面向的關連，強調需要彼此照顧關懷（Dominelli, 2018a）。莫拉克風災受災區原以種植經濟作物、觀光、民宿與溫泉為主，中央政府和地方政府的災後重建仍依循發展觀光舊有的模式重建，面對氣候變遷的嚴峻考驗，也促使部分在地組織思考產業轉變的議題；小鄉協力夥伴試圖開創另類嘗試，在兼顧生計與當地環境保育間找到平衡。他們曾與高雄市六龜區新發地區的山茶茶農第二代，合作舉辦文化體驗。運用當地的里山生態、豐富的自然資源和長久累積的人文歷史發展產業文化（李慧宜、葉鎮中，2019），或結合協力夥伴規劃小旅行。文化體驗和小旅行的操作並非只有對外宣傳以及包裝，每個點的經營和盤整，是長期社區營造的發掘和累積，也是在災後因著重建資源的投入、外界關注、專業陪伴導入，及結合在地經營的發展。小鄉們觀察甲仙愛鄉協會因為災後的資源投入，讓他們更有條件發展友善土地的耕作，以整體觀點關照生計、自然和人文環境：

> 甲仙他們同樣都是做觀光、產業的發展，災前他們可能仰賴遊覽車、大量的遊客進來消費，災後他們發掘農民身上有的經驗，帶遊客去認識他們農村的生活，讓農民可以把土地的知識跟大家分享。某一個程度也在轉化整個農村真正內在的能量。在風災之前甲仙就鼓勵小農用自然農法，他們組蔓花生家族。災後他們大概也延續了這樣的精神，加上重建有一些資源可以支持他們，可以比較有條件地去做這些事情。

此外，多納在風災過後體認到「真的不要依賴觀光，依賴觀光的話，就是死定了」。他們發展創新的祭典「黑米祭」，結合傳統稻米祭（Tapakarhavae）和多納獨有的黑米文化，展現了部落創造經營原鄉產業的活力，運用自己獨特的人文資產，以走在政府前面的腳步，努力做出各種嘗試（涂裕苓，2012）。莫拉克風災也改變了產業發展方向，「整個大旗山區原以觀光為產業發展的主軸，莫拉克風災之後他們相對看到農村產業的發展其實要回歸到土地。怎麼保有自然和天然的條件；也可以運用農村在地的資產或是特色」。

他們不是依循資本主義邏輯或一再複製農村與部落的脆弱性，或是延續目前新自由主義意識形態所支配的經濟活動：以利潤為優先，人民和環境墊後的思考，而是試圖避免個人主義式的經濟發展模式所造成的環境破壞，減緩對弱勢人群、社區和部落帶來不利的影響。重建不應只是振興經濟，而是納入情感的元素以促進人與人及人與土地之間的連結，重新看待人和自然關係。

災後的援助，補助是重要項目，小鄉們也留意到，除了金錢補助，也需要關照個人所處環境的支持體系和機會的建構，以免衍生意想不到的問題。

> 我去○○聽到很多人在討論，某某某他們家因為領到很多錢，他這輩子沒有這麼多錢過，所以他反而會吸毒。可能因為他走不過那個歷程，他很難過，剛好手邊有錢，所以他就取得毒品，這反而害了他，錢都吸完沒錢了，現在反而比以前更難過。錢其實不管多或少，都不一定能實質幫忙他，需要有一個配套，他的生活系統是可以支持他的，我覺得這會比較是實質的幫助。一下子給他這麼多錢，他可能也沒有想過可以怎麼用，在我們那邊就會有酗酒的行為，還有人會借錢，也很恐怖，如果他不借他朋友，他又會被打之類的，反而會衍生出很多的社會問題。

災民能不能走過，跟你給多少錢沒有關係。莫拉克有很多的人，他全家都往生，他應該領不少補助，我覺得錢只是解決了他的生活跟經濟，可是他真正需要復原的是他的心理和社會關係。這跟社區的支持系統是有關係的，如果他的周圍有一些陪伴的人，可以陪他走過這個歷程，我覺得他就有能力跟機會復原。

綠社工呼籲全人觀點的協助，維持一個保護性的環境，滿足人們的需求，但不過度使用資源，讓資源運用和好的生活水準間有一個好的平衡（Dominelli, 2012）。小鄉的觀察也呼應這樣的訴求，除了經濟補助，也關照其心理、生理、社會關係和支持體系；同時，災後重建過程中，大量資源投入如何形成持續性、長久性和永續性的效果，是重要議題。

④強化韌性與協作的社區工作取向

綠社工強調個人和集體取向並重，社區工作是重要方法。小鄉也觀察：

災害發生的時候，受害影響最嚴重的大概就是老人、婦女跟小孩，這些所謂相對弱勢的這一群人。他們在社會的系統裡面，比較容易淪為福利人口群，我覺得是那個位置。社工長久以來被訓練關注的焦點就是在個案，可是我們必須看到他（她）所在的系統，家庭系統、社會系統等。我會覺得我們在做的部分是把系統補強，去強化他（她）所在環境的資源條件。

如小鄉們觀察，個體在社區的位置與所處的脈絡，不是救助或短期補助可以達致，也不是依賴外來專業人力予以諮商和輔導，因此復原措施不只是個案工作，而是從社區工作角度切入，建立支持體系，補足家庭體系的不足，改變服務對象的脆弱性，此如Dominelli（2018b）所強調，復原當重視產生系統的變遷和促使情境有新的和不同的內涵。小鄉協力夥伴發現，社區組織若災前即具社區營造和公共參與基礎，較易延續運作，並能將運作規模和深度做提升；反而因資源而新設的單位，容易因為補助停止而停擺：

甲仙跟樣仔腳共享空間都是在莫拉克之前就有社造的基礎，再加上他們核心幹部團隊基本上是有一些共識，所以才有可能在莫拉克這五年把基礎再往上提升、再往前開展。因為產業的發展是需要有一定的在地能量，並不是你投注經費、投入錢，它就可能跑出來，必須是內在有一些能量的累積。同樣做導覽解說，人的培力過程其實是長久的。

如果他們本來就有社造的一些觀念和公共參與的概念，災後還是會延續和運作。以甲仙來看，他們在推的同時有想到對內的持續教育和培力，其他多數組織就是一股腦地想說我要怎麼對外銷售，反而忽略培力，就會很快地跳到要賺錢，趕快要有生計，就開始去推農產加工，一些比較技術性的東西，到現在來看就無法延續。

產業發展和人才培力均不是一蹴可幾，也須要仰賴社區組織的能量；重建資源下放若能引導社區從長期的角度發展策略與行動，及人才養成，對社區韌性的影響是深遠的。因此，長期重建當具預防性、永續性和草根性的思維。同時，救災與重建須回歸於平常，從地方本身的人際社會網絡和既有組織發展出力量與鞏固關係。災後重建是一條漫長的路，災難發生初期經費和救援人力大量湧入，但多數在短期內即撤出，後續有在地組織和在地人才長期經營是重建能否順利的重要關鍵。然而，多數災後重建方案均是短期工作或志工性質，並不利於人才養成。臺灣「社造志工化」的思維，參與重建工作者多為志工或兼職人力，因此常須以案養案，身兼多案，疲於奔命，離職者眾；小鄉們強調社區工作應有長遠的眼光以支持在地深耕，穩定的收入和長期方案是留住人才的要素：

> 我們一直都有很深的感覺，就是重建人力一定要有穩定的收入，這個收入是不是基本工資、是不是幾K，我認為那是其次，我覺得社區工作是一種生活態度，不是一個方案期程結束了，我就去找另一個方案來做。社區工作應該是一段長遠的路，你對於這個社區，甚至對於自己的規劃應該是什麼樣子，而不是說我這個工作專案，結束了就沒了這樣，我個人覺得這是比較不負責任的想法。

莫拉克風災方案培養出具能力和熱誠的在地工作者，短期方案結束後，對培植人力卻未有妥善的安置或是支持的配套系統，人員將無法繼續雇用，許多累積不易的經驗、組織和網絡極有可能無法延續，造成人力流失與社區工作的停頓，殊為可惜。同時，人力培力須仰賴長期工作經驗累積，因此須設法使受雇人力具有長期工作保障，重建為一條漫長之路，短期可以倚靠政府大量資源的進駐，然而長期的重建過程，各項資源需要統整，並利用災後重建契機進行在地人才培力。

莫拉克風災重建工作主由中央政府透過採購法由得標者承接「生活重建中心」，重建成為外來大型機構的「方案實施的場域」（王增勇，2010），此外，全國性ＮＧＯ的在地性明顯比較弱，也比較欠缺文化敏感性（林珍珍、林萬億，2014）。救災從緊急應變到臨時安置到重建是個漫長過程，需要大量資源和人力投入，因此，社區層次行動的動員和社區參與備受重視，Brennan等（2006）特別強調社區於在地知識的提供、行動參與和決策上都扮演重要的角色。在取向上，全國性社福機構偏向個案工作，「我發現大型組織都在做個案工作，可是重建過程中不一定是個案工作這件事」。與小鄉長期共事夥伴說明，重建初期個案工作有其重要性，然而後期需要的社區工作與產業發展，此即非社福機構的社工人員所能因應：

> 災害發生第一時間，個案安置和家庭處理優先，前面一兩年的時間幫助家戶穩定，穩定下來後開始回復它的經濟、生產活動，就會發現周邊條件的不足。中央生活重建中心三年的計畫走到一半發現，前面該做的家戶、個案都處理得差不多，後面一些要做的事情是做社區培力工作，災後重建很多議題不是目前社工的訓練可以處理，社工不懂產業，莫拉克的重建都是社工系統的投入做主導，投入的ＮＧＯ都不是在地……社工的訓練，社區工作本來就是很弱。

小鄉倡議長期重建過程中，社區工作的重要性；此外，產業發展非單一專業所能承載。綠社工視問題解決方式須來自多元的利害關係人的協作，尤其和在地草根共創知識。此外，「跨學門」（transdisciplinary）合作也相當重要，即不同團隊運用共同整體性理論和實施架構，一起生產解決方式和針對當前政策與實務提出倡議以做改變（Dominelli, 2012），小鄉和協力夥伴十多年來的努力，即希冀立基在地，向中央發聲，並與政策對話，而達致強健復原。

⑤達致強健復原

強健復原強調災後重建不能被簡單化約成恢復過去，災難長期重建，涉及的是更深層永續、組織和結構議題。綠社工強調除社會環境外也當關注物理和生態環境（Dominelli，2012）。小鄉的協力夥伴開始意識到生態環境的保育方是社區的未來，試圖發展地方特色或更具「地方感」的復原：

> 多納會帶著孩子去復耕傳統作物，像是黑米，甲仙就一直在做食農教育，帶著孩子透過下田去操作，寶來國小學童會和農民一起種田，讓小孩和土地連結。

Townsend與Weerasuriya（2010）指出自然環境對健康和福祉的影響，甲仙的秈米教學是以「自然為焦點」（nature focus）的療癒，一般鄉村民眾對兒少心理輔導工作有所排斥，甲仙愛鄉協進會合作的秈米教學，是一種具有溫婉且有在地特色的心靈重建方案（何欣潔，2010）。和小鄉長期合作的夥伴分享甲仙的經驗：

> 甲仙很有名的芋頭冰，以前的芋頭都從外縣市（屏東）進來的，重建過程中鼓勵農民開始嘗試自己種芋頭，到現在有不錯的影響。農業局也把這件事情當成在甲仙很重要的政策。原本都是地方組織個別說服幾個農民願意嘗試，到後來農業單位看到這的確有帶來一些商機。如他們可以結合小旅行，讓消費者做農事體驗，農事體驗操作過程，農民原本是勞動者，在小旅行裡面變成是土地知識傳遞者，其實創造多元的價值出來。當地芋頭冰的業者，現在也會支持在地農民種出來的芋頭，形成支持在地農業的力量。甲仙原本的業者比較是競爭的關係，大家都要做生意，反而災後的發展，彼此是連結的，大家會一起討論，做聯合行銷，這些都是在風災前沒有的連結。

甲仙的經驗提醒產業重建當如何反轉舊作為、創造多元的價值和連結關係。家園重建是一條漫長細膩的社會過程，它有可能成為一種社區居民共同的學習運動，此如李永展（2011）所呼籲，當以在地視野重建災區，他觀察災區所需要的不僅是經費的挹注，更是對這片土地共同感的凝聚與相互扶持，它不僅是情感的投射，更必須是理性的實踐。在地知識也須被納入災難應變與長期復原策略中，才能制定出真正符合社區需求的有效措施。

⑥重視政府角色

災後重建政府握有多數資源，然而政府重建措施若無整體思維，並將資源運用於引導社區發展與人力養成，很多重建工作變得形式化。樣仔腳共享空間因此不斷地和政府對話及進行倡議，呼籲人才培力和能力培養也是重要的產值：

> 樣仔腳共享空間一直跟公部門對話的一個概念就是，勞動部的產業計畫強調的就是產值、經濟面，就是數字。樣仔腳共享空間一直用他們的經驗跟公部門說明人的培力也是一種產值。當透過資源的導入讓婦女從社區的弱勢者，透過就業過程中的一些學習，可以慢慢獨當一面，這個過程也在創造產值。產業計畫的評估不是完全依照有多少的收入、數字來做衡量。勞政系統投入很多的資源想要創造產業，可是並沒有相對創造就業或解決失業的問題，都是停留在救助。因為過程並沒有培養就業者的能力。

樣仔腳共享空間也在反轉政府用商業標準和市場效率來衡量方案成果，並倡議採行商業模式不能偏廢人力發展的社會目標。洪馨蘭（2015）觀察，災後重建的目的也在協助受災民眾回到日常，然而，在慣習實踐思維底下，「重建」幾乎重複著關於提出績效、辦成果發表會、不斷處理經費核銷、一再提請新案「SOP」的流程，一堆提案把社區組織撐得忙忙碌碌，績效讓社區變得不日常，也難以思考日常。小鄉也有類似的經驗，公部門人力養成經常流於技術層面的計畫書寫：

五年來許多重建夥伴或人力多數被訓練成寫計畫的高手，然後可以拿到資源，而主流價值也認為這樣的情形是「培力成功」，組織也可能認為雇用的人有這樣的能力會覺得他是好用的。

公部門的重建工作若缺乏後續積累和開展的觀念，這樣的情形會讓災後重建被限縮在一個又一個活動辦理或是方案執行，而無法有不同的思考、視野或是提升，資源無法被善加利用。長久下來，對公民社會的養成相當不利。社區原是公民組織，若按著政府框架操課，則無法貼近居民的需求，也無能力扣緊重建的重要議題：

社區跟著計劃走，因著計畫為導向，我覺得這跟臺灣長久的社區發展都是以政府計劃為導向、而非以需求為導向，社區已經長久被訓練，你要做什麼就看有什麼計畫就去做什麼；可是並沒有思考自己的需求是什麼。

社區工作的技術取向，無法因應災後重建需求，但政府政策多著眼於時效和短期內完成，易限縮社區進行軟性和淺層議題，而無法達至結構變革，也有社區組織因資源而成立：

> 莫拉克之後其實也成立了不少新的重建團體，大概都因為看到資源所以就號召了一群人組社團吧，坦白講要組社團其實不困難。他們也承接了不少的計畫，但是我們看到現在大概都已經停擺了。

歷次災變，作者們進行研究共同印象為政府資源下放過於樣板化，導致中央出錢社區完成計畫的僵化模式，中央政府和社區仍是從屬關係，補助反變成框架，為求績效各社區依照補助而行，社區反而失去在地特性。小鄉們提及中央和地方政府均急於抹去災難的記憶，重建時間政府設定五年，五年後就急於抹去風災痕跡，重建人力被要求解散，以象徵重建竟功，然而許多問題是五年後方浮現。

⑦關照環境正義

中央政府強制遷村和永久屋政策，是莫拉克風災中最大的爭議，學者批判該「永久屋」興建計畫是政府在「災害治理」過程中退位，由大型ＮＧＯ強勢主導的重建（曾旭正，2010；陳惠民，2012），這樣的強制結果重挫原住民的自主性，也將山林遭破壞之責歸諸原住民，是「慈善暴力」（benevolence violence）（蔡志偉，2009）。丘延亮（2010）指出，風災之所以造成嚴重的土石，是過度濫墾濫伐的結果，是政府長期以來對山林剝削獲利的後果。也有學者質疑遷村是國家為了打造適合資本主義發展環境的作為（鄭瑋寧，2009）；或是認為該政策背後有「平地比較安全」的誤認和盲點，也隱藏「便於管理」的統治思維，或不願耗費資源在「沒有經濟利益山區」的私心（陳永龍，2010）。這些研究突顯政府政策的環境不正義議題，如Kapucu（2005）指出一個缺乏協調、溝通、全面規劃、忽略受災者聲音的政策只會加劇天然災難的影響，創造更為嚴重的人為災難。

莫拉克風災永久屋的物理空間與硬體設施，缺乏對原住民與農民生活方式與文化的敏感度，部分原住民選擇返回部落重建家園，土地對他們除了生計所繫也包含文化傳承，小鄉們觀察：

> 永久屋區對災民的經濟跟生計，政府是沒有配套的，大家從山上搬下來，就業機會除了臨工，周邊沒有任何的生產活動，包括給大家土地去種植，其實都沒有辦法。這些災民過去在原鄉都是務農，他們被迫離開他們賴以為生的土地，生產、生計、經濟在災後就完全跟他們熟悉的、本來有的生存資源是整個被切斷。本來信仰機制和公共空間，也沒有及時一起補進去，生活機能其實也沒有。「家」應該是大家生活的地方，生活相對有很多需求，可是當房子蓋好後機能都完全沒有，慈濟的管理又限制大家通通都不能。
>
> 永久屋區部分招商廠商跑路，現在就變成蚊子館；活動中心不是你想用就用，那邊是公所管理，到這兩年最大的問題是，房子當初蓋得很快，會有自來水排出來是黃色的不能飲用、房子開始會漏水、牆壁龜裂，種種本身房子結構的問題。這一兩年治安問題開始產生，比較暗，然後房子會被打開，停在家外面的車子會莫名被敲玻璃，家戶住得很近，會有貼身衣物被偷，或是偷看。還有一個問題就是老人照顧的議題。老人家離開熟悉的環境，原本在部落裡面，還可以去種田、種菜，對老人家來講是一種很重要的活動，可是來到這老人家都沒事情做，加上大人都沒有

> 生計，根本無暇去管孩子，產生家庭經濟的問題、子女照顧與教養問題及災後家庭適應問題。

風災發生後政府將「強制遷居、遷村」納為法律條文，甚至成為重建政策的主軸，學者批評此為國土規劃而剝奪災民返鄉經營的權利（謝志誠等，2012），因此也造成重建過程中抗爭連連，或加深受災民眾不安和身心問題，政策所造成的人為災難更甚於自然災難（謝文中等，2010）。小鄉和協力夥伴也觀察到，弱勢漢人在風災資源配置過程中，反而是被忽視的：

> 資源在分配的時候，原鄉都有特殊的比重，就是在重建或是一些資源分配上原住民反而有更多的保障和資源。弱勢漢人反而是被忽略的一個族群，一些比較弱勢的漢人在災後反而更弱勢。

小鄉提醒分配是社會正義重要一環。災難反映結構性的社會和環境不均（Dominell, 2012），因此社會區隔、人本的價值和永續觀點都必須融入災後長期重建的實踐。

結語

災難帶來危機也是轉機，綠社工重視在災難應變和復原過程能帶來全面的社會轉型，倡議人與人、人與地球之間相互依存的整體觀，並將環境正義納入社會正義，重視社區能夠更有效地參與災難風險的預防、準備、應變和復原工作與韌性的建立，改變生產和消費方式，促進更公平、正義和永續的社會及保護地球的生態體系。

綠社工倡議社區工作是一個有力的媒介，可從整體角度切入集體的災後重建工作。此外，在地社區組織參與災後復原是重要的，長期重建須花費數十年以上，需要國家資源的投入和配置，並以強健復原的思維處理環境保護、在地基礎建設、生計和社區再發展。過程中專家知識和在地知識當同樣被肯認，同時能藉由跨學門協作共創知識和問題解決方法。

綠社工的論述也呼應社區工作的變革取向；著重微視和鉅視兼具的整體觀；行動過程能對在地有充分理解，掌握在地社區資產及看重在地知識，並讓社區居民能參與和自身權益相關的決策，這些以人和社區為本的社會基礎建設與硬體基礎建設一樣重要。

從小鄉及其協力夥伴的經驗呼應綠社工的觀點，也呈現在地的特殊性。莫拉克風災重建經驗突顯結合物理、生態和社會環境及社區為本與地方感復原的重要性。災後重建不是回到過去，而是透過重建能夠發展網絡的連結、人和組織的連結，組織和組織的連結，一起面對災後土地、生計和環境等問題。災難長期重建涉及的是更深層永續、組織和結構議題與環境正義。

Quarantelli（1960）提出災變時會有「國家全能迷思」，政府被期待能「控制大局」，然而從莫拉克風災在地工作者的經驗，國家有失靈現象。全國性和大型非營利組織也與國家共構框架重建，排除在地團體和部落的參與。莫拉克風災許多研究指出，原住民正是政府的不當政策與工業資本主義發展下環境災難的最大受害者，決策的過程也未重視他們的文化與地區的特殊性（呂理德，2010；陳盈太、郭宏任，2011；林珍珍、林萬億，2014）。小鄉也提醒對弱勢漢人的關注。災難不是中性的，而是社會建構的，不同族群、階級受損風險不一樣，除社會正義外，環境正義議題在重建決策和國土規劃當納入考量。氣候變遷所導致的災難常使弱勢者和弱勢社區受難最深，莫拉克風災的重災區也突顯臺灣結構不均議題，不同社會區隔，如族群、階級、性別和年齡所遭遇的災難風險和復原力有所不同。

重建過程大量資源湧入，社區主體性不見得會在外界強大資源牽著走的過程中慢慢累積，社區組織和人才培力才是災難作為契機留下的資產。重建以招標委外模式進行時，當地主體性常被忽視。此外，重建不是動員和辦活動，而是一起討論和思考解決方法，回到日常。政府常為彰顯重建績效而急於抹去災難痕跡，重建工作的在地智慧與策略當更系統地記錄，此需要學術界與實務界協作共同生產知識，讓救災重建可以依賴資料庫而不是記憶。

第二章　疫情下的社會復原力

疫情的影響

COVID-19新型冠狀病毒肺炎（以下簡稱新冠病毒）的全球流行病疫情（以下簡稱疫情）對社區居民的日常生活帶來重大的影響和改變。疫情多變無法預測，危機滲透我們生活的各個層面（Kenny, 2020）。學者林宗弘（2021a）也指出，二十一世紀以來災難統計的特徵是瘟疫與天災再次主導人類大規模意外死亡排名。

天然災害（如地震、洪水）的因應和復原有很大程度上取決於社會復原力（Busic-Sontic & Schubert, 2021）。面對新冠病毒，社會復原力也被視為對抗疫情的保護力（Amach, 2020; Antonio et al., 2021; Susanti et al., 2022）。然而，和天然災害不同之處在於，疫情通常有社交距離和其他社會限制，因此多數研究者認為社會復原力的內涵需要加以調整（Atarodi & Atarodi, 2020; Giovannini et al., 2020; Schubert et al., 2021）。此外，社區層次的各種創新和努力也在疫情期間日益受到重視（Kenny, 2020；賴兩陽，2021；林秉賢、鍾澤胤，2021）。

本章將運用社會復原力的觀點，討論小鄉和旗美九區的社區發展協會及社會福利服務機構（以下簡稱社福機構）如何於疫情期間，在社區層次針對其服務對象提供服務與關懷。除了整理小鄉的經驗外，也分析小鄉定期與社區發展協會及社福機構的協力平台會議[2]和小鄉的志工培力線上課程的討論資料。

社會復原力[3]

本節首先討論早期復原力的概念，繼而說明社會復原力的觀點，同時針對疫情下社會復原力概念的調整進行整理，再鋪陳出本章的分析架構。

①早期復原力的概念

復原力的概念在心理學和精神醫學領域於一九四〇年代開始發

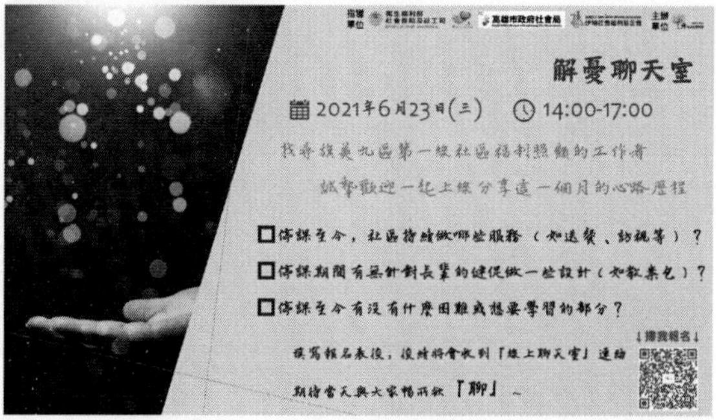

圖46：疫情警戒期間，小鄉社造透過線上方式邀集旗美地區社福機構共同分享防疫期間的困境和觀察

2 社福小聚於二〇二一年開始辦理，小鄉每季定期邀請公部門的社福中心和旗美九區的社福機構做交流，也邀請社區發展協會分享經驗，至二〇二四年共辦理十二次，每次約有八至十個不同機構參與，地點都會選擇在不同的機構與社區，目的在讓社福機構和社區發展協會瞭解彼此的運作與服務，而能進一步發展協作關係。二〇二一年九月十四日的社福小聚特別針對各機構和社區發展協會對疫情的因應做討論；二〇二一年六月二十三日志工培力線上課程的「解憂聊天室」，也請各社區照顧關懷據點分享疫情下的運作情形。

3 本節部分資料參考自黃彥宜等（二〇一九）。埔里新住民的社會復原力：以九二一地震為例。臺灣社會福利學刊，一五（一），八七－一二四。

展，早期主要研究父母心理功能失調或功能不彰的家庭（如父母有精神疾患、嚴重的健康問題、家庭暴力、酗酒、或婚姻關係破裂等），在此惡劣環境下生活的兒童具有哪些特質，得以克服這些不利的生活環境因素，並存活下來，長大後過著健康適應的生活，強調的是存活子女的人格特質和保護因子（Anthony, 1974，引自蕭文，2000；Masten & Garmezy, 1985）。

復原力的概念受到許多批評，主要是因為該概念忽略權力議題，偏重個人責任，繼而強化不正義的社會關係（Cuadra & Eyda, 2018）。因此，學者（Cuadra, 2015; Sapountzaki, 2007）呼籲，當將復原力的概念擴展至社區和社會層次，社會復原力的概念也因應而生，關注個人和環境的交互關係，但更重視社會如何支持個人。

②社會復原力的觀點

社會復原力觀點認為復原力的概念當跨越心理層面的個人特質的探討，而更重視設計適合的預防和介入策略（Richardson, 2002），或是如何架構緩和災後不利影響的「保護罩」（shield）和「避震器」（shock absorber），透過建構環境中保護因素，把傷害降到最低，並加速復原時間（Manyena, 2006），這過程可能是一個潛在變革性過程（Richardson, 2002）。Saja等（2021）將社會復原力區分為四種，一是「社會實體」（social entities）的能力，指個人、家庭／住戶、社區、組織和特定社會群體在面對災害時，應對或從災難中恢復的能力。二是「社會機制」（social mechanisms）的能力，包括社區決策過程、資源的使用和社區行動。三是社會實體和機制的能力，重視兩者相互連結關係。四是「因應」（coping）、「調適」（adaptive）和變革的能力。因應能力為利用直接可用的資源以克服立即威脅的能力；調適能力則是指社會行動者從過去經驗中學習並調整自身以因應未來挑戰的能力；變革能力為社會行動者創造能夠促進個人福祉和社會永續發展制度的能力，以應對未來的危機（Keck & Sakdapolrak, 2013）。

Keck與Sakdapolrak（2013）的研究特別重視社會關係中的信任、互惠和相互支持，可以促進社會資本的積累，進而提升社會復原力；以及知識和論述如何形塑了人們對風險的感知、因應方式和發展方向，繼而影響了社會復原力。Kwok 等人（2016）的研究強調社會支持，認為社會支持網絡可以為居民提供情感和物質上的幫助，幫助他們因應災難帶來的壓力和挑戰。此外，強烈的社區意識可以促進居民之間的團結和互助，增強社區的應變能力。Kwok等人重視社會復原力在社區層面的重要性。

臺灣復原力在災難的相關文獻，早期多偏向心理學範疇的個人特質與能力，晚近也有一些研究關照個人的社會階層，如張宜君與林宗弘（2012）研究發現，災難中低技術工人與自營業者（包括農民）易受災、原住民與客家族群傷亡比率高且恢復期程長；鄉村居民受災風險高於城市居民；不完整家庭結構（如單親）受災更嚴重。葉高華（2013）也發現當災前缺乏資源做預備，則災難事件發生後，擁有較少社會資源及因應能力者，災後易成為環境的受害者，也較難承受災後損失，復原能力也較弱。這些研究開始關照階級、族群或區位等對復原力的影響。

社會復原力雖不從個人特質和內在力量討論復原力，但仍關照脆弱性議題（Twigger-Ross et al.,

2015），脆弱性指容易受到負面影響的「傾向」（propensity）與「本質」（predisposition），涵蓋多種概念，包括敏感性、易受災特性、以及缺乏應付與適應的能力；此和心理學所重視的內在力量與特質不同，而是著重個人所處的社會位置和能力，如地位、知識、技巧、生命經驗和公民權等。Glavovi等（2003）提出「逆境浪潮」（waves of adversity）的概念，他們發現窮人和邊緣團體復原力相當薄弱，對逆境的脆弱性也高，面對變動將會引發一連串的劣勢。窮人在災難中經常是雙重受害者，他們既是貧窮的受害者，同時又受到災害的傷害（Bolin, 1982，引自Norris et al., 2005）。

社會網絡的建立是社會復原力經常被討論的要項。臺灣研究也指出，正式和非正式的社會支持，對復原力有重要的影響。傅紹文（2010）研究經歷莫拉克風災後心理受創的青少年，發現家人、親友及朋友同儕關係等社會支持，對災後復原扮演重要角色；王永慈等（2013）檢視淹水對沿海地區經濟弱勢漁村家庭之社會影響，發現社區鄰里是淹水時受災居民主要的支持網絡，能在淹水時主動提供協助，故社區鄰里支持網絡對受災居民災後的復原占有舉足輕重的角色。上述研究均重視家人、朋友和鄰里非正式網絡的角色。張麗珠（2009）的研究提及，除非正式支持網絡外，正式支持體系，如公私部門在災後能主動提供受災居民實用的資源（包括社會服務、經濟補助、醫療服務、餐食、物資或緊急用品等），對提升災後生活適應與復原程度是相當有助益的。

Chung等（2013）針對加拿大女性移民的社會復原力研究也發現，正式部門，如宗教、非政府組織、政府單位所提供的住所、經濟、教育、醫療等是促進復原力的重要關鍵。正式組織的支持有助於社會復原力（Nirupama et al., 2015）。鄰里非正式網絡在災難時可提供即時協助，並發揮互助共持的救援，後續則賴政府和民間組織的實質服務提供，啟動保護罩。值得注意的是多數弱勢群體在其生活圈中鄰里與親友資源也相當薄弱，正式服務提供就相當重要，因此更要注意服務提供的可近性與可得性，避免結構不均和社會經濟差距導致的不公。

大多數社會復原力討論都是針對於環境災難，如洪水、地震或颶風，面對疫情的社交距離或封城等措施，諸多研究也提醒，社會復原力的概念當有所調整（Kuchler et al., 2021），以因應新型態的災難。

③疫情下社會復原力概念的調整

社會網絡或社會支持是社會復原力的重要元素，但面對疫情，因為要保持社交距離以避免病毒傳播，直接和面對面支持他人是不被允許，而個人社交網絡與活躍參與可能擴大疫情，因此內涵上也需要加以調整，進行的方式也要有所不同（Busic-Sontic & Schubert, 2021; Kuchler et al., 2021；林宗弘，2021b）。

Busic-Sontic與Schubert（2021）整理疫情下社會復原力的重要面向，提出社會資本、社會機制和社會均等三個層面：

❶社會資本

社會資本概念主要重視人與人連結、信任和合作，包含社會凝聚、社會網絡和社會支持等三要素。社會凝聚指社區成員有意願進行合作以求生存和繁榮；社會網絡指成員間的關係，社區既有的社會網絡可傳散資訊和將資源配置給需要的地方或人員。疫情期間多運用數位方式維繫網絡；社會支持指居民間的助人行為。

❷ 社會機制

社會機制為社區對風險的知識和覺知及因應技巧，包括社區管理和對抗危機及對規範的順從，如遵守安全措施和規定。

❸ 社會均等

社會均等係指居民均能獲得可信的資訊和接近服務以滿足基本需求。Mao等（2021）指出社會支持、凝聚力、信任和既存的社會網絡是疫情期間志願服務出現的重要面向，他們也倡議地方政府需要大力支持在地組織。和平時不同，在疫情期間，志願服務多以數位形式提供（Fisher et al., 2020；王蘭心等，2021；吳小萍等，2021）。

Busic-Sontic與Schubert對社會均等的界定，比較偏重資訊和資源的可近性與可得性，但Social Science in Humanitarian Action Platform（2021）則更重視疫情對弱勢群體在社會和經濟層面的衝擊，並強調社會正義取向，除了均等及公平的資源分配，也要強化社區脆弱人口群的因應力。因此，正式服務的介入即相當重要。Atarodi與Atarodi（2020）提出，政府的保障制度有助於增進社會復原力；Antonio等（2021）也有類似的看法，他們認為社會制度可以提供民眾所需的支持，因此政府的角色相當重要，但是強而有力的公民社會也需要被看重。

Giovannini等（2020）強調創新的重要。他們提及當一個體系受到威脅，不同的復原能力必須啟動。當曝露時間不是太長，密度不是太大，「吸納能力」（absorptive capacity）即可因應；當曝露和密度增加，調適能力就很重要，需要強化彈性和準備度；當威脅持續，調適必須導向有較大改變的變革性，發現新的永續發展路徑，避免體系崩潰。此次疫情長達三年，且持續發生中，也超乎之前天然災難的應變經驗，因此，面對疫情需要調適加上變革性。

疫情下對社會復原力概念的調整，主要著重面對新災難的風險，人與人之間需要保持社交距離，甚且封城的情狀下，如何發展安全的方式以維繫人與人之間的連結和合作，協助有需要者，特別是脆弱性高的弱勢族群；此外如何均等地傳散資訊和配置資源，並提升對新風險的覺知和因應。

④本章的討論架構

本章從社會復原力的觀點，探討小鄉及參與協力平台的社區發展協會與社福機構如何因應疫情以提供服務。政府的社會保障制度和正式服務提供，如醫療、紓困和防疫措施對民眾社會復原力影響極大，但本章偏重社區層級的組織和機構的作為與投入，因此未將政府的政策與措施納入討論。從上述文獻討論中，修改適合小鄉和協力平台情境脈絡的探討面向，分成「服務提供者和服務使用者的因應與調適力」、「社會機制」、「社會資本」及「變革與創新」等四個面向做討論，以下分別說明之：

❶服務提供者和服務使用者的因應與調適力

社會復原力不似傳統復原力的論述著重人格特質和內在力量的討論，而關注行為者對風險的覺知、自立和接受改變與不確定性的因應與調適力。

❷社會機制

主要分析社區對疫情的因應技巧、對規範的順從情形，及正式與非正式體系間當如何互補，及社區組織和福利機構資源的運用和所採取的措施。

❸社會資本

社會資本主要討論社會支持與網絡、社會連結與信任。物資和社會資源的提供有助於社會復原力，但須重視服務使用者在服務和資源取得的均等議題，並關注弱勢族群在疫情期間的問題與需求。社會網絡更是社會復原力的要項，水平和垂直網絡交互補足所形成的彈性層，可緩減災變的衝擊。

❹變革與創新

疫情期間的社交距離和隔離等措施，讓社區和社福機構需要面對新的挑戰而有新的回應。

小鄉和協力平台單位的經驗

本節主要從小鄉和協力平台單位的經驗探討疫情對服務對象的影響，繼而整理這些團體和組織的社會復原力實踐，包括增進服務提供者和服務使用者的因應與調適力，社會機制與社會資本的運用，及變革與創新的努力等。

①疫情對服務對象的影響

參與協力平台的社福機構與社區發展協會的服務對象多為弱勢者，他們的本質脆弱性比較高。疫情期間，服務或活動暫時停止，身心障礙者或幼童的身體狀況和社會功能也容易受到負面影響，如早療機構的社工說明：「疫情降級之後孩子回來了，他原本學會的一些生活自理的部分通通都退化了，什麼都不會了」。

> 疫情前孩子平常就是有來來回回地走路，有在練腳力，疫情不能出門，就是在家裡，走路的時間變少，他的功能就比較脆弱。加上很少跟同學互動，思考比較少，記憶力就會比較弱一點。孩子放了兩、三個月之後，能力可能又變得更弱或是退步。

社區照顧關懷據點的志工也有相同的觀察，「我會覺得長輩沒有出來，腦子就退化很快」。一些弱勢家庭家長的工作也因為疫情受到影響，機構也將服務擴大到服務整個家庭，協助家長媒合工作或幫學生尋找打工機會，慈善會的社工表示：

> 我的服務對象是學生，從高中到研究所，很多的學子反映他們爸爸媽媽因為疫情的關係工作受影響，所以我們要去幫他們媒合工作機會，或學生自己本身想要打工。不是只提供助學金，也會衍生媒合工作的服務，也有急難救助和提供物資，會延伸到他們的家庭。

從協力平台的社福機構和社區單位的經驗，兒童、老人、低收、身障和心智障礙者面對災難時脆弱性較高。社會復原力和脆弱性間的關聯是爭論性的議題，有些學者認為兩者息息相關，有些學者提出兩者間的關係不是固定的，而是複雜和多面向（Hamerton et al., 2018；Sapountzaki, 2007）。Cardona（2004）則強調脆弱性不是一種災害後存在的狀況，而是在災難前就存在的狀況，他將其概念化為「固有易受影響傾向」（intrinsic predisposition）或容易受到損傷，這些災前的狀況對災後社會復原力帶來的影響。Anderson與Woodrow（1989，引自Delica-Willison & Willison, 2004）認為脆弱性也關乎社會關係、動機和態度等面向。疫情期間，協力平台的機構和社區照顧關懷據點也提供各種因應措施和服務，增強弱勢者和家庭面對疫情的復原力及減緩脆弱性，這些努力將於下節進一步討論。復原和脆弱性不是固定或不變的因子，社會資源和支持扮演反轉的重要角色。

②社會復原力的實踐

社會復原力是一個過程，主要透過社區行動去達致成功的復原。以下討論協力平台的服務提供者和服務使用者面對疫情的因應與調適力、社會機制、社會資本和創新與變革的措施。

❶服務提供者和服務使用者的因應與調適力

面對疫情，因應和調適能力相當重要，包括具備知識和技巧以促進復原和緩解疫情的風險（Ersing, 2020）。有能力學習（Keck & Sakdapolrak, 2013）是重要議題。原鄉服務機構社工提及，疫情期間需要學習各種線上技能：

> 因為疫情的關係，我們要學習怎麼用google表單，怎麼用線上學習，很多很多，我們一直在改變，孩子也一直在適應我們方案的改變，疫情有許多負面，但是我覺得帶給我是很多知能的學習。

社工覺得疫情固然帶來衝擊，但也是一個學習的機會。小鄉也觀察，為因應線上會議或課程，有些社區發展協會開始升級配備，同時服務範圍也因為網際網路的運用而擴大：

> 我們之前培力課程對象原本是旗美九區的範圍而已，但因為線上的關係，所以有來自桃園、彰

> 化、淡水的。這些夥伴可以跟我們旗美地區的志工夥伴們有一些交流，我覺得這個是好的現象！
>
> 因為線上課程，我們也會前置去問社區在設備上有沒有什麼狀況？社區也要提升他們的裝置。

透過線上課程與會議，也讓社區的連結網絡擴大至其他縣市。危機即是轉機，服務對象也因為機構和社區發展協會的努力，而學習新的技能與防疫的衛生習慣，心智障礙機構社工和社區照顧關懷據點的志工觀察：

> 中高齡身心障礙的朋友，我想在這個疫情對他們最大的收穫就是他們學會衛生習慣，很多人都在提醒，每天媒體都在告訴他們要戴口罩、要隨時洗手。我發現疫情對他們在衛生習慣是有進步的，對於這一點點的進步，就服務角度來看是很大的往前跨一步。（心智障礙機構）
>
> 因為疫情的關係，家屬把智慧型手機給長輩使用，我們溝通的方式會多一種手機的連結，所以有時候我們沒有辦法出去的時候或是找不到他的時候就line一下，然後看看在哪裡，叫他開視訊。我們一開始就會教他們怎麼打開line的鏡頭跟怎麼關鏡頭和怎麼講話。我就覺得以前長輩比較不會用視訊的，在疫情時間好像也多了很多可以使用的機會。（社區照顧關懷據點）

Atarodi與Atarodi（2020）認為社會復原力需要幫助處於風險中的個人充權以因應疾病的爆發與壓力，而個人接受改變和不確定性是社會復原力的重要一環（Shaw et al., 2014）。協力平台的社區和機構的服務提供者和服務使用者均具備調適和學習的能力。社工、社區照顧關懷據點的工作人員和志工將疫情的挑戰視為是一個機會而不是威脅，並藉此學習新的技能嘗試解決問題，在壓力與混亂下而能發揮自我效能，也正因為如此，方能以正向心態支持服務使用者，協助他們學習因應疫情所需要的衛生習慣和數位技能。此外，家庭的資源因為疫情也有重新配置的機會，長者開始擁有手機，加上工作人員的教導，而可運用手機的社交媒介進行人際連結和互動。

❷社會機制

社會機制主要討論，在疫情期間社區如何運用在地資源和知識去協助服務對象，提升對疫情風險的覺知、對疫情規範的遵守，和提供防疫知識與相關資訊。小鄉呼籲社區組織與志願服務可和政府體系互補。疫情期間，社區照顧關懷據點服務暫停，王蘭心等（2021）觀察，不少老人家反映，學校無法進去，只好去菜市場、街面、公園四處趴趴走。許多社區工作者憂心，失去互助照護力量，可能讓高齡長者失去照顧，更可能成為防疫期間的破口。小鄉們的觀察也和王蘭心等（2021）經驗類似：

> 社區的角色沒了，農村的長輩要接收訊息又會更困難。像我阿嬤只聽賣藥的電台，所以變成賣藥的電台講什麼她就聽什麼，他們所接受的訊息變得很少。有些長輩連看新聞都不看，村里間誰說什麼，就會覺得：「喔！是這樣喔！」然後就變成一傳十，十傳百。他可能講的意思不是這樣，但等長輩接收到了就會變成疫苗施打就會死掉，這種以訛傳訛的訊息。

社區發展協會的志工向來扮演傳遞公部門資訊的橋梁，社區照顧關懷據點因應疫情暫停服務，也造成長輩無法接受到正確的防疫資訊。此外，小鄉們建議除了由民政體系的村里辦公室做疫情資訊的宣導和傳遞外，也可善用社政體系的社區志工協助訊息轉譯或傳散，兩者相互補足：

> 疫苗觀念的宣導或其他相關的事情，大部分還是運用里長或是鄰長，就是民政系統這一塊，但是政府忽略了讓社區的志工去跟長輩做不一樣的宣導或是轉譯的工作，可以補足人力不足。因為，里長可能要忙著造冊或是處理疫苗施打，空間和交通的安排就已經很忙。

社區志工可以將疫情的資訊轉成長輩可以理解或淺顯易懂的語彙，當里辦公室因處理疫情而人力不足時，社區志工可以接續並慢慢地說明讓長輩可以理解：

> 阿嬤就是拿到一張里辦公室的施打通知單，就跟她說何時要去打針。阿嬤都還來不及問，又還來不及了解那是什麼，阿嬤又不認識字，那個人就離開了。社區的話，比較可從關懷的角度下去跟長輩講，長輩若聽不懂，他們可以花更多的時間去跟長輩說明。

有些社區發展協會志工將疫情資訊轉換成「簡單的圖示，然後加一點文字，都是文字的話長輩不一定可以理解」。在地社區組織和居民長期建立的關係和信任，讓他們機動地針對長輩的需要「在一個符合規定的範圍之下去做一點點可以做的事情，可以做就盡量做」。Mao等（2021）和Kwok（2016）均重視在地行動和社區組織的投入對社會復原力的提升。在地工作人員瞭解服務對象的特性，可以運用圖示或對方可以理解的話語「轉譯」防疫相關資訊，避免錯誤資訊的傳散或服務對象無法接受到訊息與資源。

❸社會資本

社會資本的部分，主要討論「社會支持與網絡」及「社會連結與信任」等面向，也探討均等的議題。

社會支持與網絡

物資和社會資源的提供有助於社會復原力，但同時也要關照社會資源是否公平分配。社會網絡更是外部復原力的要項，水平和垂直網絡交互補足所形成的彈性層更可緩減災變的衝擊。因為社會網絡有助於減少社會脆弱性並避免孤立感（Ersing, 2020）。新冠肺炎的高傳染性，居家隔離或生活限制變成疫情防治的重要手段，然該手段往往對被隔離者的生活互動帶來影響，尤其對高齡者而言，從原本習慣的實體社交網絡中抽離，很可能陷入孤立狀態（鄭期緯等，2021）。「長輩都會問什麼時候據點要開課，會去據點空間巡視、詢問，覺得自己快要不能走路、腦袋不靈活了。長輩悶得慌」，協力平台的社區照顧關懷據點的工作人員和志工因而竭盡所能，在符合防疫規範的原則下，提供長輩支持：

> 先把聚餐改成取餐，活動時我們就把桌子給拉開，間隔拉大，或到外面那個很大的廣場，人

分開，我們放音樂，然後我動她們就跟著動，我們一樣有回家作業給長輩帶回去，走迷宮、點點畫、加減乘除、美勞等，並請家屬拍完照回傳。長輩在家做功課，間接也促進代間互動。（社區照顧關懷據點）

我們一樣有訪視，我們就在門口叫人，你站這邊、我站這邊。「阿嬤你不要出來，門關著，好，有看到」，由於無法接觸長輩，因此社區志工訪視時以看到長輩，不進門拜訪的方式，聽她講話的聲音、叫她拍手、看她的表情開不開心，就是這樣子。要保持距離，就變成是我們的聲量要比較大。有些家屬，他們也擔心我們在外面一直在跑，會不會傳染給長輩，所以我們會先打電話或是line他們的小孩子，都OK，我們才會到門口。有些家屬會在門口放個牌子「疫情期間，請勿入內」。真的啊！我們不會進去，但有些長輩會說：「進來啦！」我們就說：「不要不要，有看到就好，知道你有睡飽、有吃飽就好。」我們就到另外一家去了。（社區照顧關懷據點）

實務工作者（吳小萍等，2021；王蘭心等，2021）發現，社群軟體及視訊會議工具的使用在防疫期間可以發揮很大的作用。除了避免人與人近距離接觸導致傳染，也能夠更好地擴大跟服務對象的連結或是跟夥伴保持合作。此外，社福機構的社工也發現，線上活動也有助於學童和同儕互動：

我們把所有的課輔全部改成線上活動，孩子在家裡面是很悶的，可是透過一些線上互動的遊戲，他們可以跟其他同學重新建立人際關係。（課輔單位）

部分心智障礙者使用線上活動有所困難，社工也採行在戶外空曠處互動的方式：

我們把團體帶到戶外空曠的場地，每一組的小團體會有兩個人或兩家人，因為我們也會邀請照顧者一起進來，對大部分智能障礙者，線上的軟體可能對他們難度比較高，一直不斷地討論後，我們就想出這樣的方式。

社會網絡與支持是建構社會復原力的重要資源。在地機構和社區組織具備在地知識，並能針對服務對象特質與需求，有效地在服務模式上做轉變。小鄉提醒城鄉差距的問題，偏鄉長輩智慧手機的擁有率和使用率遠不及都市地區：

都市型的長輩，他比較沒有3C接觸的困難，或者是他沒有器材的匱乏。但是在農村大多的長輩可能連智慧型手機都沒有，要教他從不會到會，不要說從不會到會，手機從沒有到有都是一個挑戰。反映的情況是農村跟都市的差異性其實是很大的。

兒童扶助機構也需要募集3C資源予以偏鄉的學童，讓他們學習不會因為設施不足而受到影響，「我們也很努力去募集了一些平板、手機和筆電來給這些孩子學習，讓他們在學習上不會落後別人」。如Keck等（2013）所強調，對社會復原力的討論當更重視行動者的特定脈絡，關照社會因素如何促發或限制個人接近資源和獲取學習能量。小鄉和社福機構的觀察指出了「數位排除」（digital exclusion）（Mao et al., 2021）的問題。因此，小鄉用圖示的方式說明線上會議操作方法，提供給社區練習；社區照顧關懷據點的工作人員和志工則請長輩「把手機帶過來，然後開始教，重複一直在做那些動作，請他打給誰、請他視訊，上了好幾堂這樣的課程」。小鄉也發展出適合偏鄉的方式，在保持社交距離和遵守防疫規定下，用「逛」社區的方式來關心服務對象的生活和經濟狀況：

> 我會到社區去逛，比方說我知道他們幾點幾分習慣在哪裡，我就會繞進去看他們，最近生活好不好？過得怎麼樣？疫情期間有社區夥伴是務農，賣荔枝的，因為疫情有些狀況，所以就去幫忙銷售荔枝，賣著賣著發現大家都因為防疫期間生意不好，所以我的版面就變成很像直播主，就是幫忙社區夥伴賣東西。我自己又有一點龜毛，東西要不錯我才敢幫忙賣，所以就需要去了解很多事情。

募集3C資源、協助銷售農產品，或在符合防疫規定下提供實體服務，這些正向和快速回應顯示小鄉、社福機構和社區發展協會具備因應與調適能力，而能有效地因應防疫層級的變動做服務調整。平台的社福小聚也讓彼此能相互交流資訊和資源，讓服務提供者間在充滿不確定和變動的狀況下，得以相互支援扶持。

社會連結與信任

小鄉們觀察，支持社區志工於疫情期間，不辭辛勞地提供服務，是因為服務提供者與服務接受者間具深厚的關係連結，同時這也滲透進入志工日常生活中的紋理，形成一種社會責任：

> 社區照顧關懷據點在服務長輩的時候，已經變成一種生活的習慣，就是他們生活的日常，他們對長輩有一種很強的責任感，還有一種真誠，就是我真的很關心你，然後我也希望你是一種好的狀態，希望長輩都很好。

為了提供服務，社區間的交流也更頻繁：

> 社區有提出長輩回家做功課的教材包，有部分的社區正在執行，有部分的社區可能還沒有開始做或是第一次聽到，他們就會想要針對這個部分多了解，然後想知道可以怎麼準備，讓長輩去使用。

「最近有幾個社區開始重啟送餐，志工很開心」，如Fedorowicz等（2020）所說，這些連結反映了志工對社區長者的強烈情感，以及致力於為每個人創造更好的生活環境的承諾。小鄉們也觀察到長輩與志工間互賴情形：

> 我前些日子有去旗山的○○社區，會有長輩偷偷出來幫忙揀菜、洗菜，她們會覺得，我只要化成志工就可以出來跟大家互動，大家會保持社交距離，聊最近怎麼樣呀。

疫情之下，社區長輩仍在防疫許可下進行參與，這些是立基於平時建立的社會連結、信任與情感，也讓社區更具凝聚力。Farrington與Santos（2020）針對疫情因應的研究指出，社區就是問題的專家，對自己的生活需求有充分的認識，具復原力的社區也可以找到解決方式來確保每個人的安全和福祉。因此，英國地方政府於防疫期間除了和社區協作，也積極諮詢社區（Mao et al., 2021）。小鄉也提醒，公所當與社區有更好的協作：

> 我們鼓勵社區就是接下來兩天的時間，去做訪視，只要很簡單地蒐集和了解每位長輩施打疫苗的狀況。他如果不打，是因為資訊不清楚？還是因為路途的關係？交通的關係？還是他自己會有畏懼？還是沒有被通知到？六、七位志工在兩天之內把社區長輩施打疫苗的狀況很快地彙整好。有一些是他錯過了施打疫苗的時間，因為初期高雄市政府提供偏遠地方的長輩用計程車或是交通車接送去打疫苗。但是這些訊息可能里長沒有很積極，或者是里幹事也沒有通知到，而讓長輩錯失了這樣的機會。我們蒐集完這些資訊之後，後續我們也有幫忙去詢問公所，他們也是有點愛莫能助。公所就說：「小鄉你們可不可以帶著電腦去幫所有長輩做線上預約？」小鄉好像也沒有角色可以去做這件事情，有一百多位長輩，我們怎麼可能去一一的預約？我們蒐集資訊然後把問題回報給你，但是後續如果公所和里長沒有更進一步地去針對這些需求做一些解決和處理時，還是沒有辦法耶！

從小鄉的觀察，社區很積極地蒐集長輩施打疫苗的狀況，希望能對防疫有所助益，很可惜公部門並未重視這樣的能量，也未針對長輩遇到的困難積極處理或啟動新的服務，著實可惜。疫情的預防和控制，社區投入扮演重要的角色，議者多呼籲公部門當長期地支持與充權社區（Gilmore et al., 2020），英國地方政府積極支持社區發展和參與防疫，藉由傾聽、協作和資訊分享發展更緊密的合作關係，並將社區視為平等夥伴（Kaye & Morgan, 2021）。雖然臺灣防疫措施備受國際社會讚譽，但面對多變的疫情，里辦公室、公所和地方政府當正視如何發展和社區的協作關係，以因應一波一波的新疫情。

4 變革與創新

疫情期間因為社交距離和隔離措施等規定，社區發展協會和社福機構需要面對新的挑戰而有新的回應，創新和變革的主動式復原是重要議題。小鄉和協力平台夥伴的努力包括：開發材料包供長者回家學習以免退化；製作影片；線上方案：以圖文說明疫情；用「逛」社區方式提供關懷，及協助銷售農產品，也有社區考量「現在出門就是要實名制，所以社區就幫社區裡面的長輩刻連續印章，長輩如果出去又不會寫字的話，他就直接用那個印章」；或是連結Food Panda協助送物資包；原本服務學童的機構，也將服務擴及整個家庭，提供工作媒合、急難救助和食物援助等。

社會復原力重視災後重建能促發個人、人際和集體的成長，發展新的關係和創新集體行動（Hegney et al., 2007）。小鄉觀察協力平台的夥伴在創發新服務時需要機動性、對在地和服務對象的瞭解、願意接受改變和耐操：

> 就是在這一種很真誠、很日常的關心之下，我覺得社區長出一種機動性吧！他們又很貼近在地和服務對象，所以他們可以很隨時地、很機動地去變動服務方式或是可以做的事情，我覺得他們一直不斷在變動，雖然是在很辛苦的狀態之下，但是社區也同時在疫情之中有一種很強的因地制宜的服務方式一直在發展。

社區照顧關懷據點長期與服務對象關係的建立，累積出相互扶持和關懷的人際連結，彈性地考量服務對象的狀況與需求，而發展因地制宜的創新服務。面對疫情的不確定和危機，協力平台的夥伴扮演一個主動的角色，協助服務對象進入一個如Schutte（2020）所稱的「新常態」（new normal），不只是考量不被病毒感染的安全議題，同時能扮演主動角色，重新建構社會關係網和維繫生活品質。社區照顧關懷據點在提供服務時也關注環境議題，他們試圖在衛生安全和環保間尋求平衡：

> 疫情期間要改變行為，送餐對他們來講也是困難，因為他們每天要製造很多的垃圾，很多的便當盒，他們唯一能做的就是把塑膠袋重複使用，要送餐給長者又不能跟他們接觸，所以把便當吊在門口，志工要一直重複去收，收回來之後又還要洗。

小鄉線上培力課程的設計也盡量用生活中易得和可回收的物品，增加循環利用；也盡量減少剩食，並聘請專業老師教導食材保存和利用，「我們前陣子到據點的廚房，發現很多人送的一些菜，社區志工不知道怎麼保存，所以我們就邀請擅長處理剩食料理的老師來上課」；「疫情期間很多人會訂購防疫蔬菜箱，小鄉在疫情比較穩定的時候，就有帶一個線上的培力課程，其中有一個課程就是打木箱鼓，但木箱鼓不是買現成的木箱鼓，而是用蔬菜箱的紙箱去做出仿木箱鼓的樂器」。

疫情肆虐的當下，為了衛生考量，一次性的塑膠製品用量大增，更造成環境和海洋生態極大的負擔（李昱德，2020）。如前一章提及人和自然與生態環境相互依存，生態和社會復原也息息相關。小鄉和平台協力夥伴於日常生活和活動中盡量減少環境的負擔，這些在微視環境和社區層級的努力，也需要公部門在鉅視層面，以整體觀和更具前瞻性地面對疫情對環境帶來的衝擊，如Pachauri等（2021）所提醒，後疫情時代或預備下一波疫情的衝擊，政府部門當更審慎檢視各項行動如何保護地球。

結語

新冠肺炎疫情被視為是自第二次世界大戰以來全世界面臨最大的挑戰（Ramanathan et al., 2021）。本章所討論的來自民間和社區草根行動也呈現面對疫情的因應、調適與變革能力。他們具備能量去改變和有能力去處理不可預期的變化和因應干擾，自身也做了很多新的學習與創新。在社會機制面向，小鄉和平台協力夥伴也努力裝備服務對象，以具備因應疫情所需要的技巧和知識，及對新風險的覺知。災難可視為促進創新和發展的機會，並透過不斷地學習以因應未來新一波疫情。

社會網絡、社會支持、社會連結和信任等社會資本元素是建立和維護社會復原力的基本要素。小鄉和協力平台的成員運用社會網絡和社交媒體去因應疫情的衝擊，基於和居民與服務對象間的社會連結及信任，突破萬難在種種限制下提供服務。諸多創新都是基於日常生活細微的觀察，雖然都是小規模的行動，但對長輩和弱勢者的協助卻很實際和實用。小鄉和協力平台夥伴也特別關注疫情中脆弱性比較高的人口群，他們在面對疫情時的數位落差和其他問題，繼而調整服務和連結資源以增強他們的復原力。面對後疫情時代，公部門當更善用和重視在地組織及社會機制的建立，並與之協力，政府和社區交互補足所形成的彈性層可更緩減疫情的衝擊。

第四篇

小鄉的模式

小鄉理監事和小鄉們的觀點

第一章　小鄉模式：社區為本的協作模式

前言

本章主要彙整小鄉的社區工作實踐模式，在討論時結合實務為本和文獻為本的理論，除透過和既有的理論對話與比較外，也分析小鄉模式的特殊性。實務為本的理論偏向內隱，社區工作者雖沒有明說，但在進行工作時，實務為本的理論卻影響著他們的行動。實務為本的理論立基社區工作者的實務經驗，Weil（1997）認為主要來自反思的經驗。透過反思將田野經驗和實踐形成內隱的實務為本理論，而有部分也是「和在地知識協作」（collaborating with local knowledge）逐步形成。文獻為本的理論，是指既有的文獻論述。本書除分析小鄉實務為本的理論，社會工作或社區工作相關理論和小鄉實務經驗吻合的，第一作者也將其帶入討論，並和小鄉的經驗做對話，這也是一個「研究實踐」（praxis）的過程，將理論運用於實務，並從實務反思繼而修正理論，希冀發展以實務為參考的理論，及以理論為參考的實務。

本章除了小鄉們的觀察與經驗外，也訪談三位理監事[1]針對小鄉模式進行剖析。小鄉除工作人員外，理監事也扮演重要角色。小鄉的理監事都是在旗美九區各社區有豐富經驗的社區工作者，他們從風

1 理監事訪談於二〇二二年六月二日至六月十日進行，由蕭淑媛女士協助。

災前即參與各種社區事務，後又投入重建工作。小鄉的理監事和小鄉們合作無間，理監事所在的社區組織是撐起協作網的重要結點。

模式與社區工作模式

Jeffries（1996）將「模式」界定為是「現實」（reality）的簡化，使我們能將複雜情境的主要元素抽象化，也將高度複雜的情況簡化。模式之目的在組織和釐清我們對情境的理解，但仍保有基本特質，也使我們能預測特定行動可能的結果。Gamble（1996，引自Weil, 1997）認為，實務模式會運用概念去形成和合成複雜的想法，因此有些模式純然是概念的，主要在引導思考和提供策略發展。Weil（1997）強調，模式在預估情境時，需要考量關鍵變數，以利發展和評估可能的行動計畫。此外，也要深入檢視實務經驗中的多樣性、探究特定模式的變異性，並分析多樣模式的共同性和區分特質。Gamble（1996，引自Weil, 1997）提醒當運用模式於特定情境中時，須分析特定脈絡，包括經濟、政治、社會力、族群和性別議題等。

社區工作模式中討論最多的為Rothman於一九六八年所發展的三個模式，分別是「社會規劃」（social planning）、「地方發展」（locality development）和「社會行動」（social action）等。上述模式在國內社區工作教科書討論頗多，因此不再贅述。Rothman在一九九六年針對三個模式做了修改，於地方發展模式加入能量建立的概念，認為可與既有的三個模式結合，發展九種組合。Minkler與Wallerstein（2008）

認為Rothman的分類一直是社區組織主導的架構，深深影響實踐，但他們認為地方發展模式限制了非地理社區的連結；社會計畫模式過於強調外來專家，而未能增加社區問題解決能力。這樣的分類是以問題為基礎和組織者為本，也造成哲學和實務上的限制，無法回應多元文化脈絡。Hyde（1996）則認為Rothman最初的旨趣在創造和比較介入形式，她建議納入意識形態的討論。

雖然，後續的研究對Rothman的模式多所批判，但他的社區組織模型也提供了一個基礎，讓後續相關研究得以延伸和補充。如Jeffries（1996）提出「協作社區發展」（collaborative community development）模式，她將地方發展重新命名為「能量和意識促進」（capacity and awareness promotion），她相信社區裡的人，能量就在那，但需要給予機會開花結果，這樣的取向朝向發展或給予機會，及對社區團體技巧和能力的認可，但也需要看重人際、教育和團體工作技巧（Hardcastle et al., 2011）。Jeffries也將社會規劃重新命名為「夥伴促進」（partnership promotion），即強調和社區協作規劃，促使社區為自己行動。她認為協作社區發展需要社區團體間的合作，也需要和公私立機構合作，確保決策和政策制訂過程能促成夥伴關係和草根發展。Jeffries的模式模糊了外來專家角色和社區間的界線，強調提供社區發展和參與決策的機會及與相關單位的協作。

Minkler與Wallerstein（2008）的研究同樣採行協作的概念，建議發展新的協作和社區建立實踐模式。社區建立概念重視居民認同自己是社區的一員，一起參與達致改變，因此需要強調組織化及能量為本的社區建立。Minkler等的論述認為能量從「能力」（competence）概念而來，能力重視是否具備技巧和方法，他們和Jeffries的看法類似，認為能量建立並不強調社區的特定問題或限制，而是認同社區是一個融入、多元面向和動態體系，需要機會、資源和資訊（Minkler, 2012）。作者同意Minkler等部分的觀點，認可社區需要資源和機會的協助，但社區居民的認同和融入不是必然存在的，而是需要長期經營。Butcher等（2007）則發展「批判社區實踐」（critical community practice），重視開放思考、反思，並帶有實踐批判意識。他們強調目標的整體觀，及關照脈絡、價值和規範等。Boehm與Cnaan（2012）同樣看重實踐經驗，認為模式須是和實際情況做整合，藉由反思過程而不是依賴既有現成的模式，模式發展要立基在地知識和實務經驗。這些論述或從Rothman的分類修改或延伸，亦有從實務和在地經驗藉由反思而逐步發展，在地知識彙整是本章重要目標之一。

臺灣學者Lee與Hsu（2019）曾將二〇一三年二十六個莫拉克風災重建中心的社會工作者介入社區的方法分類成五種模型，並和Rothman及其他學者的分類做比較。包括：

一、服務和示範模型：社區組織無領導者，在地理和功能社區提供服務及建立服務團隊，重視任務導向。

二、訓練和輔導模型：位於地理社區的社區組織有意願但無能力，強調資源管理，輔導和情緒支持及建立好的行政制度。社工提供行政訓練方案、訓練志工和領導者執行社區方案。

三、刺激和鼓勵模型：刺激居民對社區議題的興趣，鼓勵他們有意願去參與和採取行動。通常是針對崩解與缺乏互動關係的社區或功能社區。

四、協調和促進合作模型：形成學習和成長社區。

五、共識和行動模型：社區有組織但處於衝突分裂狀態，社會工作者著重讓工作環境能更信任及合作，和幫助民眾依共識採取行動。

Lee與Hsu（2019）的文章呈現臺灣社會工作者介入社區的模式。這樣的分類比較偏重從外來專家的角度，視社區服務提供的能量、能力和組織狀況作分類，然後由社會工作者針對不同類型的社區提供輔導。這樣的方式如同Minkler等（2008）批評Rothman的社會計畫模式，過度強調專家的角色，忽略以社區為本，同時也將社區侷限於鄰里社區而忽略區域連結。

從前面章節可以得知小鄉介入社區的模式是以社區為本，和公部門社區培力中心的取向有所不同。小鄉重視「鼓勵參與」（engagement）及協作；合作對象除社區發展協會外也進行區域串聯；視社區參與者為主動的能動者，不斷創造機會與資源予以支持；目的在透過個人、關係和集體充權而能為偏鄉發聲，並用在地知識與智慧和政府政策做對話。

本章主要在綜述和彙整小鄉的模式，針對其在地知識與實務智慧加以爬梳和分析，並透過第一作者與小鄉們的持續反覆討論，秉持如Butcher等（2007）及Boehm與Cnaan（2012）所強調的開放態度和反思，不斷地檢視和修改。既有的模式也提供一個發展小鄉模式的架構與概念，因此，本章書寫時也融合既有理論。

小鄉模式的特徵

小鄉的模式可稱為「社區為本的協作模式」，社區為本是小鄉模式的基本精神，協作與「鼓勵參與」

是主軸，依微視和鉅視，社區（鄰里）和區域等不同象限，分成四種介入方式，分別是「增進機會與能動性」、「區域串聯及資源創造」、「充權取向小規模行動」及「集體充權」等，如圖47。

在分析小鄉模式時，也參考Rothman（1996）、Jeffries（1996）和Minkler與Wallerstein（2008）之文獻，先從社區工作者的價值、問題的社會脈絡、目標、社區和問題情境的假設、改變的策略、社區工作者的角色、改變的媒介、權力結構導向與充權，和社區界線等綜合說明小鄉模式的整體內涵。

①價值

Wellington與Austin（1996）強調社區工作模式在顯示專業的努力，它可以是教化或解放，端視專業者的信仰和價值體系而定。小鄉們與理監事均長期投入社區，從早期的福利社區化、社區總體營造、農村再生和災後重建等，這樣的經驗也讓小鄉們站在一個有利的位置，在新與舊、傳統與創新、回應與突破中，不斷磨合和尋找創新路徑，透過社區實踐彰顯他們看重的價值。如一位理監事所分享：

小鄉理監事組成，有經歷過去社造經驗的前輩，然後一直到

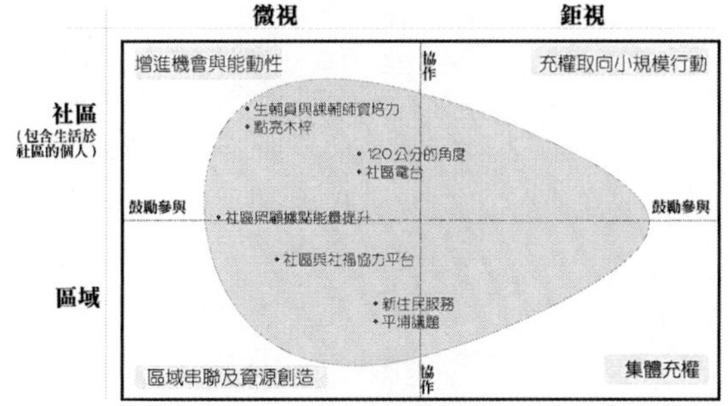

圖47：社區為本的協作模式

重建。他們和長輩型、舊的這種早期社造的經驗或思考，透過磨合去找到一種新的合作模式，有一種新的社造模式出來，至少在思考上不會是那麼的單一，或者是在舊有的社造觀念裡面，會有一些新的思考跟做法。

在主流外找到一條可行和另類的路線是小鄉秉持的價值，主要是因為臺灣官方重視社區的「培力」，並引進專家輔導團隊至社區協助，官方重視的是使社區有能力去執行被分派的責任和撥付的經費，這樣的操作方式並不能達致社區充權，目前主流以評鑑獲獎為導向的輔導方式，不利較不具資源社區能量的培養，多數是錦上添花，「現在會看到公部門對於社區工作的思維，還是比較是社區評鑑導向，為縣市政府拿到好成績」。

臺灣夢的計畫要進到社區，都會先透過縣市政府推薦，它希望執行單位是社區發展協會，但是在○○市會很容易變成明年要推哪一個社區去做評鑑，就會讓臺灣夢的資源投進這個社區，並不是這個社區有這個需要。就會很可惜，一年一百萬的資源很好啊，可是就會變成這樣……

此外，執行政府補助方案時，社區經常得在有限或無法協商的規定下運作，很多社區領導者也被提案、核銷和績效表現等政府部門制訂的遊戲規則弄得精疲力竭。當政府是強力動員輔導或是訂出一套指標要求社區配合時，反而成為一種上對下的柔性壓迫，資源下放不一定是社區主體性的建立（黃彥宜，

2020）。小鄉致力突顯和捍衛社區工作的價值，讓個人或社區「不淪為在政策或資源底下的一種工具」（理監事訪談）；「小鄉兩位成員離開前一個工作，原因是他們不想工具性地用公部門的方式去輔導社區。加入小鄉後，在沒有一個穩定的工作支持情況下，他們要堅持這樣子的理想也是非常辛苦的，但相對有獨立性跟自主性」（理監事訪談）。

小鄉部分人力經費來自政府的方案，有部分人力是須倚賴承接許多講座、活動、諮詢等維持。他們在經費拮据中堅持理念，以自己的步調扎實陪伴社區，不受政府ＫＰＩ和短期內須呈現績效等標準的框架，而堅持以社區為本的實踐：

> 以官方思維來講，那個手伸進來，反而限制了我們自己。小鄉可以用小鄉的方式去陪伴，比較有一個空間，可以用我們認為符合價值理念方式去做社區培力跟社區陪伴的工作，我不拿公部門的錢，我就不需要交代業績，我就可以用我的節奏跟步調去陪伴社區慢慢地起來。蠻多的社造團體要生存，必須走主流的路線，你可能就是要接輔導案，然後依照政府的標案設計你每一年要輔導多少社區要提多少計畫，我們都不是走這個路線，我們也覺得用自己的能量跟資源、條件，就是慢慢地做，慢慢地來，所以就比較可以扎實跟扎根地做這些事情。

公部門掌有多數的資源，小鄉為了不受政府框限，而不承接社區培力中心，如何維持組織運作是極大的挑戰。小鄉的價值看重帶來人和社區的改變，而不是協助社區爭取多少資源或標案，重視個人的改變與能動性，成為支撐社區改變的能量：

> 小鄉社會價值的呈現，不是用我有多少資源、多少計畫、我標多少案，去做衡量。我覺得那個影響的是每個人內在有接觸過的改變，跟支撐他持續在社造工作或社區工作裡面的一種力量，這是很難以估算的影響力。（理監事訪談）

因為小鄉不同於主流社區工作的作法，有時候也會被視為「異類」，有位理監事表示，小鄉也讓異類們得以相互支持和形成一個組織，她說：

> 像是社造比較奇怪的、異類的、孤獨的、堅持社區自我價值的、看重組織或人的，去找到支持，變成是一種團體，變成是一種系統，我覺得小鄉在做這樣子的事情。

當愈來愈多另類形成一種力量，或許不能帶來結構性變革，但可漸進地帶來影響和對話的機會，促成「交流式」（transportation）改變的可能性。交流式的改變如Nicholson（2015）所言，改變形式是交流，而不是變革。變革是持續、事先決定和可預測的，但她認為改變是發生在漸進積累的交流過程，和其他人不斷協商與學習的結果，是一個自我導向的漸進行動（黃彥宜、許瑞芳，2021）。

②問題的社會脈絡

小鄉行動背後的問題脈絡是深刻感受到偏鄉社區資源極為有限，因此他們致力於培力個人和社區成為彼此的資源，讓每位被小鄉協助的夥伴，可以有能力再延伸投入，「你自己擁有之後，你還可以再去付出，從自己所學的再去延伸，成為可以再給出去的資源」（理監事訪談）。社區需要外部資源的支持，目前臺灣的社區多數仰賴政府部門資源的挹注，但理監事觀察，這中間的關係經常不是對等的，「我有能力完成政府要我做的事情，可是在這些操作跟實踐裡面，我們的很多想法能夠被聽見，這個是困難的」（理監事訪談）。加上政府部門的計畫多數是競爭型，補助期間有限，不確定性高加上不穩定，經常造成人力流動，年輕人無法在地扎根：

你靠政府的計畫，你每年就是一直在那裡寫計畫，又要去評選，讓人家審查，要過不過的，政府的計畫真的是很刻板。然後一年內你到底能有多少？現在有三年的計畫，還是兩年的計畫，兩年三年後計畫沒了。你培養出來的那個年輕人，計畫結束了，又變成說你培養出來的這些人也沒有辦法留住，這是因為政府資源的不穩定跟不確定性。我們常在想制度怎麼可以建立得更好，去支持人可以在地發展。（理監事訪談）

因此，小鄉模式的定位也在回應這些議題，扮演中介組織角色，協助社區連結資源和資訊，但又具一定的能量而保有自主性。資源主在支撐改變，是有目的地運用，而不是盲目爭取和累積。此外，透過建立社區自己的資源和資產、在地網絡和能量，也藉此改善偏鄉社區內生活品質，及增強領導者和組織的能力。

③目標

小鄉模式的目標在依照社區的節奏，跟當下的狀況去調整工作進度和內容，不帶特定的績效和任務，而是建立真實和長期的夥伴關係。這樣的方式有別於目前公部門設立的培力中心或育成中心。目前公部門競爭型的提案方式，社區須提出專業完美計畫方能獲得評審委員的青睞而爭取到補助，這也是為什麼社區經常要求外來專業團隊協助完成計畫。有時是政府的承辦人員不相信社區有完成計畫的能力，反過來要求輔導團隊協助社區書寫計畫（黃肇新，2019b）。如此一來，瀰漫虛偽造假的氣氛，尤其寫計畫就像是作文比賽，沒有真正去耕耘和實實在在地去做（郭怡棻，2016），小鄉模式有別於當前主流作法：

> 因為我是社工的背景，上一份工作在育成中心，來小鄉之後，感覺比較不一樣的地方是在於，以前每一次跟社區的對談或是每一次進入社區開會，都會覺得一定要達到什麼目標，有一個什麼成效出來，就很像用個案工作的指標在看社區，每一次我都要達到什麼事情，或達到什麼成效。小鄉比較變成是夥伴，一起往前的關係。

小鄉將社區視為協作的夥伴，而非達成績效的介面。小鄉的目標在協助社區慢慢發展出自己的能量，激發每個人的潛能和對社區有想望與動機，透過長期培力與支持，協助在地組織的發展：

> 把這些人激發了他們的潛能，讓他們有成就感，讓他們對社區有很多的期待跟想望的時候，他會想要做更多的事情，小鄉也在旁邊，透過人力的養成、組織的培力，然後不同的資源去協助，社區慢慢地走出自己，讓自己有能力有力量，我覺得這就是小鄉。（理監事訪談）

小鄉扎實地陪伴有意願參與者，用充分的時間，慢慢協助他們長出力量，此均是長期的投入與承諾，有些一陪就是九年以上：

> 我一個月大概有二十天幾乎都在那個社區裡面，就跟著她，認識她，了解她要做什麼。她不會寫計畫，但她很清楚知道要做什麼，所以我就從和她聊的過程中，逐條列出她想做什麼，就試著陪她寫，從不會寫到逼著她寫，我說你可以試著寫寫看，然後我再幫你順過，完整地去提案。就從那樣的過程中一直陪陪陪，陪到現在九年以上了。

當被培力者的能力到某些程度，小鄉就視情況調整投入程度或轉為諮詢的角色，讓他們慢慢獨立作業，「她每年要送計畫時，還是會來跟我討論，我會提一些建議，我們的角色就會是從本來投入九分、八分到五分」。小鄉以社區為本的方式支持社區，「找到大家願意投入，而不是某些人談的議題而已，小鄉花時間去同理、去理解，然後再找出可行的方案，很實際和很細緻地去操作」（理監事訪談），這些努力主要的目標都是在讓社區長出能量，成為協作夥伴。

④社區和問題情境假設

偏鄉雖然面臨人口外流、老化和資源不足等議題，但小鄉認為生活在當地的人們是具備能力、有豐富的生活經驗與在地知識。因此他們致力於打造機會和舞台，讓社區居民得以展現和發揮，如「伴我一聲」系列活動、「一百二十公分的角度」等。他們也協助社區爭取、運用和控制資源，但重要的是人們可以在社區中做民主參與，和瞭解自己的生活環境，而不是一窩蜂朝資源所在而行：

> 幾乎蠻多接觸到的社區都會期待自己社區開始發展產業，然後可以賺錢，我覺得這個目標是蠻奇怪的。甚至有的比較直白的就會說，他的社區就是想要跟隔壁社區一樣，每天有很多台遊覽車來，有很多小旅行，很多的伴手禮可以賣這樣子。有時會拿一袋地瓜來給我說，你覺得這個可以開發成什麼樣的商品？這時候，我會適時地提醒他，也不會去潑他冷水，就是盡量在這個過程中，把他稍微拉回來關注到自己社區的人，就會說你要不要先跟這個種地瓜阿伯多聊聊？

社區執行方案經常處於「是社區還是長官他想做的呢？社區掉入不斷地運用政府資源和人力的匱乏的輪迴」（理監事訪談），小鄉們和理監事成員均有「扎實的社區工作基礎，不會被主流價值或龐大資源泡泡所淹沒」（理監事訪談），小鄉希望掌握每次機會以影響社區的實踐朝向以人和社區為本的方向。

⑤改變策略

小鄉的主要策略是以人為中心，透過和社區一起工作的過程，肯定每位投入社區者的價值與重要性，也讓他們找到留在社區的意義，「我們覺得人是社區很重要的資產，這也是小鄉默默形成的一個方式，就是一直去肯定每一個人存在的價值」。行動的策略經常從社區的核心幹部或熱心居民開始連結，一位理監事說：

> 有一群人他願意，是共同可以投入的，哪怕是只有四、五個，六、七個願意去做這件事情。但大家是有共鳴的，這時就會認真地去做，沒有顧慮地去做，這就是小鄉，全心全意地去幫忙，讓社區感覺到你真的是跟我們在一起的，這就是小鄉！

社區是生活的地方，也是「情感培養交流的地方，人往往是為了這一個感覺他才會願意付出」（理監事訪談）。小鄉的用心投入，慢慢凝聚居民的向心力及滾動更多居民的參與，「小鄉的陪伴會讓人比較有向心力，像我們這裡的人說，只要小鄉喊一聲就全部都出來參與了」（理監事訪談）。社區因為信任小鄉，繼而透過核心領導者的召集，而持續參與。但小鄉認為活動辦理不是著眼於績效，而是在過程中產生「人跟人之間的連結，後續大家在情感和關係上更緊密，包括組織之間也會因為這樣有更緊密的合作，小鄉不是一個活動操作完就沒有了，而是後續帶出來更長遠的影響」（理監事訪談）。

網絡經營是小鄉擅長的策略，但網絡經營是需要來自日常生活的相互協助，是一種生活感，不純然是工作關係：

小鄉最擅長的就是網絡的經營。這些人來自旗美地區不一樣的社區、不一樣的店家、不一樣的角落，我們一步一步地跟他們做互動，有時候不是方案之間的合作，是生活上的互相幫忙。我覺得在旗美地區要做好社區工作，必須要有生活感，這些生活感可能來自於一些日常生活的協助。尤其是在農村，不一定要計畫和計畫之間的合作，有時候互相幫忙，在未來都會有一些機會。

小鄉的主要策略就是參與在地生活，透過日常相互協助、關係建立及影響社區核心幹部或志工，藉由相互瞭解和增強意願，而逐步發展信任關係，繼而協作。協作的議題是透過不斷地溝通、對話和田野調查找到大家有共同情感的議題，執行過程更要敏感地視社區的紋理與脈絡，漸進地調整互動方式，並發展長期的協作關係。

⑥社區工作者的角色

小鄉認為社區幹部和志工都有其能力，只是初次面對陌生的社區事務不知如何著手，因此小鄉將自己的角色定位為是一個協助、培力和協作者，而不是專家的指導角色，會先深入瞭解社區的狀況，再和社區一起商討可能的行動，「小鄉們就是關心你，願意陪著你一起前進的那種角色。在深入地了解、蹲點之下，有一個對於整個社區發展的理解，再導入正確的協力行動方案」。小鄉憑著對在地的敏感度，也經常是先行者，「我們必須走在社區的前面，這樣我們才能去幫助到社區」。

小鄉也扮演鼓勵、促發、教育、訓練、資源連結、橋梁和組織者的角色，協助社區發展協會的幹部或志工，找到有溫度、有感情和有需求的議題，慢慢滾動居民參與，陪伴他們逐步進行。小鄉們既是社區的圈內人，「大家聽到小鄉就會覺得我們就是自己人」，但他們也是圈外人，「我們也是外來者」。這樣的彈性界線，讓他們對在地熟悉，但又有一定的人際距離，居民也較容易對他們敞開心胸，「可能見沒有幾次，但你就會知道其實她在家裡面，有一些工作沒有那麼順遂，我們就會知道這種很貼近生活的訊息」。這對小鄉們而言，也是一種角色負荷，「覺得每次我們都背負很重的東西回來」，但因為小鄉打團體戰，所以彼此也能相互支持化解。

⑦改變的媒介

社區發展協會是小鄉主要的協作對象，也是改變的重要媒介。現今臺灣人民團體或非營利組織數量最多的是社區發展協會，依據衛生福利部二〇二一年的統計有六九四三個[2]。因此，小鄉認為讓社區發展協會有足夠的能量是他們覺得值得推動的事情：

> 小鄉一起工作的夥伴多為社區發展協會的幹部跟志工，有很多社區想要做一些事，但是不知道怎麼開始做，小鄉就進去陪伴他們，從零開始讓他們慢慢地有一些能力，以及知道怎麼開始進行社區工作。

但社區志工不見得都是社區中較具身分與地位的人，能吸納熱心有意願投入者，對團隊助益也很大，「社區一定會有關鍵人物，不一定是幹部，有時候會是一位很雞婆的大姐或媽媽」。

小鄉協助社區的領導者經營自己的組織，有些社區因而成立新的協會，具更多資源服務在地，「小鄉除了陪伴，也做實際的操作，讓社區慢慢自己茁壯起來，現在萬山要成立第二個協會了」（理監事訪談）。改變的過程是長時間地透過與社區領導者協作展開小型行動，也藉由連結社區發展協會，形成旗

2 資料參考自衛生福利部社會救助及社工司（二〇二二年四月七日）。一一〇年推行社區發展工作成果。https://dep.mohw.gov.tw/DOSAASW/cp-555-67956-103.html

美區域的協力網，發揮集體的力量。

⑧權力結構導向與充權

小鄉協助社區時會考量社區狀況和需求而申請政府補助，避免為了競逐爭取政府資源而失去主體性。他們致力於長期發展而不是短期的方案績效。小鄉們在實踐過程重視權力分享。他們認為專業者與社區成員間是平等而沒有層級的協作關係，如Freire（1972）所形容，大家帶著有價值的知識進入關係中，相互學習和對話（Gutiérrez et al., 1998）。小鄉強調非指導式與非層級的過程，傳統的社區工作模式是問題解決方式，專家或外來服務團隊投入社區，以其專業知識或人力有效率地解決問題，但整個實施過程和居民可能是疏離的（Popple, 2006），小鄉促發居民掌控影響他們的情事，在決策與計畫過程能夠自主決定：

> 社區是人聚集了，開始有了志工，才有那個意識說，他們好像可以一起做些什麼。要不要嘗試做長輩照顧，這也是他們自己決定的，我們只是跟他們講一些其他社區在做的事情，他們可以考慮看看。決議是他們自己內部開會決定要的。

小鄉提供舞台和訓練機會，讓社區參與者建立自信和所需的技能，一起做決策，讓居民具所有權感，為自己發聲。這樣的充權過程是一個有意圖的持續過程，包含相互尊重、批判反思、關懷和創造參與機會。Hardina（2013）認為組織者需要有好的人際技巧、有能力與不同的團體互動，也需要協助人們認定影響他們的共同問題或議題。當然，小鄉也有自己的組織目標，和社區彼此間尋求一個動態平衡，「我們跟社區的接觸也不是真的那麼無所求，我們的需求跟社區的需求要去做平衡，那種長久的關係會是在我們各方都取得一個比較動態的平衡之下，這樣才能走得更遠」。此即如Boehme與Cnaan（2012）所描繪，在一個漸進和持續的長期關係中，透過相互性、瞭解和同意而做改變。

⑨社區的界線

小鄉多數服務地理社區，除與鄰里社區的社區發展協會協作外，也立基旗美九區民眾的認同和利益，發展區域型的連結。有些議題、方案和活動會跨越地理界線，發展跨區域網絡，或和都市端社區連結。此外，網際網路和多媒體的運用，藉由臉書、YouTube、社區電台和影片等，也跨越地理區域，針對議題形成利益社區，為所關心的議題一起投入。

小鄉模式的四種介入方式

小鄉的模式可分成四種介入方式，如第283頁的圖47所呈現，社區為本是主要價值，鼓勵參與和協作是工作主軸。在微視和社區層面，重點在「增進參與機會和能動性」；微視和區域層面著重「區域串聯及資源創造」；鉅視及社區層面強調「充權取向的小規模行動」，及鉅視和區域層面關照「集體充權」。

①增進參與機會和能動性

在微視和社區的面向稱「增進參與機會和能動性」，主要和鄰里社區合作。在合作前小鄉審慎評估協作的協會，有些是小鄉針對自己所承接的計畫尋找適合的合作協會；有些是協會請求小鄉協助。小鄉和社區發展協會合作執行公部門計畫時，除了方案和活動辦理外，也會藉此培力或組織社區，提升能量：

> 執行公部門的計畫，我們還是會看哪些社區是跟我們執行計畫是符合的，或者是我們一起共做可以發揮最大的成效的，我們會先逐一拜訪社區後，然後也評估這個社區的能量跟狀態，覺得真的可以合作，而且合作不會吵架，我們才會跟他們合作。而且我們也會期待合作真的是可以培力在地跟拉起一點點的不一樣，趁著這個機會也嘗試著組織這個的地方，讓他們可以有一點點的成長跟學習，所以這也是小鄉在跟地方運用公部門的資源一起共做的方式。

不論是小鄉邀請或是社區請求協助，彼此決定合作後，進行方式大致如下：

❶先建立人際關係

開始決定和社區合作後，小鄉著重先建立朋友關係再建立工作關係：

我們不會只有社區開會或是社區開課的時候才會出現，而是社區的一些日常生活中的大小活動我們就會一起出現。比如社區大小間廟的神明生日、巡守隊的尾牙，我們就很熱情地參加。

透過非工作上的連結，才能真正地建立信任關係，「社區才會願意交託自己的需求給對方，我覺得社區會看你的誠意，信任關係是逐漸累積的」。小鄉藉由參與各種日常社區活動和慶典，逐漸厚實和堆疊彼此的信任關係，這過程需要花費大量的時間和心力，小鄉們對生活、工作及時間的界線一直保持彈性的態度：

這些過程真的都很花時間，幾乎都是不把它當成工作在看待。比如說昨天還是前天，我們都在辦公室，你就會看到社區的志工和幹部來敲門，在不同時間來找我們，就進來這邊坐一下，早上到下午，他們都會一直來跟你聊各自的情況，我們各自也就跟他們應對，慢慢建立關係，我們是試圖將一個人變成一群人的組織。

在地蹲點與社區高密度及高頻率的互動，小鄉和社區間的關係就不單純只是工作關係，有時也是一種生活的經營。小鄉開放工作和生活空間及時間，與社區志工和幹部「搏」感情，藉由傾聽和資訊提供，並讓他們學到另一種新的方式，知道生活有另一種可能，社區工作也常是連生活一起經營，「是高密度地跟他們互動，比如說他喝醉酒，心情不好，家裡有事，陪伴不是只有社區工作範圍，而是他的生命歷程都會一起經營」。

小鄉協助社區辦理活動的目的，也包含如何增進個人自信和彼此之間的互助相伴，這均是耗時工作，「花很多的時間在掌握每個人的近況，讓大家達到一個更好的狀態，給他們鼓勵，然後促成彼此之間的互相幫忙，讓農村那種相伴的精神，又被燃燒起來，這是蠻耗時間的一個工作」。小鄉也運用各種日常的方式和社區進行交流，如慶功的聚餐、活動結束後的分享，看似閒聊也在協助社區建立能量：

> 我們就是習慣活動結束跟他們一起留下來討論，或是陪他們練習，在練習的前中後休息的空檔會聊一些東西，因為他們對於社區，可能觀念還要更深地建立，所以討論完的吸收跟調整的程度就會慢慢地累積，他們就慢慢有自己的樣子。

與社區建立關係時，小鄉使用在地的語言，減少術語造成溝通的障礙，也鼓勵居民自身能瞭解自己的處境，而不是依賴社區工作者的假設或政策規定行事。

❷挖掘社區人才

小鄉在與社區一起工作的時候也在挖掘新血，或是協助對方找到切入點：

我們都會很期待社區有一些新力軍加進來，所以當我們發現到有一些人是有可能性的時候，就會特別地去跟他聊和觀察他的需要，背後的目的就是希望讓他感受到支持，然後可以有更多的社區參與。坦白說有點心機也有點是挖坑。

這樣的識人之明是長期經驗的累積和對人的敏感度，但有時也會遇到地雷，需要從嘗試錯誤中累積經驗，「也有我們挖了一個坑，但卻把一個地雷丟到社區裡面，爆炸之後我們要重新收拾；也有一開始跟他做引導，後來發現不行了，我們就回來默默地療傷」。讓小鄉特別有感的是「雞油樹下的小鄧」，從出借一台相機給他，繼而鼓勵設立粉專，從聊天、討論和技術協助，小鄧成為小鄉重要協力夥伴：

我們隔壁的村莊叫雞油樹下，工作者叫小鄧，我發現他喜歡拍照。因為「一百二十公分的角度」，有蠻多人捐相機給我們，我看見小鄧都是拿那種很舊很舊的相機，借相機給他之後，就鼓勵他要去創一個粉絲專頁，也教他怎麼創粉絲專頁，然後他就真的創了。後來他因為把自己的村莊拍得很美，粉專經營得很好，電視台都來專訪他如何透過相機記錄而去營造自己的家鄉，他也獲得很大的成就感，也辦了展覽。昨天他把相機拿來還我們，因為他買了新的。我們就只是把我們手邊有的小小的資源提供給一個人，他覺得獲得支持、肯定，關係就這樣子建立起來。我們需要他的時候，只要你跟他說一聲，他就來幫忙，都義不容辭地馬上來。

起步型的社區有時不知道該如何組織社區居民，這些就需要小鄉從旁提醒和協助，「跟我們對口的多是理事長或是總幹事，志工常都是他們找出來的，只是他不知道這一群人該如何組織，然後誰可以擺在哪個位置」。小鄉瞭解居民的特質，具體地讓他們有可以投入的事項，將他們安置在適合的位置上，藉此組織志工：

我發現有志工了，如果你沒有很具體告訴他，你要來幹嘛，他還是一盤散的沙。所以就是要跟他們說他們可以扮演的角色，但是角色要很具體，比如說，○○你很會煮菜，你可不可以就負責這個工作，很具體是讓他有被需要的感覺。

志工人數多寡並非關鍵，而是「這一群核心志工有沒有觀念的改變跟成長，怎麼讓他們變成一群人，把他們組織起來，有組織起來，要做事情都不會太難」。多年的實務經驗的累積，也讓小鄉的工作人員有「慧眼識英雄」的敏感度，而能依據每個人的特質，予以支持，增強他們的自信與能力：

我們進去面對一群人就是看哪位媽媽有帶健康促進活動的潛力，她可能不認為自己可以，因為她沒有經驗。小鄉陪著她去做，陪伴她，讓她覺得她可以，我們工作者有一個能力就是慧眼識英雄。

小鄉對願意承擔工作但沒有自信的婦女，不斷地給予打氣和支持。小鄉也須敏銳「嗅」出社區團隊間微妙的權力關係，如「有些理事長雖位居領導者的位置，但不一定有意願和能力承擔這樣的角色」，也有的狀況是：

理事長他不一定是有權力的，不一定是有實質影響力的，有時候開會，理事長都不會出現，我們就要動用各種方法打電話邀請、傳訊息給他、請志工去叫他，就是給他信心跟力量。

人才的挖掘和培力在「鼓勵參與」和建立參與者的自信、能力與技巧，也協助社區組織的發展。

❸社區照顧關懷據點是培力的媒介

小鄉經常運用設置社區照顧關懷據點作為培訓的媒介，也曾經「有人質疑過為什麼都要做老人？為什麼都要鼓勵往關懷據點的方向？」對小鄉而言，社區照顧關懷據點的設置是一個手段跟方法，藉此進行志工培訓、分工和讓社區組織更健全。臺灣社區的活動多為一次性，如中秋晚會或九九重陽敬老活動等，然而，小鄉認為社區的能量要累積就必須有常態性的服務或工作。公部門的資源中，社區照顧關懷據點最為穩定，除設備費，每月有固定業務費補助，這樣的資源可以作為社區發展能量的基礎。因為小鄉觀察到，「有在做社區照顧關懷據點的社區會有基本的能量和動能」。

小鄉也留意到，臺灣邁向高齡化社區，因為有感，社區幹部對成立社區照顧關懷據點的接受度頗高。但小鄉也會注意社區步調的調節：

> 我們並不急著大家上完培力課程，一定要長出一個社區照顧關懷據點來，我們提醒他們說，成立據點、辦活動可以不用這麼快，要成立據點，志工跟社區能量須相對是充足的，我們就有提醒他們這件事。

小鄉留意社區能量的底線，以免讓社區幹部與志工疲於奔命，而思退場休息。社區不外是生活，活動的辦理和方案的推行，重要的是扣緊日常生活所需。當社區表達想進行長輩照顧時，小鄉協助媒合老師，培力社區婦女練習健康促進活動，而這過程對婦女而言也充滿難以跨越的門檻，包括沒有自信、害怕上場和對活動陌生等等，此均需要小鄉投入時間陪伴練習，或是協助調整內容，鼓勵婦女上場帶活動，「開始帶是困難的，就是陪伴，她們做過第一次，就會有信心」，但是得「腳步放慢並給婦女緩衝時間，支持她們，陪著跨出第一步，克服恐懼和害怕」。

❹ 瞭解社區脈絡發展服務

小鄉和社區互動時，也很小心讓活動不是單向權威的知識灌輸，而是交流、思考和行動，協助每位參與者不會因為接觸新技能而覺得焦慮不安，因此小鄉們小心地因應社區的特性調整工作步調和標準，找到與社區一起工作的節奏，同時也重視與社區間的溝通與瞭解：

> 他們有自己的節奏跟習慣，在開會討論清楚讓他們知道，到底我們為什麼要這樣做，他們就可以理解，他們就可以用自己的方式去做準備。
>
> 中間若沒有達到期待的事情，有一些可能是我設定的標準太高，可能以過去我們辦活動的經驗，覺得這樣可以，可是對於一些社區不是這樣，我們心態會調整，不是拿過去的標準來要求社區。

雖然社區照顧關懷據點是小鄉覺得社區可投入的方案，但很多長輩不一定想參與據點活動，尤其是後疫情時期，社區常說，「就明明長輩很多，但長輩都不出來」。小鄉歸納幾點原因：

1. 因為防疫的關係，社區照顧關懷據點暫停，長輩在家裡沒運動，身體狀況下降了，所以出不了門。

2. 行動還很方便的長輩，基本上也不太願意讓你綁太多天在據點。
3. 社區照顧關懷據點的長輩們多是非常高齡，行動還可以的長輩通常會繼續從事一些務農的工作，或是從事一些有收入的工作。

針對社區這樣的情況，小鄉會認為「沒有一定要做社區照顧關懷據點，不一定要用一個空間框住大家」。他們也鼓勵用非社區照顧關懷據點形式，但一樣是照顧大家，譬如讓「社區開始有比較慣性的和固定的一些事情在動，如一起種花種草、綠美化、環境的改造，也有老師教長輩用健走杖走路，一些他們覺得有感的」。

固然社區照顧關懷據點服務會有固定的公部門經費，但小鄉認為辦理活動所需要的經費不一定都要來自政府，有時透過小額募款反而可以建立水平連結，開啟更多的網絡，繼而鼓勵和累積更多的參與機會。此外，活動辦理可以很生活化和常態化，善用在地資源，也不一定要花費大筆經費：

> 臺灣人很熱情的是，就是你真的做得很好，大家贊助的錢，會比申請政府的計畫來得更快。如有社區需要飯鍋，他就想說我們要不要找五十個人，一個人捐一百塊，你要捐兩百還不行喔，因為你兩百塊就剝奪另一個人參與的機會。

民間或企業基金會也有些資源，他們核銷的彈性均比公部門高，小鄉也試圖替自己和社區連結非公部門的資源。小鄉和有意願但不知如何著手的社區領導者合作，並善用對人有敏感度和直覺挖掘適合的夥伴，透過「鼓勵參與」，協助社區轉譯想改變的願景成為實際行動的計畫。轉譯是介入方式的要項之一，因為「社區的人比較不會表達他真正要的意思，有的時候是表達的方式不太一樣，你要先消化之後再轉譯」。小鄉們具豐富的實務經驗，因此容易掌握對方想表達的，「我們有掌握到他們想要講的重點，這讓小鄉在偏鄉有立足的角色」。

「增進機會與能動性」介入方式中，小鄉檢視既有的社區團體和組織網絡的能量，藉由日常互動增進社區成員的自信與自我效能，銜接志工既有的能力至社區參與，一起規劃和協作。此外，也強化社區的志工組織和和制度。小鄉投入大量的人力和時間，藉由人際關係的建立，漸進建立信任和發展工作關係。在資源運用上採用多元渠徑，公部門的資源雖是重要來源，但得視社區脈絡和需要而進行連結。偏鄉的社區工作面臨許多結構性的不利因素，他們在限制中行動，試圖創造資源與機會，嘗試影響結構，展現能動性。

②區域串聯及資源創造

在微視和區域層級的面向稱「區域串聯及資源創造」。小鄉致力於平台角色的經營，主要是他們發現旗美九區的社區缺乏一個橫向的連結機制，加上公部門間缺乏跨科室的協調聯繫，社區使用資源時經常得面臨不同局處的要求：

缺乏協力的機制，或者是橫向連繫的機制，因此促成小鄉平台的角色。公部門也各自為政，不一樣的部門也有各自的目標取向，因此需要一個串聯資源的平台角色。

小鄉經常扮演資源媒合的窗口，主要是因為「很多資源在市區，或是不適合偏鄉」（理監事訪談），因此小鄉協助媒合或取得社區需要的資源，因為「很多資源也會找上小鄉，然後希望透過小鄉，輸送到旗美的這些區域」。在協助社區引介資源的同時，小鄉也讓組織間產生連結，「我們蠻常在引介師資和介紹師資的，透過這樣的引介，我們持續把旗美地區的社團給拉進社區，也建構社造的支持網絡系統」（理監事訪談）；小鄉也執行社福小聚，「邀請旗美九區社福組織，讓社福夥伴可以對彼此更熟，大家彼此可以互相交流，同一個領域的可以有一些互相合作的機會」。

小鄉的理監事和協力夥伴也在自己的社區發展區域串聯：

茂林區自治區的夥伴也是小鄉的理事，他們發展出自己的聯繫會報，把整個茂林區的不同組織和店家一起拉進來，針對需求和問題，透過平台嘗試解決或是蒐集一些資訊。

樣仔腳共享空間負責人是小鄉前理事長，「她嘗試著和在地的店家一起共同發展商品，類似聯合商品的概念」。雖然小鄉發現區域串聯是大家認同且覺得相當重要的事情，但「我們這些民間組織在做的時候，還要很努力地去找尋經費跟支持，其實是更累的，需要更多的人一起來倡議，才有可能一起被看見」（理監事訪談），這也需要公部門不同局處加強協調聯繫，「公部門自己本身不要有太多的本位主義，不然資源進來，反而造成分崩離析，因為社區要應付不同部門的要求」。

「區域串聯及資源創造」介入方式中，小鄉連結不同單位一起協力，不限於鄰里社區，而是著眼於旗美九區相互聯合，分享經驗和資源，形成區域網絡。社區工作協作需要社區團體間的合作，也需要和公私立機構合作。小鄉檢視公部門資源的可近性、對偏鄉的適用性和配置方式是否有助於促成夥伴關係和草根發展，並不斷藉由發聲，希冀帶來改變。小鄉在政府經費的申請上格外審慎，讓經費作為組織創造空間的奧援，並與理念相同社區進行串聯，深化影響力。

③充權取向小規模行動

在鉅視和鄰里社區面向稱「充權取向小規模行動」。小鄉和理監事所屬的社區，在風災後致力於環境議題，強調人與土地間的連結、友善環境及重申人和自然相互依存的關係；「伴我一聲」社區電台、「一百二十公分的角度」、和木梓火把節等，則運用社區居民的生命故事、在地經驗和民眾願景，用在地文化中隱含的情感和隱喻作為溝通工具，引發居民的認同和動機，促成社區的行動。如一位理監事說：「小鄉在社區發展的歷程裡面去抓到文化跟情感，做為整個呈現的核心，可以引起大家共鳴帶來向心力」。小鄉以社區為本的運作方式，看重融入和協作過程，結合居民的在地知識與生命經驗，提供空間讓民眾參與，讓偏鄉發聲及底層的居民有機會站上舞台，因為生命經驗被看重而感到充權。

蹲點和培力社區也在試圖進行小規模的權力反轉。臺灣社區的經費多來自政府補助，政府透過資源配置和評鑑機制合法化與社區上對下的層級關係。具經驗的輔導團隊和成熟社區或可巧妙地抗拒公部門的遊戲規則，然而也有對政府有著侍從性的順從，在權力關係上比較傾向power over的控制模式，影響公民社會的生成，成為馴化的公民社會（黃彥宜，2016）。社區工作實務實施是從許多可能中找尋創造性行動，實施者需要從有距離的角度觀看情境與運用「再框架」（reframing）的技術去找出替代性行動（Adams et al., 2005）。小鄉試圖轉變臺灣傳統社區單打獨鬥的方式，橋接資源給有需要的社區，也反轉公部門向來「錦上添花」地將資源集中於明星社區的配置模式。在地實踐與互動過程生成的知識，Fook（1999）認為更有助於分析和反思人們處境中的權力關係，並再建構權力關係，也協商新的權力關係和新的結構以減少讓人們覺得失去影響力。

受限於小鄉人力，這些行動經常是小規模的，「小鄉太小，沒有辦法足以去撼動或改變政策的影響，但我們還是持續在這一種改變的力量上去集結有共鳴的群眾，從小的地方去改變」（理監事訪談）；此外小鄉也一直在增進自身的能見度，「把小鄉推出去，當前社區工作有一個主流的樣子，小鄉不是主流的樣子，就需要蠻多人一起去溝通、互相認識跟了解」。小型的充權行動，長期下來仍能夠匯合集體充權的力量。小鄉在實踐中不斷地批判反思，繼而採取行動試圖改變當前的社會安排，雖然規模不大，但如Adams等（2002）所形容，此像一個橋梁，連結可能性，會使我們變得更寬廣，提供更多的機會。

④集體充權

在鉅視和區域面向稱「集體充權」，倡議是重要手段（Payne, 2014）。小鄉和社區投入進行平埔原住民文化的整理工作，在進行田野調查過程，也組織社區居民，結合媒體，進行倡議。在倡議過程中讓居民感受到集體的力量和爭取後的能見度，裨益跟國家協商平埔族群的身分認同。居民的權力感是從行動中逐步發展出來的：

當我到社區去做平埔原住民文化戶政工作的時候，我就會有意識地把整個聚落的人聚集起來，一起到戶政事務所，然後跟承辦人說我們要申請日據時代的戶籍謄本，找記者來說，還我身分，因為上了電視、上了報紙，社區的阿公阿嬤就會很開心說，哦！原來這也是一個方法。

小鄉也辦理論壇，邀請社區發展協會參與照顧服務的幹部和志工，針對政府各部門競相投入社區照顧，造成服務重疊和競爭服務對象的狀況，進行檢視和倡議：

很多部會都在提供照顧資源，衛政、社政、客委會和農委會，但可以在社區提供服務的和使用服務的都是同一群人，就變成有點在打架了。公部門真的要先想清楚，就是怎麼樣讓民間組織在做事的時候，是給力量而不是變成拿石頭砸我們，或者用石頭變成一道牆阻礙我們。

在實務現場看到許多現象，小鄉近年努力地去跟政府進行倡議，也希望能和政策做更多的對話。多年下來，一位理監事觀察到：「政府在改變，專家委員在改變，我們在影響他們改變。雖然速度很慢，從下而上集結的力量去撼動、去影響政策，我覺得這是可行的」（理監事訪談），最明顯的改變是：「至少在審查桌上現在比較不會是以單一面向來思考，會有一些長久的或者是階段性的思考來做社區的發展布局，至少現在是這樣，在以前根本就不是」（理監事訪談）。

政府鼓勵社區投入以填補政府未能提供的社區照顧服務，但各部會缺乏協調的資源配置方式和對經費運用的要求，在在影響了社區的發展。偏鄉社區可能沒有資源去填補正式服務提供的縫隙，因此需要外部資源的挹注，小鄉們和理監事們試圖透過社區間的連結，進行與府部門對話，讓資源能有效地支持社區部門；或爭取平埔族群的身分認同，這是集體充權的方式。

結語

本書前幾章主要依小鄉的工作內容作分述，本章旨在綜合整理小鄉的社區工作模式，主要結合實務和文獻理論，將複雜多元的實踐模式分成四種介入方式，討論時除呈現關鍵特徵外，也納入社區所處的政治和社會脈絡進行分析。社區為本的協作是主要特徵，重視瞭解社區的脈絡與動力，不強加外部方案；工作目標由參與者共同決定，重視過程、關係發展和對話，和強調對參與者的支持與激勵，認可社區既有能力，看重在地知識和居民長處，也提供需要的訓練，讓他們的能力與專長得以銜接至社區工作。小鄉模式和Lee與Hsu（2019）整理的臺灣輔導團隊模式不同。小鄉不是事先將社區做分類，然後決定採取何種服務模式，而是根據社區發展階段、脈絡和情況，混合及彈性地活用四種介入方式。

小鄉採雙元的方式，微視和鉅視兼具，既是外來者也是圈內人。小鄉們扎根在地，宛如社區的一員，與社區幹部和志工間相互學習，並深入瞭解社區的脈絡與文化，彼此互動式地協作。雖然小鄉採用非專家指導的取向，外來專家角色和社區間的界線並不是那麼清楚，但他們也不是純然接受社區所有的請求，而在專業與人際介面中，雖和社區成為協作夥伴，但也維持協商、遊說和協作所需的專業距離，彼此磨合和調整以維護小鄉所堅持的價值。

介入部分包括社區內和外部改變。小鄉傾聽和認可在地領導者指引的方向，但又結合自己的知識和經驗，兩者間取得均衡。活動的重心在提供個人訓練與發展，並創造機會和舞台，讓偏鄉居民的生命經驗被看重，也有機會打亮和磨光既有的知識和技巧，累積社區的能量和資產。對外部分，藉由論壇對公部門政策做回應和檢討，透過區域性的連結與網絡，運用集體的力量以確保公部門的資源能協助社區發展和獲致需要服務，反轉權力關係。執行策略非純然是技術理性導向的形式，在過程中需要隨時保持彈性、對人的敏感度和直覺以發展策略。因此，小鄉除科技理性知識外，也從實務中進行批判反思和開放思考，汲取在地知識的養分，與社區共學共做，藉由在地實踐生成小鄉的特殊模式。

小鄉經費雖多數來自公部門，他們主要申請政府補助案，因為這些方案的審查考核相較於委託案或競標採購案較具彈性，讓組織運作有較大的自主空間，但每年須提案申請，也讓經費有較高的不確定性，此也影響人員的穩定度。民間慈善組織的資源傾向贊助由單位獨立提供服務的形式，小鄉主要在培力社區團體則不易獲取這類資源，但也有些民間單位補助小鄉從事社區組織的輔導和培力，這費經費約占三成。經費和人力的穩定度是小鄉在發展上的困境。但小鄉目前除政府經費外也積極爭取私部門的經費和透過人員的進修讓組織更具發展性，以持續在地深耕。政府的經費是小鄉發展的立基，小鄉的理監事也因為原高雄縣政府社會處在風災前即長期投入社區培力和人才培育，而有豐富的社區組織或參與經驗，政府經費如何更具彈性地配置於偏鄉和培植在地組織，對社區能力和韌性的建立影響甚鉅。

第五篇

小鄉們的反思

圖48：小鄉一代工作者

圖49：小鄉二代工作者

地方重新來過的契機和經驗累積

陳昭宏

小鄉的理監事和會員幾乎都是高雄旗美地區的在地工作者，有的是莫拉克風災前就投入地方社區事務，更大部分是風災重建期間透過人力培育計畫所養成的地方重建人力。莫拉克風災的重建是重新建立新的生活，而不是重新回到過去的生活，在既有產業資源與生活樣態改變或消失的情況下，重新檢視社區本質資源有哪些？利用這些資源如何重新站起來，風災當時除了因應重建而組成的組織外，既有的地方社區發展協會某種程度也扮演了資源和政策對接的角色。但大量資源、訊息、政策都是需要人力來處理和運用，地方組織以往都僅有志願人力，在重建期間則運用了善款，支持地方組織聘用專職地方人力，期許這些人力可以具備資源盤點、資源運用與經費申請、透過社造手段凝聚地方、投入照顧服務、地方產業等工作的開啟。沒有人有重建經驗，更沒有人天生就有社造的專業，所以當時市府與旗美社大等組織在短暫有限的時間導入各種培力課程，更包含了實作與組織實習等工作，這群重要重建人力則在一邊被培力過程中，也在社區現場實作，在這近五年的時間，工作上我被賦予了陪伴重建人力的任務，我跟著一起大量的學習各種重建與社造所需的工具和觀念，更需要比重建人力跑在前頭，整個社區重建工作中包含了長者照顧、孩童陪伴、婦女培力、產業發展、意識凝聚等等工作，基本上跟社造工作並無太多議題上的差異，但因為莫拉克重建的環境，高程度的是由下而上的精神與實踐，地方有哪些需求，由在地人觀察後嘗試找尋資源解決，有充分的資源讓在地學習和練習，這是相當完整的社區工作培植制度。

我覺得自己是幸運有這樣的契機，在工作上大量面對不同樣態的社區組織，還有一個個從素人到社區工作者的重建人力，雖自己不是第一線社區工作者，但作為陪伴者算是一點五線的位置，快速累積許多社區樣貌的看見，也練習著跟不同的角色建立信任到一起實踐，我自己許多的社區經驗都在這個階段有效的堆疊，其他的夥伴也是如此，雖然這個階段小鄉社造尚未成立，但這是小鄉出世前的醞釀。

我累積在身上的社區經驗，較大比例是在社區發展協會的角色上，過去社區發展協會多被看待為志願性服務，具備動員的能力，但不被看待為具有專業性，主要有一個原因是缺乏專職人力，有穩定專職人力才能夠積累經驗和方法的，重建時期投入的專職人力資源，搭配基礎與觀念和方法的培力機制，在地方社區工作和公民意識提升是有非常大的成效。站在十三年後的今天來看，高雄旗美地區目前在地方產業、福利照顧、文化保存推廣等議題中，幾乎都是十三年前這批在地人才持續在經營與參與，這是最好的證明，更往前二十三年來看，九二一地震後中部孕育出的地方組織和人才也是目前重要的人力資本。

有時候常被問到為何大家要成立小鄉？為何我會一直待在這裡？是什麼支持我們一直持續，每次被問完我總是會給自己一次的省思，到底為什麼？我和夥伴當年受到莫拉克風災重建資源的培育，我們想要延續這些經驗的累積，地方工作也沒有所謂成功或者終點，他就是一場不斷的革命，自私的回頭看，我也是在為自己找到更多留下來的理由，我也透過小鄉延續留在山村中的方法，更重要的是，重建期間不同鄉鎮的社區組織，因為有共同的重建使命，進展到鄉鎮間的協力機制，甚至是跨鄉鎮的互助發展。

我們意識到，有一個平臺和中介組織是有其必要的，這些都是提供了個人和組織永續發展的一個實踐，小鄉就是一場持續為地方更美好的存在。

在政策使然下，社區工作更被公部門業務分工上被細碎化，文化部系統推動的是社區營造，衛福部體系下則是福利社區化工作，更細碎的還有水土保持局、營建署、勞動部、教育部等等族繁不及備載的分類和分工，這是用政策預算資源下的分配現象，但政策輸送的載體大致上就是社區發展協會與地方社團，在這些遊戲規則下，社區組織通常一邊被指導要自己永續發展，一邊公部門則需要地方組織協助政策執行，這是一個非常矛盾的情況，所以小鄉在這樣普遍觀念中是一個非典型的存在。

我大學唸的是臺灣文學，碩士則是民俗藝術，這些都不會被看待為社區專業，但在求學階段中我需要很多的訪談和田野調查，的確也讓我具備基礎關係經營的方法，文化的素養也讓我具備社區中文化資源掌握能力，但這也僅是龐大社區工作中的一部分，且也需要剛好我投入與運用在這個領域，在被細碎化的社區工作裡，嚴格來說臺灣並沒有一個科系是專業的社區工作，小鄉夥伴在地方經營的歷程中，發現最大的社區發展共同需求是照顧，農村邊緣化或者人口老化的情況，讓孩童、長者的照顧極為迫切，同時在眾多政策中照顧的資源是相對穩定的，所以小鄉一直推動多元化的社區照顧，讓照顧工作成為一個方法，而不只是目標。社會福利的專業通常被劃分在社會工作專業領域，而社工會工作中助人可運用的三大工作方法則是團體工作、個案工作、社區工作，但當中的社區工作極為邊緣化，很現實的一個原因是社區並沒有就業的市場。小鄉在推動社區照顧中擅用地方文化脈絡、數位工具等方法，就經常面臨上述的分類困境，我們是社福組織？社造組織？許多人也會比我們更迫切地想知道小鄉的定位為何？但幸運透過彥宜老師的書寫和協助，我們目前清楚的共識是，小鄉是一個中介組織，一個跨鄉鎮跨領域的中介角色，這個角色扮演把不同領域和地方發展扣合，這幾年許多來訪小鄉或者參與小鄉行動的人經常問，臺灣其他縣市有類似你們這樣的組織嗎？還是有的，但小鄉無疑是最非典型的那個。

在地方工作，就是需要面對各種議題，包含了人的經營與社群網絡的經營，小鄉初期花了蠻長一段時間在厚實工作團隊，包含團隊人力與團隊工作方法的建立，在這同時又需要想辦法有資源讓工作團隊有基本的資源可以存活，坦白說非常的辛苦，也的確大部分依賴著各種公部門資源，但中介組織的角色很難迅速有效地跟社會說明，就很難被看見與重視，我們同樣地花了很多的心力在練習，練習怎麼把自己說得更清楚，而獲得更多元的支持，過去我並不覺得叫做工作團隊的穩定，心裡只有設定希望有幾個可以一起實踐的夥伴，因為社區工作非常的容易孤單，團隊的工作才會讓這麼綿密的工作有不同的樂趣。小鄉在不同階段都很幸運地擁有很多的工作夥伴，他們來自不同領域和地方，通常在小鄉的工作年資大概都是三至五年之間，以前有夥伴要離職時，我都會充滿了自責，省思自己是不是沒有經營得很好？是不是沒有讓每一個人都獲得繼續的理由？是不是讓他們感受到不穩定和沒有發展性？這些自責經常占據我很多的歲月，但後來越來越多的對話機會和回頭去看，沒有人是需要給地方承諾的，婚姻的承諾都可以反悔了，更何況是地方的發展工作，並且資源不穩定是事實，年輕人擁有多方嘗試的權利也是事實，過去太多的自責，反而也造成彼此不必要的負擔。這些省思要花十三年來釐清和看見，我想就跟小鄉一樣，是一個有機的組織，他的轉化和學習是一直持續著。

小鄉的根基過去建立在地方社區組織，我們陪伴社區組織和培育在地人才，也累積了許多可行的社區發展模式和方法，但社區組織的人力組成老化是一個現實，且持續只被志願性服務看待，能量持續耗損也是一個現實，同時臺灣的社區組織的範圍通常劃分在一個村里，的確是過於小範圍，也容易只有單打獨鬥，積極地打破這樣的侷限，跨村里到一個鄉鎮反倒是合適的，在中間的網絡則需要不斷地穿針引線還有經營。小鄉以往多以社區幹部、志工為核心的經營關係，近年則逐漸跳脫這樣的發展，面對人力老化以及協力網絡建立，勢必需要更多本來不是社區組織參與者的人加入，不一定是加入組織，反倒是需要更多彼此的認識，進而找到不同的人可以參與的角色，這樣的角色是需要挖掘的，被挖掘後也需要被安排利用，同步持續的維持網絡能量更是重要。所以小鄉近年除了社區組織外，我們開始經營不同的關係，包含了在地的大型機構與非營利組織、商家和公共空間、不同的民間社團、大學與中小學、青年與在學學生，讓我們這個中介組織更為厚實，同溫層更擴張，讓社區工作成為地方發展工作，變成每一個人都有角色、都有機會的革命。

莫拉克翻轉了我的人生

張淑菁

二〇〇九年八月莫拉克颱風重創南臺灣，也改變了我的家鄉，與我的人生。

風災之前，我是一個全職媽媽，每天日常生活就是面對兩個孩子，讓他們吃飽飽、睡飽飽，好好長大就是我的重心。沒想到，因為莫拉克風災，當時縣市尚未合併的高雄縣政府社會處，因長期投入社區陪伴與培力，深知在地組織人口老化問題，若要讓高雄受災的旗美七區（除美濃與內門二地區）地方組織有能量重建，那麼「人的培力」會是重要的起點，因此當時透過「高雄縣在地組織社區重建人力支持計畫」補助專職人力，培力在地組織，嘗試藉此共同投入災後重建工作。也因為這樣的契機，圓了自己高中畢業後的夢想，投入社區服務。

二〇一〇年五月，計畫起跑前一個月，我就先進入社區了解未來工作的方向，還記得當時社區柯新武理事長面試時，一再強調社區工作很簡單，只要會打字就好，甚至還可以帶著孩子一起來上班，面對職場提供這麼友善的條件，我當然馬上就答應了理事長，願意擔任此計畫人力，都忘了還得回到婚姻、家庭與當時重要關係人溝通了。所幸，當時大女兒剛好三歲，也正面臨幼稚園就學的年紀，加上她自己十分有意願上學，所以工作賺錢支付大女兒的學費成了充分的理由，全職媽媽終於可以跳脫角色進入職場媽媽。

「高雄縣在地組織社區重建人力支持計畫」二〇一〇年六月起跑，當時旗美重災七區共有三十多位重建工作者，每一個夥伴的經歷都不同，有些人過去就在社區投入服務，有些人跟我一樣過去是全職媽媽，有些人則是因為這個計畫返鄉就業，大多數的夥伴對於非營利組織工作幾乎沒有概念，更何況是社區重建就更不可能有想法了。因此，當時由高雄縣政府社會處委託高雄市旗美社區大學建立「社區重建站」，針對這些重建工作者進行相關的培力課程，還記得第一年工作有三分之一的時間，幾乎都在外面上課，為的是讓大家更了解社區營造、重建工作、文化傳承等議題。直到現在回想那一段學習的日子，真心感謝有那一段扎實的培力，讓自己到現在才能持續在社區工作服務。

不過，隨著自己不斷地學習，而另一半停留在原本的生活模式，漸漸地在婚姻家庭產生衝突。為了避免讓孩子在衝突環境下成長，所以選擇分居。在這個過程中，孩子從小就得要適應兩邊不同教育的生活模式，即使大多時候由奶奶、爸爸照顧生活起居，而自己就像陪伴與後勤部隊，得隨時因應情況補給孩子各種備品，以及陪伴處理各種出包、情緒等狀態。最終，經過數次的考慮，以及諮詢過孩子的意見，我結束婚姻關係回到一個人生活。謝謝原生家庭的姊姊、弟弟及孩子們的支持，願意接受我的選擇，因為他們知道即使婚姻關係不在，他們也不會失去我，我只是變回張小姐，並不表示我不是他們的媽媽，而這樣的轉變，相信他們也可以感受到讓我更有勇氣與力量承擔起生活各種挑戰。這十幾年來，我們彼此也一直保有默契，因為媽媽的底線被環境影響一直放寬，但情緒不會再隨便被影響了。

二〇一二年底，生活重建服務中心完成第一階段的任務，加上政府提出第二階段的重建「高雄市莫拉克重建區社區培力永續發展計畫」，強調重建區社區組織參與公共事務及區域發展的概念。為此，合併後的高雄市政府社會局將內政部資源及本市社區培力的基礎與經驗加以整合及延續，設置四個社區培力據點，以組織協力及區域發展為計畫核心。

因為有了前三年社區培力的基礎，當時在社團法人高雄市六龜重建關懷協會的陳淑芳十分積極想要嘗試申請「社區培力據點」計畫，因此找了在高雄市旗美社區大學社區重建站主要陪伴六龜區重建人力的陳昭宏專員，同時也找我一起討論成為團隊合作的可能性。所以，我們開始在六龜茂林二區進行逐一社區的拜訪，以及再次盤點在地的需求，完成貼近在地需求且創新的服務方案。終於，在計畫遴選與全國性社福團體共同競爭下，獲得六龜茂林區承辦的機會，另旗山杉林區與甲仙那瑪夏區也是由在地組織跨區協力共同提案通過。這樣的成果對於當時的大家來說是一個很大的鼓勵，同時更是跨社區、跨組織的力量凝聚及行動展現。

二〇一三年一月，正式開始承接「高雄市莫拉克重建區社區培力永續發展計畫」莫拉克社區培力據點：六龜茂林區。從原本第一線社區重建服務的我，開始要成為一點五線的社區重建工作者，不僅要辦理創新服務，也要投入「人的陪伴與培力」，這樣的改變與學習對於當時的自己來說，是一個很重大的改變，因為不僅是工作關係的調整，也是個人身分與心境的轉換。而原旗美社區大學社區重建站主要陪伴六龜區的昭宏專員，成了計畫培力員、也就是督導的角色，記得當時他要求莫拉克社區培力據點：六龜茂林區的每一位協力員開始學習「人的陪伴與培力」，雖然計畫是跨區域的服務，但每一區都配置二位協力員，所以在計畫進行時，團隊盡可能運用在地人成為協力員，以在地人陪伴在地組織的概念，所以關係建立並沒有太多磨合。同時，昭宏督導也傳遞一個「小鋩角」給大家，希望大家從自己所服務的在地組織內，先找到一個與自己理念較相同，並且所關注議題或服務需求是自己最有感的組織，發展成為關係最密切的夥伴，相信在這樣的陪伴與培力過程，將會找到自己最適合陪伴的方式，也會與在地組織建立起不可取代的關係，慢慢地就會在這個角色看見自己的改變與成長，同時會找到自信心與成就感。

我過去在第一線社區服務的時候，剛好有接觸到大武壠文化紀錄與復振的議題，所以在尋找最密切的夥伴陪伴時，就找到了「高雄市荖濃平埔文化永續發展協會」潘麗華總幹事作為自己第一個陪伴的夥伴。初期陪伴麗華的時候，常常聽麗華提起自己只有國中畢業，重建之前只會務農、包蓮霧的工作，也是因為重建之後，才知道什麼是社區營造，剛開始也是在社團法人高雄市六龜重建關懷協會擔任勞動部多元就業開發方案的人力，從學童的課後輔導開始學習，甚至還得開始學習採訪、撰寫文章、社區報編輯等，更因為有了這樣的開始，所以當在地成立新協會，自己就默默被拱出擔任總幹事一職，才開始知道「小時候，阿嬤在農曆九月半的晚上，帶著我到公廨拜拜吃麻糬、唱古調，原來這一天是屬於大武壠的夜祭」。

因此，在第二階段「高雄縣在地組織社區重建人力支持延續計畫」遴選的時候，麗華嘗試想要藉由文化紀錄與傳承的力量，開始讓婦女走出家庭，以最擅長的廚房料理做為誘因，讓大家透過每一次聚會，分享出自己最有故事的料理，同時也記錄在地野菜運用。另外，也嘗試找回婦女血液裡傳統刺繡技藝，邀請講師帶領婦女在傳統服飾上繡回在地保存少數古物上的十字繡圖騰。而青年與男性耆老則形成工藝工班，運用在地素材打造出聚會場所，並且善用竹子製作為竹杯、菸斗，同時也開始製作草鞋編織的工具，喚起耆老草鞋編織的記憶。而麗華的這些想法在遴選時，我開始嘗試鼓勵麗華用文字書寫出想法，雖然初期並沒有很完整，但也在幾次來回地修改，終於順利把計畫完成且通過遴選，並且將這一切想法真正落實推動，藉著一步一腳印的改變，我們彼此都能逐漸感受到文化傳承凝聚居民的力量，同時提升自我身分認同及高度的參與，這些都是屬於大武壠茇濃聚落的根。相信在這個過程中，對於麗華和我都有著不同的成長與學習，甚至我也在麗華身上學習到身為職場媽媽的韌性與毅力。

也因為有了這一份革命情感，當重建正式宣告結束，麗華開始嘗試申請原住民委員會平埔族群聚落活力計畫，從計畫書寫到簡報製作，每一步持續陪伴著麗華走過，還記得第一年申請必須北上現場簡報，剛好因為麗華生老三坐月子，所以計畫沒有通過，直到第二次再次申請由麗華親自北上背著老三簡報，終於順利通過計畫。而原住民委員會平埔族群聚落活力計畫若是執行單位每年都能順利通過審查，最多可以連續申請執行五年，因此每一年都得經歷期中、期末審查及下一年度計畫申請，自己的陪伴也隨著麗華自身的成長，到了第四年開始幾乎不太需要計畫申請協助，反而是需要在活動或一年一次的夜祭出現，要不然耆老與在地居民會不斷提醒麗華要記得邀請我們參與。從這一刻開始，我知道我不只是陪伴的角色，我就是成為了自己人的角色。

因為莫拉克風災，所以有機會投入社區重建工作，並且帶著那五年的養分與經驗成立了「社團法人高雄市小鄉社造志業聯盟」，一直以來都在社區工作服務，很多時候會聽到社區跟我們說謝謝，但我自己常回社區說「是我們要謝謝你們願意讓我們進入你們的社區陪伴，如果沒有你們願意在自己的社區投入服務，那光是有小鄉也做不了什麼事情」。雖然，現在社區工作的收入並還不算穩定，但這是自己的選擇，因為喜歡山村社區的純樸，因為享受人與人之間最真誠的互動，因為總是被社區滿滿的各種關照，因為能獲得別的工作無法體會的成就感與被需要的感覺，所以換個角度思考，反而是自己太貪心且賺到更多用金錢無法換到的人生體驗與自我價值。

跟著姊妹遇見小鄉

賴梅屏

近鄉情怯

以前常跟姊妹（對新住民女性的習慣稱呼）們開玩笑，做倡議、文化宣講工作多年，去過很多地方、面對過許多各式各樣的人，但總是在旗美以外的地區，就是不敢回到居住的社區拿起麥克風講話，是近鄉情怯呀！因為婚姻移民看似外人實則內人的尷尬角色定位，以及過去社會對這群「新娘」的諸多成見，加上農村綿密的親族與人際關係，常常一句無心的抱怨被誤解成夫家虐媳，在鄰里間幾經轉傳播早已變味，容易造成家人之間的誤解。因此姊妹們能不碰社區事盡量不碰！

不得不直面社區

但在姊妹們相繼步入中年後，開始要面對老後問題的時候，「社區」這個詞彙慢慢浮出水面，直面社區成為不得不的選項，一來透過進入社區讓長輩們更熟悉這些「外國媳婦」，二來姊妹們藉這個機會更認識自己生活的社區及鄰近社區。於是二〇一六年缺乏社區合作經驗的新住民工作者找上熟稔旗美各社區的小鄉，這是我們初次在實質工作上合作。在合作過程中小鄉夥伴不只熱心引介社區，還在姊妹們入社區前特地撥空做行前培訓，帶著姊妹們認識「社區照顧關懷據點」、與社區接觸的注意事項等，後來還推薦我們參加生活輔導員培訓取得證照，讓姊妹們進入社區有更合理、更多元的身分。小鄉們對姊妹們的用心已遠遠超過「介紹社區給我們」，大概在當時就已深深埋下對小鄉的信任。

信任的小苗、合作的開端

二〇一九年底南洋臺灣姊妹會南部辦公室結束運作，我思考著如何繼續新住民的工作，還能走在原本希望的方向上？從新住民姊妹的角度出發，在辦公室結束運作的前幾年，我們就已經很確定未來與社區合作是必然的方向，也慢慢的朝著這個方向努力，只是仍未走到社區端；從社區的角度出發，多元文化的連結需要一個熟悉與信任的媒介，否則文化敏感度不會憑空生出，也難以達到真正的多元共好。在我的工作經驗裡，姊妹與社區兩個角度出發的路徑，很快就在「小鄉」產生了交集，若要繼續跟姊妹們一起工作，又需要一個足夠信任的組織作為基地，於是二〇二〇年我加入小鄉成為小鄉們，在這裡繼續新住民工作也努力融入社區工作。

不容忽視的差異

還記得詢問小鄉接手新住民工作可能性時，總幹事昭宏問我為什麼選小鄉？我說，來臺多年的新住民姊妹很認真地在這片土地上站穩腳步，在各領域不乏佼佼者，這些有心參與公共事務的姊妹，再加上小鄉對熟悉社區這項寶貴資源，就像是裝上了翅膀，可以飛得更高更遠。事後想想這個理由說得冠冕堂皇，實際上「插上翅膀飛」這件事並沒有發生，但也並非一無所獲。這三年跟著夥伴們的腳步進入社區，邊學邊觀察我更有現實感了，真實世界中雙方對多元共好的認知仍有不小的差距，所以我們還有很大的努力空間。有較多機會參與各種師資、通譯培訓的姊妹，也是較有機會接觸社區的姊妹，對社區的想像大概就是進到社區當講師，進入社區的模式大多是幾堂文化課程的合作，甚至是單堂課程，這種模式不容易與社區建立長期的合作關係；而社區對新住民的想像，大多希望姊妹們進到社區當志工，農村除了高齡社會的議題外，據點志工老化也是不得不面對的現況，所以很渴望年輕的志工加入，但直接忽略新住民年輕勞動力背後的多元文化，實屬可惜！

被迫入坑的夥伴

小鄉的工作在我加入前就已經很繁重，總擔心新住民工作的加入會讓大家太吃力，所以我在小鄉的第一年就是默默地跟著開每週的工作會議，若有機會就跟著進社區，盡量降低存在感不造成大家的負擔，但夥伴們仍會時不時關心新住民的工作有沒有要幫忙的？而我也在姊妹遇到問題找上我們時，趁機跟夥伴們說明移民在臺灣社會的困境。然而，新住民工作、社區工作不會讓我永遠低調，二〇二一年我們的友好團體屏東好好婦女權益發展協會，承接了文化部「新住民藝文推廣及社造參與計畫」，工作項目裡有新住民又有社區的小鄉責無旁貸接下了南區輔導團的任務，夥伴們終究還是在繁重的工作中被入坑了！說推坑是玩笑，小鄉們不可能放任一個已經接手的議題不管不顧，於是我們有機會透過共同執行一個計畫認識新住民，夥伴們紛紛自動入坑，透過課程、訪問、參訪等陪伴南部九個新住民團隊完成計畫。這個計畫中我們陪伴新住民團隊的方式很「小鄉」，除了計畫進度的確認以及與團隊共同面對問題外，小鄉們打團體戰，讓團隊覺得協助他們的人很多，可以放心地依靠。也發揮擅長的平台角色，無時無刻思考著如何讓不同計畫、不同團隊間合作，更希望促成社區認識這些有意願進入社區的新住民團隊，總覺得有小鄉的牽線可以少走冤枉路，更有信心前行！

小鄉聚

雖然夥伴們總在社區裡半開玩笑宣傳，遇到新住民的問題來找小鄉就對了，我們現在有「國際事務部」可以協助。當然，新住民的問題我都願意幫忙，只是當時覺得新住民在小鄉像是個專案，由計畫專員負責，但經過了文化部的南區輔導團角色之後，我覺得新住民在小鄉默默地升格為議題，每位夥伴在思考工作內容時，會有意識地將新住民納入選項，因此在二〇二二年十一月疫情趨緩、我們辦理「小步舞曲——鄉村長出來的照顧力量」成果展時，特別安排了一場給在地新住民姊妹的聚會，但這個聚會如果只有新住民就太不小鄉了！所以這場名為「小鄉聚」的活動，邀請了旗美地區在地姊妹、文化部新住民團隊、社區團體以及友善社區好朋友們，來一場輕鬆愉快、吃喝唱跳的聚會，散會時除了滿載的胃與滿足的心情，還有一條條被牽起的線，姊妹與社區的距離又再拉近了一些。

找到彼此最舒服的狀態

那最後新住民姊妹插上翅膀飛了嗎？當然沒有，那是真空狀態下才發生的事！我在小鄉短短幾年的小心得是，新住民與社區不該是兩個固定不變的框，新住民就生活在社區裡，是居民也可以是志工，身上多元文化的元素可以為社區所用，也可以放心地使用社區資源，既是一般居民也是特殊居民，可以在自己的社區發揮也可以跨域，新住民在社區可以有各種不同的排列組合、各種形狀、各種色彩，只有透過我們不斷嘗試、碰撞，在試與誤之後才能找到彼此最舒服的狀態，期許自己在小鄉能不斷製造這樣的機會。

我在小鄉的學習

陳薇伊

我的社區工作啟蒙來自於大學時期的社團經驗，在社工系就讀期間也選擇在社區工作相關的機構實習。社工領域內專做社區的工作並不多，大部分仍以個案工作為主，畢業後很幸運地在家鄉找到做社區培力的社工工作，而後才因緣際會認識了小鄉。對我來說，加入小鄉是延續自己從大學以來對於社區工作的探索，社區是一個充滿可能性的場域，匯集了不同年齡層、不同族群的人們在此共同生活，我很好奇也想嘗試社區工作還能有哪些不同的形式和方法，因此來到小鄉。

過去在大學的課堂學習和工作中，總會強調社工應以專業者的角色進入社區，協助社區解決問題或進行倡議，但小鄉的社區工作對我而言是全新的翻轉，我們跟社區更像是平等的夥伴關係，小鄉相信社區有著最貼近在地的觀察與了解，那是難以為外來的專業工作者所取代的重要優勢，也是社區工作的起點與一切行動的出發。而小鄉工作者本身並非都是社福專業背景，也讓我們在與社區對談時，能夠引動社區去思考更多元面向的發展議題，進而從社區最有感的面向下手，激發下一步的行動。

在小鄉相當關注的農村長輩社區照顧議題上亦是如此，不論是透過「伴我一聲」的廣播錄製、「一百二十公分的角度」的影像發聲、或是小鄉與社區共同發想執行的不同創新方案，都希望能從社區自身的觀察與需求出發，打破長輩照顧的既有框架和習慣，揉合社區的在地元素，一起創造出讓社區和小鄉自己都有感的行動方案，使長輩照顧有更多不同的想像與可能。

對於我這樣一個初出茅廬的社工與社區工作者，小鄉靈活而多元的工作方式帶來了許多啟發與挑戰，一方面體認到在社區中，我們很難只關注單一的福利議題，因為社會福利、傳統文化、產業發展、風土民俗、環境生態等等，在社區的生活圈中都是環環相扣、相輔相成的，社區工作者應有更多的機動觀察與想像力，找出不同議題間的關聯性並將之串聯，除了能讓服務方案更加扎實與貼近在地，也更有機會吸引不同族群共同參與；另一方面也意識到尊重社區主體性的重要，應看見每個社區、每個地區的不同特質與需要，而非以統一標準去規範與要求，同時保持一定的開放度與彈性，同理社區在不同階段的發展狀態，與社區共同前行；最重要的是，不可忽視在地的力量，在小鄉與社區合作的行動中，也許小鄉較常扮演講師、規劃者的角色，但社區的幹部、志工、照服員等才是最了解社區的存在，他們熟知每位長輩的脾氣習性、熟知居民中有誰是深藏不露的達人、熟知社區中有哪些潛藏的資源與需求、更擁有絕佳的號召力與應對互動技巧，若不是有這些在地夥伴的協助，小鄉也難以獨自完成行動方案，這些實際在社區生活與工作的人們，才是我們這群所謂社區工作者真正的前輩與老師，雖然他們總是謙虛地稱自己為志工，但他們何嘗不也是貨真價實的社區工作者呢？

與這些素人養成的社區工作者一同工作，也讓身為社工的我有許多反思。在莫拉克風災重建期間，政府在旗美九區培育了一群在地素人成為社區工作者，並就近開設社工學分班進行更完整的培力，也讓他們取得社工資格，為高雄山區留下堅強的專業人力資本。在地生活多年的他們正如前述，對於社區中的福利人口或邊緣家庭都有一定的了解，對於福利需求和資源配置也有相當的敏銳度，不論現在他們是否仍任職社工工作，都可謂地方社福組織進入社區提供服務時相當重要的引路人，也是撐起偏鄉福利照顧工作的重要力量。在與他們一同工作時，深深地感受到豐厚的實務經驗在他們身上所堆疊出的重量，以及他們對於自己家鄉的使命感，那是使我敬佩與望塵莫及的，相較於社工界對不同學制的社工教育養成與專業認定仍有諸多討論與辯詰，不禁讓人感慨，我們對於社工專業的養成是不是可以有更多元的想像、更多樣化的實踐可能呢？

不過比起社區工作者或社工的身分，我在社區最常被辨認的身分其實是「青年」，小鄉每年也都會招收大學實習生或暑期工讀生一起學習和工作，讓對社區有興趣的青年跟著小鄉一起認識社區、也認識與社區一起工作的方法。無論是實習生或工讀生的身分，這些青年帶著自身不同的專業背景和興趣專長來到小鄉，小鄉則回應以充分的包容度與支持，陪伴青年找到自己的專長能與社區結合的方式，也作為青年與社區間的橋梁，陪伴青年與社區建立良好的互動關係。小鄉就像是個富有彈性的有機體，在既有的核心原則下，能夠隨著參與者的不同專長與期待變化樣貌與行動，隨著每年不同的青年加入，小鄉也跟著他們持續學習、創造不一樣的社區行動。

如何讓青年返鄉、留鄉是現今地方發展的重要議題，尤其在偏鄉更是如此。而鄉村地區大多都有綿密的地方人際網絡，初來乍到的青年容易因為對地方網絡和環境的不熟悉而感到茫然，找不到自己在農村參與的切入點，長期沒有方向的嘗試與碰撞下，反而容易讓青年帶著傷害黯然離開。因此，小鄉因著對於旗美地區在地網絡的熟悉與認識，剛好能夠成為青年認識地方與社區的引路人，以我自己身為在鄉工作兩年多的青年為例，小鄉除了在工作上適時地給予方向和引導，也帶我逐步認識社區中的關鍵人物與重要組織，並不藏私分享他們長期在此工作所累積的觀察，這些對青年來說都是非常重要的指引和學習，就像站在巨人的肩膀上一樣，能將地方的脈絡看得更清晰。此外，小鄉也不吝於給予青年探索與嘗試的空間，鼓勵青年在鄉村的場域實踐自己的理想或專長，並作為青年行動的載體和共做夥伴，除了盡力給予資源與支援，也有足夠的開放度陪伴青年嘗試、從錯誤中學習；更重要的是給予青年自我實現舞台，讓青年長出成就感與自信。就像小鄉相信社區擁有不可取代的能力與經驗，我們也真切地相信每個願意來到鄉村或歸返鄉村的青年，都有其珍貴的特質與能力，是可以大展身手或為地方所用的。

來到鄉村，生活和玩樂是與工作同等重要的元素，除了工作上的指引，在生活與玩樂的探索上，小鄉也很樂意成為青年的帶路人，帶著青年一起深入感受地方的生活，例如時令農作的認識、地方民俗祭儀的參與、特色飲食的介紹、日常生活機能指南等，這些看似很日常的分享，卻也是幫助我真正認識地方的重要過程。以我自己身兼青年與小鄉工作者的經驗，深深覺得在地方能有小鄉這樣的組織陪伴和引導，是讓青年留鄉工作生活很大的動力與支持；而有青年的加入，無疑也是讓組織重新學習、認識不同世代想法的重要歷程，對於鄉村更是重要的活化元素。

小鄉是一個充滿彈性、開放、與想像力的組織，在小鄉工作所帶給我最大的收穫，我想是對於工作、職涯想像與社區工作的眼界拓展。以往我們總認為鄉村工作機會缺乏，但在旗美九區我看到好多種非典型的工作型態與生活模式，也許是農業、創業、接案、創作、或是在各地方組織耕耘，其實要在農村活下來並不如我們想像的困難，農村也不如我們想像的那樣匱乏或無趣，有很多的可能性與有趣的事都正在發生著，只需要我們有勇氣地跨出第一步去認識與嘗試。而回到我自己的社區工作探索之路，在小鄉的工作經驗讓我有了新的學習與體會，社區工作並非專屬於特定的職業或專業，社區工作可以是每個人在生活中有意識的實踐，也因此，小鄉一直致力於讓更多人認識我們、認識社區，進而讓更多不同背景、不同年齡、不同職業的人都能找到自己參與社區工作的角色與位置。能以社區工作者、小鄉們一員的身分，如此真誠且真實地認識高雄旗美九區這塊土地，對我來說是無比幸福的一件事，也期待更多人能共同感受到鄉村與社區工作的美好。

工作在社區，生活在地方

葉晏慈

二〇一六年大學畢業，某次機緣下認識昭宏和淑菁，因而開啟了我一個對社會工作毫無所知的商科學生，在高雄旗山、美濃等鄰近區域工作四年的生活經驗。當時的我只知道，這份工作會跟很多人一起做一些有趣的事，哪些人？哪些事？我一概不知，在小鄉的四年間，社區工作的意義也才慢慢在我心目中浮現。

我前後共做了一年衛福部，以及三年文化部的專案，衛福部的工作著重在狹義的社區，讓我初識社區的輪廓和社區互動的方法，但隨著時間的推進，文化部工作以廣播的形式蒐集整個旗美九區有關「文化」的故事，從街區走到邊陲地帶，再從平地走到山上，工作所及的人事物，教會了我怎麼在這個外人眼中的偏鄉，好好地感受、認真地生活。

花時間交陪，進入社區的第一關

在社區照顧當中，長輩通常都是被照顧的角色，但手腳俐落、頭腦清楚、行動自如的他們，可是累積著七、八十年的人生智慧，因此小鄉希望能翻轉長輩的角色，讓他們成為用生活經驗照顧他人的角色。頭一年，我開始每週一次，陪著社區阿嬤到鄰近國小的晨間時間講故事，至於要講什麼，則是至少和阿嬤們花一個小時討論精簡而來。

和阿嬤工作沒辦法像和同事討論事情快速解決，首先，我和這些阿嬤壓根不熟，講華語長大的我還有臺語障礙，對阿嬤們討論事情的節奏也不是很熟悉，所以通常就算我開了一個討論主題，還是會陪著阿嬤聊上五十分鐘各種延伸出的話題，直到最後五分鐘，我從對話內容抓出小朋友會感興趣的內容，和他們再次確認，任務才結束。

看似一路歪樓的討論，卻是和社區阿嬤打好關係的關鍵，利用長時間的陪伴，讓他們感覺我在關心她們、對她們有所好奇，她才願意把我們當自己人看。久了之後，阿嬤會邀請我到她家，吃上一碗某次討論到的鄉野美味黑甜菜粥，還特地為了吃素的我煮了無肉版；甚至有一次討論到一半，阿嬤聽聞小道消息後，臨時起意要去附近的西瓜田撿人家採收後的零星西瓜（對，就是這麼突然），雖然工作還沒完成，但阿嬤盛情的邀約說服了我，讓在西瓜田現砸現啃成為在鄉下生活才有的難忘經驗。

跟著阿嬤，好吃的絕對少不了，有次講故事的主題是中秋節拜的麻糬，我們於是把麻糬的製程搬到教室，從純米磨漿的粿碎開始蒸起，連花生粉也是讓小朋友用最古早的道具：米酒瓶碾碎做成，除了當老師的阿嬤能發揮所長、成就感十足，也因為這次近距離的動手做體驗，讓生活在同一個社區的孩子和阿嬤更為親近，阿嬤有次笑嘻嘻地跟我說：「我走在路上這些小朋友都會阿嬤阿嬤的叫，多了好多小孫子耶」，貼心的老師甚至會帶孩子在重陽節時來到社區活動中心為阿嬤送上卡片與祝福，感動之餘，社區工作在我心目中的模樣也逐漸成形，也是第一次體認到，社區工作最後帶來的影響，跟與人互動一樣，需要一段不短的時間。

和地方社區談的一場戀愛

有別於衛福部放在長輩照顧的重心，文化部專案的首要任務，是挖掘在地多元面向的文化，然後以錄製成廣播的方式穿梭其中。節目的來賓橫跨旗山、美濃周遭的九個行政區，有雜貨店老闆、原住民獵人、新住民姊妹、公車司機、早期林業的伐木工人和藥包的業者，還有各聚落中難以被外人察覺的特色人事物，如美濃居民使用藥草的文化、過去農村盛行的換工模式、部落中扮演語言及文化傳承的各種角色，以及豐富在地族群色彩的滇緬族群、平埔族群。

每次訪問完，都有一種又認識多一點在地、多交一個朋友的感覺，我很喜歡這種感覺，農村所孕育的地方文化，為我這個都市小孩打開一個個令人無比好奇的精彩新世界，我開始留意過去不曾意識到的事情，周圍的一切開始變得活躍、吸引我注意，和社區的對話也多了話題，這些採訪牽起的緣分，也讓受訪者從陌生人變成在下班後一起運動的同學，平常去吃的南洋料理店老闆，居然也成為我的來賓；在地方活動上總能遇見因為工作認識的朋友，並保持在一個太過親近和疏離中間，最舒服的位置，關係經營久了，只要小鄉有需要，不論是工作上或私人生活上，這些人和社區幾乎都是力挺到底，餐飲、場地、人力、木工、油漆、設計、攝影等等，無所不包。

另一個工作重心，是陪著一個社區從零開始建立社區照顧的團隊。社區媽媽大概都有一個共通點，餵飽大家的肚子很會，但只要請她們上台說句話，紛紛表示沒辦法，更不要說站在十多個阿公阿嬤面前當老師帶動跳。我們為了培訓動態的照顧人力，用盡各種方法，請老師特地錄慢動作影片也好、幫志工媽媽課後複習也好，甚至自己出馬站在前面帶她們練習，每週一天晚上的練習時間我們也必定到社區報到，教會動作以外，還常常要為瀕臨放棄的志工信心喊話，費時耗腦又耗體力，就是要讓她們知道「慢慢來沒關係，小鄉會陪著」。尊重她們的節奏，長出的力量才會穩健。

後來社區照顧關懷據點的經營順利上軌道，曾經畏縮的農村媽媽已能自信且熟練的，在自己擅長的位置發揮所能，她們之於小鄉，就像是一群度過難關的革命同志，而雖然離開小鄉已經兩年半，我還是捨不得退出社區的群組，因為總覺得，我們還是有一定的關係存在，只是從工作對象昇華成了不常聯絡，但一直把彼此放在心上的朋友。

離開後的看見：你心目中的農村價值是什麼？

計畫的結束，加上想趁年輕嘗試其他工作，同時也想多花時間陪家裡的長輩，於是我離開高雄回到桃園。可能來自於工作性質的差異，我反而失去了探索家鄉的動力，曾經遍布旗美九區的生活軌跡，回來後只剩公司和家裡兩點一線的移動，曾經好一段時間對休假日提不起勁，我才深刻意識到，找到自己喜歡的節奏和方式融入一個地方、營造生活感，對我來說是這麼的重要，換言之，相較於都市，農村形塑的生活樣貌其實更能吸引我。

另一個重要的看見，是在從事農產電商的工作之後，「農村的價值」在我心中的重要感越來越強烈。在強調「友善環境」電商平台購買的消費者，他們對友善栽培的耕種方式（不使用除草劑、減少農藥及化學肥料或無農藥栽培）極為敏感，會願意為了對土地更好，也對農夫和消費者更安全的理念，付出過去我在農村（產地）難以想像的金額購買農產品。有些務農的社區長輩對自己的農夫身分並不會感到驕傲，但我看到的是，只要你願意多在乎土地、環境多一點，就會有人買單、跟隨你，決定權在你手上，除了老天爺之外，農夫最大。

然而在極端氣候之下，要種出兼具美味與友善環境的作物並非易事，在高溫蟲害猖獗之時，仍想堅持減藥或有機栽培，辛苦與困難程度並不亞於坐在辦公室動腦、與客戶同事周旋。和很多消費者的回饋一樣，吃完這些可以用無藥管理卻非常好吃的水果，我都覺得農夫好令人敬佩，透過長年經驗的累積，他們靠自己就能吃飽、也餵飽都市人，身負維持國家糧食安全的重任外，也是照顧土地，讓下一代能享有較佳環境，握有影響力的關鍵人物，我認為這是農村生產者需要認知到的事。

沒有離開高雄，以跳脫的遠觀視角回想在農村生活的種種，或許就沒辦法有這些觀察和紀錄，小鄉作為從二〇〇九年莫拉克風災就開始耕耘地方的組織，也許也能用類似的視角，在沒有人需要社區工作者的時候（這是好事），找到另一件同樣能陪伴地方，將在地網絡交織得更為綿密，同時讓農村的價值更被敬重、彰顯的重要任務。

謝謝小鄉，也謝謝為我帶來精彩四年的每一位朋友。

小鄉幫助我成為更加成熟的大人

劉美辰

從小鄉離職後目前已經邁入第二年的自由接案狀態，直到現在，我都還在探索與堆疊我這個人是什麼樣子？或是說，我想單純地用自身特質讓身邊的人知道只要好好試著表達自己的獨特與美麗，每一天就都有機會影響與鼓勵他人，這是我目前所相信的助人工作精神。將近四年在小鄉工作的經驗裡，遇到的人、我在執行工作與融入在地生活的好奇、感受、選擇，都讓我更加看見層層面向的自己，藉用這本書的發行也整理我與小鄉的關係如何使我走到現在，是個很好的機會。

與小鄉相識

二〇一八年是我進入小鄉工作的第一年，其實在這之前，我大學時期就參加過昭宏和淑菁在高雄市區辦的莫拉克系列活動，就讀社工系仍在助人知識與現實感尋找平衡的我，在那場活動裡感受到在災區受難的人重新開始與生活的力量，這讓還在尋找生活意義與存在感的我而言，感到新鮮眼睛發亮，便按了小鄉粉專的讚，默默地關注他們在地方做了哪些事。

二〇一六年社工系畢業後，我回到家鄉屏東從事身障領域的社工，與縣府開會合作、辦活動給身障者與民眾、寫計畫支持視障按摩師等，跟我實習時要去家訪寫個案紀錄送物資的工作內容不太一樣，那階段的我，漸漸理解到原來陪伴與支持可以有很多種形式，寫計畫申請到錢擴充設備是一種、與公部門開會把會議議程條列清楚，讓後續事情順遂是一種、和來到我眼前的障礙者聊天問候，他當下的笑容和下次對我主動打招呼也是一種、跟民眾互動過程讓他們理解障礙者的困境，他們願意敞開聆聽與調整心裡的空間，更是一種。因為行政與活動量同等繁重、疲於交手繁瑣的文書與錯綜複雜的人際關係、來不及好好消化心裡感受，以及不論如何努力或求新意最後還是回到以上層決定為主的工作原則，讓我決定離職按下耗損的暫停鍵。

也差不多在那同時，剛好在小鄉粉專上看到徵社工的貼文，看到稻田收割機的照片和希望應徵者多說自己的部分，讓陷入「當社工真的只有這樣嗎？」的我感到一絲希望，便決定應徵看看，於是在七、八點下班後的晚上時間，我用殘存的腦力準備自我介紹的應徵ＰＰＴ，那是我第一次試著相信：若用我的話去表達我的渴望，對方看得懂也願意認識的話，那後續的任何發生都會是有意義的，於是我表達了我在第一份工作遇到的困境、到目前為止接觸到的社區工作經驗、我的個性和我希望有的待遇這些，後來就上了，也是在那時候我發現「可以發揮與表達自己」這對我來說多麼重要，因為自己的特質被尊重、自己的經驗有機會好好再利用。

進入小鄉工作，成為劉專員

來到小鄉後，我的名片職稱從社工員變成了專員，我蠻喜歡這樣的，畢竟知道社工這名詞的人不多，以前常會被問社工是什麼？我解釋得滿頭大汗但對方依然有聽沒有懂，甚至會因為這個詞感覺到我們是有距離的，可能對方感覺到專業感或優勢吧，而專員就是主要做這件事的人，看不出背景是專業或業餘，所以我可以帶著一些我學到的知識和經驗，但又可以有我自己的想法去執行工作，不被專業約束的感覺讓我感到輕鬆多了。踏進這裡工作的那一刻，我有一種走出社工架構框框的感覺，儘管社區工作在社工教育裡是其中一個工作方法，但對我而言其實是另外一個世界，社區工作中的助人工作更抽象、更白話、更沒有專業架勢和倫理守則可參考，界線相當模糊，需要自己拿捏與把守，我想就是這種自由彈性、從無到有的堆疊過程是吸引我的。

那時剛加入的我瞭解小鄉的第一步，就是先認識旗美九鄉鎮的地圖，晏慈要外出跑社區時也帶著我跑，常常兩個人就這樣各騎一台摩托車，腳踏墊放著活動道具和設備奔馳在鄉間小路上，我的眼睛和腦袋努力地認識路怎麼騎、記住社區裡的某某理事長、總幹事、志工等關鍵人物，而只要有機會，昭宏和淑菁也都會在活動場合、聚會等地，跟大家介紹這位新人打哪來，沒記錯的話，我就這樣前前後後自我介紹到第三年還是有沒見過的人出現在我眼前，因為這裡的故事線太交錯複雜了，有莫拉克重建時期的網絡，也有因為計劃合作認識的在地網絡，還有昭宏和淑菁在這邊工作與生活所形成的網絡，這些網絡都仍持續變動更新著。

對剛來到這邊工作的我來說，要有完全的自主性其實比較困難，因為腦海裡的天馬行空要可以落地在網絡裡實現，其實需要很龐大的理解與耐心去串接，時機恰不恰當、對方正在忙碌什麼是否剛好有機會合作、要不要去開拓不熟但有機會合作的對象、小鄉跟對方的熟悉度可以做到多深、目前的工作重量還可以做多少程度的互動等，這些考量每天都在發生也需要團隊的討論確認，才有進一步的自主去進行，而透過我的鼓起勇氣詢問、試著組織自己的來意和期待、聽懂對方話語裡的可以和不可以，這些零碎卻重要的互動都要實實在在地去觸及與表達，才真的可以把想像與現實疊合。原來社區工作不是全然的隨心所欲，而是在足夠的內部討論裡仍保有調整的空間，去接洽與等待一個回覆或機會，而接下來的合作是否如心裡所想也都需要持續地溝通和拿捏，儘管不一定全然符合當初討論的那樣，仍要走完才看得清楚這段過程我學習與獲得了什麼？其實這是相當耗費時間精力與需要既縝密又彈性的心才能完成的一份工作，所以初期的我比較放心去做的就是提供我的擅長去支持這份工作、我的團隊：排版美編、想活動宣傳的文字、剪接影片、連結我在上一份工作認識的資源、回饋自己參與活動過程裡的感受、一直觀察吸收，回饋之餘也把不懂的提出來問大家，這來來回回的基本功（對我來說）持續做著，到大概第三年我才真的有種將這些前前後後接觸的網絡與事件都串起來和全盤瞭解的掌握感。

社區照顧關懷據點志工的培力課程、讓外地青年認識地方故事的影音圖像紀錄、社區困境影像發聲、串聯社福組織聚會、辦理地方議題講座等，這些都是我專責的工作內容，而在小鄉工作跟別的單位不太一樣的地方是，我們除了做自己的工作也會幫其他夥伴忙不過來的工作，所以常常外出討論事情、辦理活動就是二人起跳，第一年的我還是在外租房，但後來隨著跟大家的熟識也覺得龐大的活動量好像需要更多的討論和投入才可以消化並與大家經歷見證，所以有將近二年的時間我們是全部的工作夥伴住在一起的，工作與生活全然的共處，那種比家人還要緊密相處的黏著度是我從未曾有過與想過的，若忙碌時期開會到晚餐時間，就中斷休息告個段落煮晚餐，吃完繼續討論；前一天若辦完大活動，平常上班時間就可以在群組跟大家說一聲休息再繼續上工，那些正常工作中談及的準時上下班、同事歸同事、朋友歸朋友，在小鄉，界線都是模糊的，也因此給社區的感覺就是我們很團結很像家人，若有事要找幾乎都找得到，跟公部門或其他單位做事比起來就顯得親切有彈性也很有溫度。

我想長時間的共處的確可以換來與地方人士的同一陣線感，我也藉著這項優勢，認識與聽到許多旗美地區的社區人物：志工、長輩、理事長、總幹事等他們在生活裡的熱情和困難，但不可否認的，我越與這些社區夥伴熟識，越把時間投注在這些關係上，我心裡對於我與重要他人那些未好好相處面對的、我自己心裡想嘗試探索的天馬行空跟計畫無關的，也常常在心裡敲我。

在小鄉工作的時間流很快，活動辦完、開會討論、和社區的人聊個天，時間一溜煙就不見了，常常回到自己的房間都是零碎疲累的，社區工作雖然豐富每天都不一樣，但對我來說仍然太快太高速運轉了，工作到後期的我，漸漸熟悉計畫的想像與實際執行的嫁接如何得宜，雖然知道還有很多事情可以追求得更細緻完善，但那時期的我心裡常常會覺得要做到哪裡才是好呢？隨著晏慈的離職、梅屏和薇伊的陸續加入，關於小鄉內部的輪轉與更迭持續著，雖然組織裡的新在發生，但我心裡好像更加渴望追求自己的新。

在與大家共事的過程裡，我看到我的觀察、補位、回饋、提問，是我很有力量也可以成為大家助力的時候，可也同時看到自己在面對不同人與情境的轉動，要好好去應對、持續保持熱烈的互動對我來說是困難的，我要在與人的互動裡抓取合作的可能來完成計畫裡的成效，雖然在小鄉工作意義感大於達到成效，但最後還是要回到計劃框架的期待，來呈現今年做得很完善的結論以繼續換得明年做下去的薪水，每年都要在做與交代的心情中渡過讓我漸漸無法跟隨，而我也開始去想社區工作要做多大心裡才會滿足？好像沒有邊界，只要心裡想要去滿足他人並渴望獲得地方的認可，而這信念剛好也符合計畫需求就會一直不斷地發生一直做下去。

關於滿足他人我知道如何做也擅長，但若一直滿足下去我知道我會迷失在他人的肯定裡和忘記當初我為何走來這裡，於是我想要先回到自己身上，我的速度可以看見什麼、我舒服自在表達的媒介是什麼？怎麼休息對我比較有幫助？我要如何用自己會的來支持我的生活？我跟重要他人的關係如何影響我在生活裡的選擇等，搞懂這些關於自己的任何細節，我覺得在給予的念頭裡也會比較簡單清楚，確定自己想要調整的態度，並認知到在此刻的工作狀態裡自己已漸漸與整體方向不一致，便決定跟大家提離職。

離開小鄉，繼續在原地累積自己的方法

離職後我沒再讓自己投入另一個職場環境，我知道我的每一次離開和選擇都會往一種更難想像沒有範本的方向前進，唯一不變的就是我對人的好奇和想用自己會的去助人的心意吧！而鑲嵌在組織裡成為一分子不是我可以做得很好的工作了，可那些參與過的、認真表達過的，都很扎實地把我推向現在，現

在的我仍留在旗美地區生活，大多時候就是讓自己流連，沒特定今天一定要做什麼，在無為裡去感受哪些東西自己有感覺，試著卸下一些不再服務自己的慣性，然後試著辨自己想嘗試的活動和接下一些我可以做的工作來維持我在這裡的生活費，選擇繼續留在這裡其實就是我與這裡的緣分仍持續更新著：我的阿公家在六龜，想回去就可以回去、我想保有自己獨處的空間。若要回屏東與家人相處這交通距離很舒適、這裡的生活步調很慢很單純景色很美我很喜歡、我在工作期間認識到的朋友接觸到的深刻仍持續與我互動著。

在小鄉工作與生活的經驗幫助我成為更加成熟的大人，雖然我早已是法定成年人，但從小被照顧得很好、照著規矩走比較容易得到肯定的我，在選擇來到小鄉後才有比較多呈現自己的空間：練習在公共廚房裡煮一頓飯菜、在繁忙的工作節奏裡為自己的困惑問問題、在提問裡看到夥伴的回覆和去理解他們的心思，每一次的理解讓我更接近他們並去思考自己在團體裡的定位、我提出的想法被持續討論著，讓我相信我的觀察看見對大家來說是有火花的、在團隊與個人空間的平衡拿捏裡去觸及心裡想要的是什麼，並為自己的行動負責等，這段花了很多時間才收穫的經驗一步一步引領我成熟，而我覺得社區工作就是儘管大家從共有的場域出發，可最後走出來的畫面都會因著每人的個性特質、想法念頭不同長得各有其貌，這份工作有自己一部份的生命在裡面，幫助自己的世界更加豐富，也幫助自己更願意去相信既然我可以用自己的方式支持到別人，我也可以多花些時間和方法來支持自己，這裡是幫助我更靠近我自己所必經的一遭。

謝辭

這本書的完成受惠於許多人士和單位的協助。首先感謝國科會「學術性專書寫作計畫」（MOST109-2410-H-260-015-MY2）兩年期的經費補助，當時的助理李知育和吳敏綺小姐付出很多心力協助該計畫案的執行，特此致謝。陳家豪社工師費心閱讀全書並提供寶貴的回饋意見；蕭淑媛女士和林冠州社工師協助部分章節的修改和提供補充資料，很感謝他們三位對本書的補正。

國立政治大學社會工作研究所王增勇教授、臺灣全球社會力永續發展協會理事長黃肇新老師和蕭淑媛主任特別為本書撰寫序甚為感激。

也很感謝家人的支持與照顧、好友們的打氣與關懷，及我的主治醫師曹朝榮榮譽院長和住院時的主治陳昭勳醫師與相關醫護人員，沒有他們的悉心診療，我也無法順利完成這本書。此外，若無出版社編輯團隊的鼎力相助，這本書也無法順利付梓。最後感謝高雄市旗美九區在地長期深耕的社區工作夥伴，他們豐富的實務經驗，不僅印證了理論觀點，更為本書增添了寶貴的實踐智慧。

黃彥宜　二〇二四年十一月二十三日

參考書目

中文

方昱（二〇一三）。我往那裡走，因為那裡看不見路：我的十年社工小革命。時報。

方雅慧、何青蓉（二〇一一）。共學社群中女性社區工作者的經驗與實踐。教育研究集刊，五七（一），六三－一〇〇。

王永慈、游進裕、林碧亮（二〇一三）。淹水對沿海地層下陷區之貧窮家庭的社會影響：以臺灣西海岸漁村為例。臺灣社會工作學刊，一一，八一－一一四。

王价巨（二〇一二年十一月十三日）。災後重建，不是把房子蓋回來就好！報導者。https://www.twreporter.org/a/opinion-disaster-reconstruction

王美懿、林東龍、陸悌（二〇一四）。精神醫療團隊於莫拉克颱風災後心理重建之在地實踐經驗：兼論精神社工專業角色的省思。臺大社會工作學刊，二九，九一－一四八。

王舜偉、孫彬訓、顏祺昌（二〇〇一）。諱疾忌醫的神醫華陀？：南臺灣廣播賣藥節目分析初探。傳播與管理研究，一（一），一四五－一七一。

王增勇（二〇〇五年十二月十五日）。說故事、作社工。敘事與社會工作研討會，臺北市，臺灣。

王增勇（二〇一〇）。災後重建中的助人關係與原住民主體：原住民要回到誰的家？臺灣社會研究季刊，七八，四三七－四四九。

王蘭心、林莉華、楊雅華、鄧佩真（二〇二一）。疫情下的社區照顧關懷據點之運作：以彰化縣為例。社區發展季刊，一七五，七八－八六。

丘延亮（二〇一〇）。不對天災無奈，要教人禍不再：災後民間力量在信任蕩然之叢林世界中的對抗與戰鬥。臺灣社會研究季刊，七八，三六三－四〇一。

石慧瑩（二〇一七）。論環境正義的多元涵義。應用倫理評論，六三，一〇一－一二二。

何欣潔（二〇一〇年八月二十一日）。陽光下的甲仙新米傳奇：什麼是產業重建？莫拉克獨立新聞網。http://museum02.digitalarchives.tw/teldap/2010/88news/www.88news.org/index202a.html?p=5975&cpa Persp ge=1

吳小萍、陳芃年、王喬萱、蘇福明（二〇二一）。臺灣社會福利組織面對COVID-19之自助互助防疫行動：以基督教芥菜種會為例。社區發展季刊，一七五，二五九－二七〇。

吳惠蓮、謝國興（二〇〇一）。協力與培力：全國民間災後重建聯盟兩年工作紀要。全國民間災後重建聯盟。

吳麗雪、程泰運、林幽妙、劉美淑、林秀芳、蘇淑慧、孔昭懿、蘇淑貞、趙若新（二〇〇五）。屬於高雄縣社會福利的曾經。社區發展季刊，一〇九，三八九－四〇二。

呂理德（二〇一〇）。環境殖民到環境難民：小林村滅村啟示。國家與社會，九，一－三。

呂莉莉（一九九八）。一位社區工作者素描。新使者，四六，四六－四七。

李永展（二〇一一年十二月十日）。河川流域治理：當務之急〔口頭發表〕。面對公與義：邁向永續研討會。臺北市，臺灣。

李永展、張立立（一九九九）。以社區導向發展理念探討都市再發展策略。城市發展研究，六，七－一〇。

李宛澍（一九九六）。家庭主婦突圍與媽媽婦運的可能性：由袋鼠媽媽讀書會談起。騷動，二，一一－一五。

李易駿（二〇一六）。社區培力中心的發展與未來展望。臺灣社區工作與社區研究學刊，六（二），一三三－一五二。

李易駿（二〇一九）。社區工作人員的實務性角色與技術：以莫拉克風災之社區培力人員為例。臺灣社區工作與社區研究學刊，九（二），一－五二。

李昱德（二〇二〇年七月二十五日）。新冠肺炎疫情下的「生態災難」！塑膠垃圾入海量大增。臺灣英文新聞。https://www.taiwannews.com.tw/ch/news/3973069

李珊瑋（二〇一九年六月十日）。食在有味，用食譜留駐遷徙記憶。臺灣光華雜誌。https://tw.news.yahoo.com/%E9%A3%9F%E5%9C%A8%E6%9C%89%E5%91%B3-%E7%94%A8%E9%A3%9F%E8%AD%9C%E7%95%99%E9%A7%90%E9%81%B7%E5%BE%99%E8%A8%98%E6%86%B6%E7%8F%AE-085345562.html

李遠哲（二〇〇〇）。村史運動的萌芽。載於吳密察、陳板、楊長鎮（主編），村史運動的萌芽（頁八－九）。唐山。

李慧宜（二〇一九年十月十一日ａ）。陪山裡的人回家！高雄木梓火把節，重現火光照亮回家路。上下游。https://www.newsmarket.com.tw/blog/125713/

李慧宜（二〇一九年十月十八日ｂ）。照亮歸山路。財團法人公共電視文化事業基金會我們的島。https://ourisland.pts.org.tw/content/5523

李慧宜、葉鎮中（二〇一九年八月十二日）。莫拉克十年系列報導，我眼所見即是天地。環境資訊中心。https://e-info.org.tw/node/219534

卓春英、盧芷儀（二〇一〇）。貧窮、社會性別與災難。社區發展季刊，一三一，一五四－一六八。

周文珍（二〇一〇）。聯合勸募組織因應重大災害的資源動員與管理。載於張正中（主編），災害救助與社會工作

（頁二二五－二三四）。中華救助總會。
林秀芬、馬小萍（二〇〇四）。絕處逢生：探討九二一地震喪偶女單親災變後之社會支持過程。臺大社會工作學刊，九，三九－八四。
林宗弘（二〇二一 a）。建構韌實力：全球疫情下臺灣的公民社會與創新福利國家。臺灣社會學刊，六七，二〇三－二一二。
林宗弘（二〇二一 b）。治理災難：全球比較與臺灣經驗。人文與社會科學簡訊，二二（二），一一九－一二五。
林明禎（二〇一三）。從當代社區的變異初探社區工作者角色。臺灣社區工作與社區研究學刊，三（一），九九－一二六。
林欣誼、曾國祥（二〇一七）。老雜時代：看見臺灣老雜貨店的人情、風土與物產。遠流。
林秉賢、鍾澤胤（二〇二一）。社區復原力在全球危機事件下的運用：以家扶基金會COVID-19國際服務應變計畫為例。社區發展季刊，一七五，二八四－三〇二。
林金定、嚴嘉楓、陳美花（二〇〇五）。質性研究方法：訪談模式與實施步驟分析。身心障礙研究，三（二），一二二－一三六。
林津如（二〇一〇）。陽剛才能救援？災難論述中（被）噤聲的女性觀點。性別平等教育季刊，五一，一六－一九。
林珍珍、林萬億（二〇一四）。莫拉克風災後高屏地區重建服務網絡之研究：災難治理的觀點。思與言，五二（三），五－五二。
林崇熙（二〇〇三）。異時空的地方知識辯證：從潭南協力造屋談起。載於王玉豐（主編），技術、文化與家：潭南協力造屋之省思研討會論文集（頁一〇六－一二七）。國立科學工藝博物館。

林勝義（二〇二二）。社區工作實務中倫理議題之檢視。社區發展季刊，一八〇，一五九－一七一。

林耀盛（二〇〇三）。書寫創傷：探究九二一震災受創者的心理社會療癒經驗。本土心理學研究，一九，三－六四。

社團法人高雄市小鄉社造志業聯盟（二〇一四）。一百二十公分的角度：好事成雙．社區協力．世代共學。社團法人高雄市小鄉社造志業聯盟。

社團法人高雄市小鄉社造志業聯盟（二〇一七）。一〇六年度成果報告：伴我一聲行動廣播車及文化語音資料庫計畫。文化部社區營造青銀合創實驗方案。

社團法人高雄市小鄉社造志業聯盟（二〇二〇）。一〇九年度成果報告：伴我一聲行動廣播車及文化語音資料庫計畫。文化部社區營造青銀合創實驗方案。

邱育芳（一九九六）。婦女社區參與和現代母職的實踐：以主婦聯盟的社區運動為例分析（未出版之碩士論文）。國立清華大學。

柯柏志、朱吉翔、張哲銓、陳信宏、王智平、曾國坤（二〇〇九年四月二十四日）。跨界老人廣播電台系統。二〇〇九年資訊科技國際研討會，霧峰，臺灣。

洪德仁（二〇〇七）。醫師與社區的邂逅。唐山。

洪馨蘭（二〇一二年三月十四日）。災難社會中社造之不能與創能。「以誰之名？」二〇一五年文化研究學會年會，臺北市，臺灣。

凌煙（二〇一九）。舌尖上的人生廚房：四十三道料理、四十三則故事，以味蕾交織情感記憶，調理人間悲歡。聯經。

徐震（一九七九）。社區一詞的用法及其演進。社區發展季刊，六，七－一四。

徐震（二〇〇五）。社區工作教學與實務結合。東吳社會工作學報，一二，一－一八。

徐震（二〇〇八）。徐震教授論社區工作。松慧。

涂裕苓（二〇一二年十二月二十一日）。多納部落族人nede：溫泉沒有了，大家才意識到傳統文化很重要。莫拉克獨立新聞網。https://www.88news.org/posts/20929

高雄市政府（二〇一四）。一百二十公分的視界：莫拉克重建區孩童攝影集。高雄市政府。

高雄市寶來人文協會（二〇一六年三月二十五日）。發展歷程。檨仔腳文化共享空間。https://www.suai-a-ka.com/pages/%E6%96%B0%E7%9A%84%E5%88%86%E9%A0%81-1

張宜君、林宗弘（二〇一二）。不平等的災難：九二一大地震下的受災風險與社會階層化。人文與社會研究集刊，二四（二），一九三－二三一。

張英陣、鄭怡世（二〇一二）。再探Jane Addams的社區工作理念。社會政策與社會工作學刊，一六（一），八七－一三二。

張珣（二〇〇二）。大甲社區的研究：以媽祖進香活動為例。載於陳文德、黃應貴（主編），「社群」研究的省思（頁二六五－二九八）。中央研究院民族學研究所。

張貴傑（二〇一四）。進入災變部落重建工作的省思。人文社經論叢，二，一一一－一二六。

張麗珠（二〇〇九）。災害復原力：建構一個防災社區。復興崗學報，九六，二九－五二。

梁元齡（二〇一九年三月四日）。青年將創意帶入村落，與爺奶攜手創造世代共好的美麗風景：銀髮社區青年案例。社企流。https://www.seinsights.asia/specialfeature/6090/6104

梁麗清（二〇〇六）。充權與婦女工作：理論範式的轉移。載於梁麗清、陳錦華（主編），性別與社會工作，（頁二一三－三四）。香港中文大學。

莫季雍、陳志成、許志鴻（二〇一〇）。二〇一〇廣播電臺收聽行為研究報告。國家通訊傳播委員會。

許奎文（二〇一八）。味覺地圖上的漫遊者：韓良露飲食書寫中的「家鄉味」。臺灣學誌，一七，六一－八九。

許婕穎（二〇〇二年四月二十六日）。一位基層社工員所看到此事件背後的想法。九二一震災災後生活重建中心實務研討會，臺中市，臺灣。

許麗娟（二〇二〇年九月五日）。高雄木梓社區砍竹趕製十月三日舉火把遊庄。自由時報。https://news.ltn.com.tw/news/life/breakingnews/3303149

郭怡棻（二〇一六年十一月）。我們這個計畫最重要的就是人！陳東升老師專訪。HISP人文創新與社會實踐電子報，三六。https://www.hisp.ntu.edu.tw/news/epapers/46/articles/163

郭瑞坤（二〇一二）。大規模災難災後重建社區營造機制之研究。國立中山大學管理學院都會發展與環境規劃研究中心。

陳永龍（二〇一〇）。莫拉克災後原住民部落再生成的主體化運動。臺灣社會研究季刊，七八，四〇三－四三五。

陳佳楓（二〇一九年八月五日）。八八風災十年：一個青年投入社區重建的心路歷程。芥助網社區力點線面。https://ms-community.azurewebsites.net/interview_0805/

陳佳楓（二〇二一年十二月九日）。校園實習媒體觸角深入社區，以社區媒體之姿在地實踐。社區力點線面。https://ms-community.azurewebsites.net/spotlight_20211208/

陳板（一九九八）。大家來寫村史：民眾參與式社區史操作手冊。唐山。

陳武宗、譚慧文、蕭淑媛（二〇一八）。莫拉克颱風災後社區重建在地人力培力網絡建構與運作經驗之探討：以高雄縣為例。載於林萬億（主編），災難救援、安置與重建（頁四九九－五四六）。五南。

陳昭宏（二〇一八年七月三十日）。點亮木梓、火把遊庄：找回一個社區的童年回憶。獨立評論。https://opinion.cw.com.tw/blog/profile/442/article/7135

陳盈太、郭宏任（二〇一一）。當代環境公民權概念與教育啟示：以曾文水庫越域引水工程為例。遠東學報，二八（二），一六九－一八一。

陳惠民（二〇一二）。後災害時期來臨下的一些社區營造議題。環境與藝術學刊，一一，三一－四八。

陶藩瀛（二〇〇四）。召喚誰？以什麼召喚？召喚之後呢？。應用心理研究，二四，四九－五一。

陶蕃瀛（二〇一三）。社會工作專精化深化制度性壓迫的思辨。臺灣社會研究季刊，九二，二四五－二五五。

傅紹文（二〇一〇）。莫拉克颱風後災區青少年逆境感受、復原力、社會支持與焦慮、憂鬱情緒關係之探討〔未出版之碩士論文〕。國立屏東科技大學。

曾旭正（二〇〇七）。臺灣的社區營造。遠足文化。

曾旭正（二〇一〇）。地點，場所或所在論place的中譯及其啟發。地理學報，五八，一一五－一三二。

黃松林、楊秋燕（二〇一六）。社區發展育成中心概念探討：以某市育成中心為例。社區發展季刊，一五五，二〇五－二一四。

黃彥宜（二〇一四）。環境議題在社會工作觀點的移轉：對社會工作教育的意含。社會政策與社會工作學刊，一八（二），一－三二。

黃彥宜（二〇一五）。基變社會工作理論與實踐：英語系國家與臺灣的比教。臺灣社會研究季刊，一〇一，五三－八六。

黃彥宜（二〇一六）。社區充權：臺灣與英美經驗的對話。臺灣社區工作與社區研究學刊，六（二），五五－九四。

黃彥宜（二〇一九）。九二一地震的省思：綠社工的觀點。載於何貞青（主編），**跨越共和：九二一地震二〇週年國際研討會論文集**（頁一〇二－一〇八）。行政院農業委員會水土保持局。

黃彥宜（二〇二〇）。充權與社區工作。載於林萬億（主編），**社區工作：理論與實務工作手冊**（頁一六五－一八九）。巨流。

黃彥宜、王櫻芬、陳昭榮（二〇一九）。埔里新住民的社會復原力：以九二一地震為例。**臺灣社會福利學刊，一五**（一），八七－一二四。

黃彥宜、許瑞芳（二〇二一）。教習劇場的編創、戲劇策略與影響：以《遲來的家書》演出為例。**戲劇教育與劇場研究，一四**，七－三六。

黃彥宜、黃肇新、李婉玲（二〇二三）。十年難／已磨一劍：社區為本的社會經濟：以樣仔腳文化共享空間為例。**社區發展季刊，一八一**，一一六－一二八。

黃盈豪（二〇〇九）。社區產業與泰雅部落：大安溪部落共同廚房對社區工作教育的反思。**明道通識論叢，六**，二三一－二五二。

黃盈豪（二〇一〇）。莫拉克風災社工經驗初探：一個社會工作教育工作者的實踐與想法。**社區發展季刊，一三一**，三四二－三五三。

黃湘云（二〇二〇年三月八日）。**農村是挫折也是養分，如何用力活出自己？兩名母親的故事**。上下游。https://www.newsmarket.com.tw/blog/130536/

黃源協、劉素珍、蕭文高（二〇一一）。英國社區新政對臺灣社區工作的啟示與借鏡：社區治理觀點的分析。**臺大社會工作學刊，二三**，一－四五。

黃肇新（二〇〇三）。美麗新家園。雅歌。

黃肇新（二〇一九a）。沿著濃溪走莫拉克的下一哩路：一〇八年度長榮大學大學社會責任實踐計畫。教育部。http://dweb.cjcu.edu.tw/ShepherdFiles/S0002/File/20200409083918992.pdf

黃肇新（二〇一九b）。社區打帶跑：Community Hit and Run（電子書）。汪達數位。

楊弘任（二〇一一）。何謂在地性？從地方知識與在地範疇出發。思與言，四九（四），五－二九。

葉杏珍（二〇一二年十一月十三日）。再見莫拉克系列：大地的啟示。臺灣立報。https://www.seinsights.asia/news/131/768

葉高華（二〇一三）。社會脆弱性可解釋九二一地震死亡率分布嗎？思與言，五一（一），一三五－一五三。

廖淑娟、蕭至邦、陳竹上、簡宏哲（二〇一一）。服務學習取向的社區工作：以亞洲大學霧峰學為例。*Asian Journal of Arts and Sciences*，二（二），一八五－二〇四。

劉嘉韻（二〇二一年一月二十五日）。我發聲故我在，社區媒體不容淹沒的在地之聲。社區力點線面。https://ms-community.azurewebsites.net/spotlight_20210125/

蔡志偉（二〇〇九）。氣候變遷、生態永續與原住民族社會文化發展：莫拉克風災的反思。臺灣原住民研究論叢，六，二七－五四。

鄧澄衍（二〇一四）。茂林多納部落：童真．愛．新生。載於高雄市政府（主編），一百二十公分的視界：莫拉克重建區孩童攝影集（頁一六九）。高雄市政府。

鄭如雅、李易駿（二〇一一）。社區工作者核心能力之探討：專業社會工作者之經驗與觀點。臺灣社區工作與社區研究學刊，一（一），一－四二。

鄭怡雯（二〇一八）。影像發聲法的應用初探：以「棄物展」為例。**文化研究，二六**，二二七－二五九。

鄭淳毅（二〇一二年六月二十五日）。災後三年，安置是否變專業？（六）茂林多納部落就地自主安置，展現團結力量。莫拉克新聞網。https://www.88news.org/posts/18437

鄭期緯、鄭夙芬、洪婕瑜（二〇二一）。新冠肺炎防疫下社區照顧關懷據點關閉對長者影響之初探。**社區發展季刊，一七五**，八七－一〇〇。

鄭瑋寧（二〇〇九）。親屬，他者意象與族群性：以Taromak魯凱人為例。**東臺灣研究，一三**，二九－七四。

蕭文（二〇〇〇年五月二十五日）。災難事件前的前置因素與復原力在創傷後壓力症候反應心理復健上的影響。九二一震災心理復健學術研討會。彰化，臺灣。

賴兩陽（二〇〇四）。社區發展協會推動福利社區化的策略分析。**社區發展季刊，一〇六**，六八－七八。

賴兩陽（二〇一〇）。地方政治人物對推動社區工作的影響性分析：桃園縣觀音鄉社區工作者的觀點。**社會政策與社會工作學刊，一四**（一），三九－七九。

賴兩陽（二〇二一）。以社區為基礎建構新冠肺炎防疫體系。**社區發展季刊，一七五**，二〇六－二一八。

謝文中、鄭夙芬、鄭期緯（二〇一〇）。這是「房子」，不是「家屋」：從解釋性互動論探討莫拉克風災後原住民的遷徙與衝擊。**臺大社工學刊，二四**，一三五－一六六。

謝宏偉（二〇二三）。山村不近，小鄉不遠。載於二〇三〇臺灣無貧困推進協會（主編），**看見臺灣貧困田野調查專刊：在地議題、在地發聲**（頁三七－五四）。二〇三〇臺灣無貧困推進協會。

謝志誠、傅從喜、陳竹上、林萬億（二〇一二）。一條離原鄉愈來愈遠的路？：莫拉克颱風災後異地重建政策的再思考。**臺大社會工作學刊，二六**，四一－八六。

謝振裕、何俊青、林慶和（二〇一四）。學校與社區發展協會合作推動社區工作之研究。當代社會工作學刊，六，一八二－二二六。

蘇煥智（二〇一八年一月二十四日）。行政區扭曲自然村：無米樂菁寮被大切三塊。新頭殼。https://newtalk.tw/news/view/2018-01-24/111787

龔尤倩（二〇一〇年九月二十六日）。社會運動是我的社工實踐。臺灣社會研究學會年會，臺北市，臺灣。

英文

Abraham, P. F. (2018). *History of community organisation*. Indira Gandhi National Open University. http://egyankosh.ac.in//handle/123456789/71878

Abramovitz, M., & Sherraden, M. S. (2016). Case to cause: Back to the future. *Journal of Social Work Education, 52*(sup1), S89–S98. https://doi.org/10.1080/10437797.2016.1174638

Adams, R. (1996). *Social work and empowerment*. Macmillan.

Adams, R., Domimelli, L., & Payne, M. (2005). *Social work futures: Crossing boundaries, transforming practice*. Palgrave.

Adams, R., Dominelli, L., & Payne, M. (Eds.) (2002). *Social work: Themes, issues and critical debates* (2nd ed.). Palgrave.

Adger, W. N. (2000). Social and ecological resilience: Are they related? *Progress in Human Geography, 24*(3), 347-364. https://doi.org/10.1191/030913200701540465

Aigner, S. M., Raymond, V., & Smidt, L. (2002). Whole Community Organizing for the 21st Century. *Journal of the Community*

Development Society, 33(1),286-106. https://doi.org/10.1080/15575330209490144

Aldrich, D. P., & Meyer, M. A. (2014). Social capital and community resilience. *American Behavioral Scientist, 59*(2), 1-16. https://doi.org/10.1177%2F0002764214550299

Al-hassan, S., Andani, A., & Abdul-Malik, A. (2011). The role of community radio in livelihood improvement: The case of Simli Radio. *Field Actions Science Reports,* (5). https://journals.openedition.org/factsreports/869

Allan, G. A. (1979). *A sociology of friendship and kinship*. George Allen and Unwin.

Amach, O. H. (2020, June 1). *Scaling up social protection can build resilience to COVID-19.* United Nations Office for Disaster Risk Reduction. https://www.undrr.org/news/scaling-social-protection-can-build-resilience-COVID-19

Anand, M., Mecagni, A., & Piracha, M. (2019). *Practical tools and frameworks for measuring agency in women's economic empowerment*. SEEP Network. https://seepnetwork.org/files/galleries/2019-WEE-MeasuringWomensAgency-_EN-DIGITAL.pdf

Antonio, J., Pereirinha, C., & Pereira, E. (2021). Social resilience and welfare systems under COVID-19: A European comparative perspective. *Global Social Policy*, 21(3), 569-594.

Asian Development Bank (2014). *Women's participation and voice in community-based organization*. ADB Experiences. https://www.adb.org/sites/default/files/publication/42632/adb-experiences-womens-participation-voice.pdf

Askheim, O. P. (2003). Empowerment as guidance for professional social work: An act of balancing on a slack rope. *European Journal of Social Work, 6*(3), 229-240. https://doi.org/10.1080/1369145032000164546

Atarodi, A., & Atarodi, A. (2020). Social resilience as a protection against COVID-19 Outbreak. *Journal of Research & Health,10*(5),

275-276. http://dx.doi.org/10.32598/JRH.10.5.773.12

Austin, M. J., Anthony, E. K., Knee, R. T., & Mathias, J. (2016). Revisiting the relationship between micro and macro social work practice. *Families in Society, 97*(4), 270-277. https://doi.org/10.1606/1044-3894.2016.97.33

Barr, D., & Cochran, M. (1992). Understanding and supporting empowerment: Redefining the professional role. *Networking Bulletin: Empowerment and Family Support,2*(3), 2-8.

Bartles-Smith, D., & Gerrard, D. (1976). *Urban ghetto.* Litterworth Press.

Bell, C., & Newby, H. (1971). *Community studies: An introduction to the sociology of the local community*. Routledge.

Berger, P. L. (1977). *Facing up to modernity: Excursion in society, politics and religion*. Basic Books.

Blair, E. (2015). A reflexive exploration of two qualitative data coding techniques. *Journal of Methods and Measurement in the Social Sciences*, *6*(1),14-29. https://doi.org/10.2458/v6i1.18772

Boehm, A., & Cnaan, R. A. (2012). Towards a practice-based model for community practice: Linking theory and practice. *Journal of Sociology & Social Welfare, 39*(1), 141-168.

Boetto, H. (2017). *An ecologically centred approach in social work: Towards transformative change.* [Unpublished doctoral dissertation]. Charles Sturt University.

Borchorst, A., & Siim, B. (1987). Women and the advanced welfare state: A new kind of patriarchal power? In A. S. Sassoon (Ed.), *Women and the state: The shifting boundaries of public and private,* (pp.112-142). Routledge.

Bornat, J. (1998). Oral history as a social movement: Eminiscence and older people. In R. Perks, & A. Thomson (Eds.), *The oral history reader* (pp. 189-205). Routledge.

Bourdieun, P. (1977). *Outline of a theory of practice*. Cambridge University Press.

Brager, G., Specht, H., & Torezyner, J. L. (1987). *Community organizing*. Columbia University Press.

Brennan, M. A. Cantrell, R., Spranger, M., & Kumaran, M. (2006). *Effective response to disaster: A community approach to disaster preparedness and response*. Family Youth and Community Sciences Department.

Brenner, L. S., Ceraso, C., & Cruz, E. D. (2021). Editors' introduction. In L. S. Brenner, C. Ceraso, & E. D. Cruz (Eds.), *Applied theatre with youth: Education, engagement, activism* (pp.1-10). Routledge.

Brent, C. (2012). First step: Dress cool: Young people's representations of locality. *Youth & Policy, 109*, 46-59.

Brown, C. (1994). Feminist postmodernism and the challenge of diversity. In A. S. Chambon, & A. Irving, *Postmodernism and social work*. Canadian Scholars & Women's Press

Buckley, S. (2000, October 15). *Community radio: The new tree of speech*. Imfundo Background Paper, 9. https://www.comminit.com/media-development-africa/content/community-radio-new-tree-speech

Budig, K., Diez, J., Conde, P., Sastre, M., Hernan, M., & Franco, M. (2018). Photovoice and empowerment: Evaluating the transformative potential of a participatory action research project. *BMC Public Health, 18*(432),1-9. https://doi.org/10.1186/s12889-018-5335-7

Bulmer, M. (1986). Neighbours: The work of Philip Abrams. *Journal of Social Policy,16*(1),120-122. https: //doi.org/10.1017/S0047279400015889

Busic-Sontic, A., & Schubert, R. (2021). *Social resilience indicators for pandemic crises*. Wiley Online Library https://onlinelibrary.wiley.com/doi/epdf/10.1111/disa.12610

Butcher, H., Banks, S., Henderson, P., & Robertson, J. (Eds.), *Critical community practice*. The Policy Press.

Callaghan, K. A. (2021). Basics of community-based work. In J. M. Choi, & J. W. Murphy (Eds.), *Community-based service delivery: Theory and implementation* (pp.14-27). Routledge.

Cardona, O. D. (2004). The need for rethinking the concepts of vulnerability and risk from a holistic perspective: A necessary review and criticism for effective risk management. In G. Bankoff, G. Frerks, & D. Hilhorst (Eds.), *Mapping vulnerability: Disasters, development and people* (pp. 37-51). Earthscan.

Castleden, H., Garvin, T., & First Nation, H. (2008). Modifying photovoice for community-based participatory indigenous research. *Social Science & Medicine 66*(6), 1393-1405. https://doi.org/ 10.1016/j.socscimed.2007.11.030

Catalani, C., & Minkler, M. (2010). Photovoice: A review of the literature in health and public health. *Health Education & Behavior, 37*(3), 424-451. https://doi.org/10.1177/1090198109342084

Chang, W., Diaz-Martin, L., Gopalan, A., Guarnieri, E., Jayachandran, S., & Walsh, C. (2020). *What works to enhance women's agency: Cross-cutting lessons from experimental and quasi-experimental studies.* J-PAL Working Paper. https://www.povertyactionlab.org/sites/default/files/research-paper/gender_womens-agency-review_2020-march-05.pdf

Chapman, R., Blench, R., Kranjac-Berisavljevic, G., & Zakariah, A. B. T. (2003). *Rural radio in agricultural extension: The example of vernacular radio programmes on soil and water conservation in N. Ghana*. Agricultural Research & Extension Network Paper 127. https://hdl.handle.net/10535/4734

Checkoway, B. (1995). Six strategies of community change. *Community Development Journal,30*(1), 2-20.

Chenail, R. J. (1995). Presenting qualitative data. *The Qualitative Report, 2*(3), 1-9. https://doi.org/10.46743/2160-3715/1995.2061

Choi, J.M., & Murphy, J. W. (2021). *Community-based service delivery: Theory and implementation*. Routledge

Christens, B. D. (2011). Toward relational empowerment. *American Journal of Community Psychology ,50* (1-2),114-28. https://doi.org/10.1007/s10464-011-9483-5

Chung, K., Hong, E., & Newbold, B. (2013). Resilience among single adult female refugees in Hamilton, Ontario. *Refuge, 29*(1), 65-74.

Collins, A. H., & Pancoast, D. L. (1976). *Natural helping networks: A strategy for prevention.* National Association of Social Workers.

Corwin, T., Pecora, P. J., & Ostrum, P. (2016, July 8). *Community-based family support : Exemplars with implementation and evaluation strategies*. Casey Family Programs. https://www.casey.org/community-based-family-support/

Craib, I. (1992). *Anthony Giddens* (1st ed.). Routledge.

Craig, G. (2002).Towards the measurement of empowerment: The evaluation of community development. *Journal of the Community Development Society, 33*(1), 124-146. https://doi.org/10.1080/15575330209490146

Crocker, J., Kramer, N., & Rolka, A. (2016). *A comprehensive guide to community action strategic planning.* California Community Action Partnership Association.

Crow, G., & Allan, G. (1994). *Community life: An introduction to local social relations*. Harvester Wheatsheaf.

Cuadra, B. C. (2015). *Disaster social work in Sweden: Context, practices and challenges in an international perspective.* The Nordic Welfare Watch – in Response to Crisis Working Paper. https://www.government.is/media/velferdarraduneyti-media/media/velferdarvakt09/Disaster-social-work-in-Sweden.pdf

Cuadra, B. C., & Eydal, G. B. (2018). Towards a curriculum in disaster risk reduction from a green social work perspective. In L. Dominelli, B. R. Nikku, & H. B. Ku (Eds.), *The Routledge handbook of green social work* (pp.522-534). Routledge.

Cutler, D. (2009). *Ageing artfully: Older people and professional participatory arts in the UK.* The Baring Foundation.

Dagron, A. G. (2001). *Making waves: Participatory communication for social change.* Rockefeller Foundation.

Dahlerup, D. (1987). Confusing concepts: Confusing reality: A theoretical discussion of the patriarchal state. In A. S. Sassoon, (Ed.), *Women and the state: The shifting boundaries of public and private,* (pp.77-112). Routledge.

Day, G., & Murdoch, J. (1993). Locality and community: Coming to terms with place. *Sociological Review,41*(1),82-111. https://doi.org/10.1111%2Fj.1467-954X.1993.tb02955.x

de Wit, L., Fenenga, C., Giammarchi, C., di Furia, L., Hutter, I., de Winter, A., & Meijering, L. (2018). Community-based initiatives improving critical health literacy: A systematic review and meta-synthesis of qualitative evidence. *BMC Public Health, 18*(1), 40-50. https://doi:10.1186/s12889-017-4570-7

Delica-Willison, Z., & Willison, R. (2004). Vulnerability reduction: A task for the vulnerable people themselves. In G. Bankoff, G. Frerks, & D. Hilhorst (Eds.), *Mapping vulnerability: Disasters, development and people* (pp.145-158). Earthscan.

Derr, V., Chawla, L., Mintzer, M., Cushing, D., & van Vliet, W. (2013). A city for all citizens: Integrating children and youth from marginalized populations into city planning. *Buildings, 3*(3), 482-505. https://doi.org/10.3390/buildings3030482

Deuze, M. (2006). Ethnic media, community media and participatory culture. *Journalism: Theory, Practice and Criticism, 7*(3), 262-80.

Dominelli, L. (1990). *Women and community action.* (1st ed.). BASW.

Dominelli, L. (1997). *Sociology for social work.* Macmillan.

Dominelli, L. (2006). *Women and community action* (Rev. 2nd ed.). Policy Press.

Dominelli, L. (2012). *Green social work: From environmental crises to environmental justice.* Polity Press.

Dominelli, L. (2013). Environmental justice at the heart of social work practice: Greening the profession. *International Journal of Social Welfare, 22*(4), 431-439.https://doi.org/10.1111/ijsw.12024

Dominelli, L. (2014a). (Re)Imagining communities in the context of climate change: A saving grace or the evasion of state responsibilities during (hu)man-made disasters? In A. K. Larsen, V. Sewpaul, & G.O. Hole (Eds.), *Participation in community work: International perspectives.* (pp. 175-187). Routledge.

Dominelli, L. (2014b). Promoting environmental justice through green social work practice: A key challenge for practitioners and educators. *International Social Work, 57*(4), 338-345. https://doi.org/10.1177/0020872814524968

Dominelli, L. (2018a). Foreword: Green social work: A new direction for social work. In L. Dominelli, B. R. Nikku, & H. B. Ku (Eds.), *The Routledge handbook of green social work* (pp.34-35). Routledge.

Dominelli, L. (2018b). Green social work in theory and practice: A new environmental paradigm for the profession. In L. Dominelli, B. R. Nikku, & H. B. Ku (Eds.), *The Routledge handbook of green social work* (pp.9-20). Routledge.

Dominelli, L. (2020). Community development in greening the cities: Green social work in urban areas. In S. Todd, & J. L. Drolet (Eds.), *Community practice and social development in social work* (pp.189-202). Springer.

Dominelli, L. (2024). *Social work practice during times of disaster: A transformative green social work model for theory, education and practice in disaster interventions*. Routledge.

Dominelli, L., & Gollins, T. (1997). Men, power and caring relationships. *Sociological Review,45*(3), 396-415. https://doi.org/10.1111/1467-954X.00070

Dominelli, L., & McLeod, E. (1989). *Feminist social work*. Macmillan.

Dorlet, J. (2012, June 15). *Research to look at reducing impacts of natural disasters in rural communities and small cities.* Thompson Rivers University. http://inside.tru.ca/2012/06/15/naturaldisasterresearch

Drolet, J., Wu, H., Ersing, R., Alston, M., Hargreaves, D., Huang, Y.Y., Huang, C., & Mathbor, G. (2018). Rebuilding lives post-disaster: Innovative community practices for sustainable development. In L. Dominelli, B. R. Nikku, & H. B. Ku (Eds.), *The Routledge handbook of green social work* (pp.63-73). Routledge.

Duffy, L. (2011). Step-by-step we are stronger: Women's empowerment through photovoice. *Journal of Community Health Nursing,28*(2),105-16. https://doi.org/10.1080/07370016.2011.564070

Duits, L., & van Zoonen, L. (2007). Who's afraid of female agency? A rejoinder to Gill. *The European Journal of Women's Studies,14*(2),161-170. https://doi.org/10.1177/1350506807075820

Ersing, R. L. (2020). Disaster response through community. In S. Todd, & J. L. Drolet (Eds.), *Community practice and social development in social work* (pp.203-222). Springe.

Evans, A., & Nambiar, D. (2013). *Collective action and women's agency: A background paper.* World Bank.

Ewart, J. (2011). Therapist, companion, and friend: The under-appreciated role of talkback radio in Australia. *Journal of Radio & Audio Media,18*(2),231-245.

Farrington, M., & Santos, R. F. D. (2020). *Community engagement during COVID-19: A guide for community facing staff.* Oxfam.

Fedorowicz, M., Arena, O., & Burrowes, K. (2020). *Community engagement during the COVID-19 pandemic and beyond: A guide for community-based organizations.* Urban Institute.

Finlay, C. C. (1998). Floods, they're a damned nuisance: Women's flood experiences in rural Australia. In E. Enarson, & B. H. Morrow, (Eds.), *The gender terrain of disasters: Through women's eyes* (pp.141-149). Praeger.

Finn, J., & Molloy, J. (2021). Advanced integrated practice: Bridging the micro-macro divide in social work pedagogy and practice. *Social Work Education,40*(2),174-189. https://doi.org/10.1080/02615479.2020.1858043

Fisher, C. S., Jackson, R. M., Stueve, C. A., Gerson, K., Jones, L. M., & Baldassare, M. (1978). *Networks and places: Social relations in the urban setting*. Free Press.

Fisher, J., Languilaire, J. C., Lawthom, R., Nieuwenhuis, R., Petts, J., Runswick-Cole, K., & Yerkes, M.A. (2020). Community, work, and family in times of COVID-19. *Community, Work & Family, 23*(3) ,247-252. https://doi.org/10.1080/13668803.2020.1756568

Fitzduff, N. (1993). Protest, affirmation and adult education on the Loughshore. In P. Henderson, & D. Francis (Eds.), *Rural action: A collection of community case studies*. Pluto.

Fook, J. (1999). Critical perspectives on social work. In I. O'Connor, J. Warburton, & P. Smyth (Eds.), *Contemporary perspectives on social work & the human services: Challenges and change* (pp.128-138). Addison Wesley.

Foucault, M. (1977). *Discipline and punish: The birth of the prison.* Allan Lane.

Fox, J. (2019). *Community radio's amplification of communication for social change.* Palgrave Macmillan.

Foxwell, K. (2012). Community radio in an Australian city: The Melbourne experience. *The Radio Journal International Studies in Broadcast and Audio Media, 10*(2), 161-172. https://doi.org/10.1386/rjao.10.2.161_1

Freire, P. (1972). Education: domestication or liberation? *Prospects*, *2*(2),173-181.

Gates, A. B. (2017). No one will speak for us: Empowering undocumented immigrant women through policy advocacy. *Journal of Community Practice, 25*(1), 5-28. https://doi.org/10.1080/10705422.2016.1270244

Giddens, A. (1982). *Profiles and critiques in social theory.* Macmillan.

Giddens, A. (1984). *The constitution of society*. Polity Press.

Gilmore, B., Ndejjo, R., Tchetchia, A., De Claro, V., Mago, E., Lopes, C., & Bhattacharyya, S. (2020). Community engagement for COVID-19 prevention and control: A rapid evidence synthesis. *BMJ global health*, *5*(10),1-11.

Giovannini, E., Benczur, P., Campolongo, F., Cariboni, J., & Manca, A. R. (2020, April 20). *Time for transformative resilience: The COVID-19 emergency*. Publications Office of the European Union. https://publications.jrc.ec.europa.eu/repository/handle/JRC120489

Giroux, H. A. (1992). Language, difference, and curriculum theory: Beyond the politics of clarity. *Theory into Practice*, *31*(3), 219-227.

Glaser, B. (1992). *Basics of grounded theory analysis.* Sociology Press.

Glavovic, B. C., Scheyvens, R., & Overton, J. (2003). Waves of adversity, layers of resilience: Exploring the sustainable livelihoods approach. In D. Storey, J. Overton, & B. Nowak (Eds.), *Contesting development: Pathways to better practice: Proceedings of the third biennial conference of the Aotearoa New Zealand* (pp. 289-293). Massey University.

Goodin, R. E. (1985). *Protecting the vulnerable reanalysis of our social responsibilities.* University of Chicago Press.

Greene, S., Burke, K. J., & McKenna, M. K. (2018). A review of research connecting digital storytelling, photovoice, and civic engagement. *Review of Educational Research, 88*(6), 844-878. https://doi.org/10.3102/0034654318794134

Gutiérrez, L. M., Parsons, R. J., & Cox, E. O. (1998). *Empowerment in social work practice:* A sourcebook. Brooks/Cole Publishing Company.

Haas, J. E., Kates, R. W., & Bowden, M. J. (1977). *Reconstruction following disaster.* The Massachusetts Institute of Technology.

Hamerton, H., Hunt, S., Smith, K., & Sargisson, R. J. (2018). Community resistance and resilience following an environmental disaster in Aotearoa/New Zealand. In L. Dominelli, B. R. Nikku, & H. B. Ku (Eds.), *The Routledge handbook of green social work* (pp. 420-430). Routledge.

Hardcastle, D. A., Powers, P. R., & Wenocur, S. (2004). *Community practice: Theories and skills for social workers* (2nd ed.). Oxford University Press.

Hardina, D. (2003). Linking citizen participation to empowerment practice. *Journal of Community Practice, 11*(4), 11-38. https://doi.org/10.1300/J125v11n04_02

Hardina, D. (2012). *Interpersonal social work skills for community practice*. Springer.

Harley, D. A., Stebnicki, M., & Rollins, C. W. (2000). Applying empowerment evaluation as a tool for self-improvement and community development with culturally diverse populations. *Journal of the Community Development Society, 31*(2), 348-364. https://doi.org/10.1080/15575330009489711

Harper, E. H., & Dunham, A. (1959). *Community organization in action: Basic literature and critical comments*. Association Press.

Haug, F. (1997). *Memory-work as a method of social science research: A detailed rendering of memory-work method.* http://www.friggahaug.inkrit.de/documents/memorywork-researchguidei7.pdf

Hegney, D. G., Buikstra, E., Baker, P., Rogers-Clark, C., Pearce, S., Ross, H., King, C., & Watson-Luke, A. (2007). Individual resilience in rural people: A Queensland study, Australia. *Rural and Remote Health, 7*(4), 620-632. https://doi.org/10.1080/26883597.2020.1794756

Henderson, P., & Thomas, D. N. (2013). *Skills in neighbourhood work* (4th ed.). Routledge.

Huang, Y. Y., & Chen, J. R. (2009, November). *A cherry on the cake or giving a leg up? An analysis of the relationship between neighbourhood deprivation and the community policy of resource allocation.* 20th Asia Pacific Social Work Conference, Auckland, New Zealand.

Huang, Y. Y., & Huang, C. H. (2019). Women's agency in disaster: The 921 earthquake in Taiwan. In J. L. Drolet, (Ed.), Rebuilding lives post-disaster (pp.167-185). Oxford University Press.

Huang, Y.Y., Chen, C. H., Chang, S.C., & Hsiao, S.Y. (2018). A Post-Morakot environmentally-friendly reconstruction solution: Reflections from a green social work perspective. In L. Dominelli, B. R. Nikku, & H. B. Ku (Eds.), *The Routledge handbook of green social work* (pp.132-143). Routledge.

Hunter, A. (1974). *Symbolic communities: The persistence and change of Chicago's local communities*. University of Chicago.

Hyde, C. (1996). A feminist response to Rothman's the interweaving of community intervention approaches. *Journal of Community Practice, 3*(3-4), 127-145. https://doi.org/10.1300/J125v03n03_05

Hyslop, I. (2013). *Social work practice knowledge: An enquiry into the nature of the knowledge generated and applied in the practice of social work.* Massey University. http://hdl.handle.net/10179/5139

Jackson, S. (1993). Women and family. In D. Richardson, & V. Robinson, (Eds), *Introducing women's studies* (pp. 177-200). Macmillam.

Jarldorn, M. (2019). *Photovoice handbook for social workers: Method, practicalities and possibilities for social change.* Springer.

Jeffries, A. (1996). Modeling community work: An analytical framework for practice. *Journal of Community Practice, 3*(3-4), 101-125. https://doi.org/10.1300/J125v03n03_04

Jones, B. (1995). Taking action: Community development strategies and tactics. *Community Development Practice,* (3), 2-11.

Jopling, K. (2015). *Promising approaches: To reducing loneliness and isolation in later life.* Age UK.

Kabeer, N. (1999). Resources, agency, achievements: Reflections on the measurement of women's empowerment. *Development and Change,30*(3), 435-464. https://doi.org/10.1111/1467-7660.00125

Kagee, A. (2004). Conducting research with South African survivors of human rights violations: Some considerations. *International Journal for the Advancement of Counselling, 26*(2), 191-202. https://doi.org/10.1023/B:ADCO.0000027430.26011.b7

Kapucu, N. (2005). Interorganizational coordination in dynamic contexts: Networks in emergency management. *Connections, 26*(2), 33-48.

Kaye, S., & Morgan, C. (2021). *Shifting the balance: Local adaptation, innovation and collaboration during the pandemic and beyond.* New Local.

Keck, M., & Sakdapolrak, P. (2013). What is social resilience? Lessons learned and ways forward. *Erdkunde, 67*(1), 5-19.

Kemp, S. P., & Palinkas, L. A. (2015). *Strengthening the social response to the human impacts of environmental change.* American Academy of Social Work and Social Welfare Working Paper, 5. http://grandchallengesforsocialwork.org/wp-content/uploads/2015/12/WP5-with-cover.pdf

Kenny, S. (2020). COVID-19 and community development. *Community Development Journal, 55(*4), 699-703. https://doi.org/10.1093/cdj/bsaa020

Keough, S. B. (2010). The importance of place in community radio broadcasting: A case study of WDVX, Knoxville, Tennessee. *Journal of Cultural Geography,27*(1), 77-98. https://doi.org/10.1080/08873631003593265

Klimmt, C., Hartmann T., & Schramm, H. (2006). Parasocial interactions and relationships. In J. Bryant, & P. Vorderer, (Eds.), *Psychology of entertainment* (pp.291-313). Routledge.

Knight, C., & Gitterman, A. (2018). Merging micro and macro intervention: Social work practice with groups in the community. *Journal of Social Work Education, 54*(1), 3-17. https://doi.org/10.1080/10437797.2017.1404521

Koutroulis, G. (2001). Soiled identity: Memory-work narratives of menstruation. *Health, 5*(2), 187-205. https://doi.org/10.1177/136345930100500203

Krause, A. E. (2020). *The role and impact of radio listening practices in older adults' everyday lives.* Frontiers in Psychology 11: 603446 https://www.ncbi.nlm.nih.gov/pmc/articles/PMC7775306/

Kuchler, T., Russel, D., & Stroebel, J. (2021). JUE insight: The geographic spread of COVID-19 correlates with the structure of social networks as measured by Facebook. *Journal of Urban Economics,127.* https://www.sciencedirect.com/science/article/pii/S0094119020300851

Kwok, A. H., Doyle, E. E. H., Becker, J., Johnston, D., & Paton, D. (2016). What is social resilience? Perspectives of disaster researchers, emergency management practitioners, and policy makers in New Zealand. *International Journal of Disaster Risk Reduction, 19*, 197-211.

Lachapelle, P. (2008). A sense of ownership in community development: Understanding the potential for participation in community planning efforts. *Community Development, 39*(2), 52-59. https://doi.org/10.1080/15575330809489730

Langdridge, D., Barker, M., Reavey, P., & Stenner, P. (2012). Becoming a subject: A memory work study of the experience of romantic jealousy. *Forum Qualitative Social Research, 13*(2). https://www.qualitative-research.net/index.php/fqs/article/view/1712/3344

Latz, A. O. (2017). *Photovoice research in education and beyond: A practical guide from theory to exhibition*. Routledge.

Lauri, M. A. (2011). Triangulation of data analysis techniques. *Papers on Social Representations, 20*(2), 34.1-34.15.

Lee, C., & Logan, A. (2017). Women's agency, activism and organisation. *Women's History Review, 28*(6), 831-834.

Lee, Y. J., & Hsu, Y. H. (2019). Community work models in Taiwan? The experiences of social workers' service for the communities affected by Typhoon Morakot. *International Social Work, 62*(3), 1131-1145. https://doi.org/10.1177/0020872818767245

Liebenberg, L. (2018). Thinking critically about photovoice: Achieving empowerment and social change. *The International Journal of Qualitative Methods,17*(1),1-9. https://doi.org/10.1177/1609406918757631

Lightburn, A., & Sessions P. (2006). Community-based clinical practice: Re-creating the culture of care. In A. Lightburn, & P. Sessions (Eds.), *Handbook of community-based clinical practice* (pp. 19-35). Oxford University Press.

Lovell, T. (2003). Resisting with authority: Historical specificity, agency and the performative self. *Theory, Culture & Society,20*(1),1-17. https://doi.org/10.1177/0263276403020001918

Manyena, S. B. (2006). The concept of resilience revisited. *Disasters,30*(4), 433-450.

Mao, G., Fernandes-Jesus, M., Ntontis, E., & Drury, J. (2021). What have we learned about COVID-19 volunteering in the UK? A rapid review of the literature. *BMC Public Health, 21* (1), 1470-1485. https://doi.org/10.1186/s12889-021-11390-8

Markantoni, M., Steiner, A., Meador, J. E, & Farmer, J. (2018). Do community empowerment and enabling state policies work in practice? Insights from a community development intervention in rural Scotland, *Geoforum, 97*, 142-154.

Masten, A. S., & Garmezy, N. (1985). Risk, vulnerability, and protective factors in developmental psychopathology. In B. B. Lahey, & A. E. Kazdin (Eds.), *Advances in clinical child psychology* (pp. 1-52). Plenum Press.

Mattocks, N. O. (2018). Social action among social work practitioners: Examining the micro–macro divide. *Social Work, 63*(1), 7-16.

Mayo, M. (1998). Community work. In R. Adams, L. Dominelli, & M. Payne (Eds.), *Social work: Themes, issues and critical debates* (pp.160-172). Palgrave Macmillan.

Mayo, M. (2009). Community work. In R. Adams, L. Dominelli, & M. Malcolm Payne (Eds.), *Critical practice in social work* (2nd ed., pp. 125-136). Palgrave Macmillan.

McBeath, B. (2016). Re-envisioning macro social work practice. *Families in Society, 97*(1),5-14. https://doi.org/10.1606%2F1044-3894.2016.97.9

McMahon, D. (2020). Memories of our youth: The viral spread of radio station facebook posts. *Westminster Papers in Communication and Culture, 15*(1), 53-67. https://doi.org/10.16997/wpcc.320

Meadows, M., & Foxwell, K. (2011). Community broadcasting and mental health: The role of local radio and television in enhancing emotional and social well-being. *The Radio Journal: International Studies in Broadcast and Audio Media, 9*(2), 89-106. https://

doi.org/10.1386/rjao.9.2.89_1

Minkler, M. (2012). Introduction to community organizing and community building. In M. Minkler (Ed.), *Community organizing and community building for health and welfare* (3rd ed., pp.5-26). Rutgers University Press.

Minkler, M., & Wallerstein, N. (2008). Introduction to Community-based participatory Research: New issues and emphases. In M. Minkler, & N. Wallerstein (Eds.), *Community based participatory research for health: From process to outcome* (2nd., pp.5-23). Jossey-Bass.

Moje, E. B., Ciechanowski, K. M., Kramer, K., Ellis, L., Carrillo, R., & Collazo, T. (2004). Working toward third space in content area literacy: An examination of everyday funds of knowledge and Discourse. *Reading Research Quarterly, 39*(1), 38-70.

Molyneux, M. (1985). Mobilization without emancipation? Women's interests, state and revolution in Nicaragua. *Feminist Studies, 11*(2), 227-254.

Mosley, J. E. (2017). Yes, macro practice matters: Embracing the complexity of real-world social work. *Human Service Organizations: Management, Leadership & Governance, 41*(1), 10-12. https://doi.org/10.1080/23303131.2016.1179538

Munford, R., & Sanders, J. (2019). Transformative social work practice in community-based organizations. In K. O'Donoghue, R. Munford, & J. Ife (Eds.), *New theories for social work practice: ethical practice for working with individuals, families and communities* (pp.139-156). Jessica Kingsley.

Murphy, J. W., & Choi, J. M. (2021). Introduction: theory and community-based work. In J. M. Choi, & J. W. Murphy (Eds.), *Community-based service delivery: Theory and implementation* (pp.1-13). Routledge.

Murphy, J. W., Franz, B. A., Choi, J. M., & Callaghan, K. A. (2017). *Narrative medicine and community-based health care and planning.*

Springer.

Nettleingham, D. (2018). Community, locality and social(ist) transformation. *The Sociological Review, 66*(3), 593-603. https://doi.org/10.1177%2F0038026117723251

Nicholson, H. (2015). *Applied drama: The gift of theatre* (2nd ed.). Springer.

Nirupama, N., Popper, T., & Quirke, A. (2015). Role of social resilience in mitigating disasters. *International Journal of Disaster Resilience in the Built Environment, 6*(3), 363-377.

Norris, F. H., Baker, C. K., Murphy, A., & Kaniasty, K. (2005). Social support mobilization and deterioration after Mexico's 1999 flood: Effects of context, gender, and time. *American Journal of Community Psychology, 36*(1), 15-28.

Novak, B., & Fisher, B. (1998). Seeing students/teacher relationships as hidden dramas of personal development. *Child and Adolescent Social Work Journal, 15*(6), 479-496. https://doi.org/10.1023/A:1022388108931

Nunkoo, R., & Ramkissoon, H. (2012). Power, trust, social exchange and community support. *Annals of Tourism Research*, 39(2), 997-1023. https://doi.org/10.1016/j.annals.2011.11.017

Nunkoosing, K., & Haydon-Laurelut, M. (2013). The relational basis of empowerment. https://citizen-network.org/uploads/attachment/379/the-relational-basis-of-empowerment.pdf

Ohmer, M. L., & Owens, J. (2013). Using photovoice to empower youth and adults to prevent crime. *Journal of Community Practice, 21*(4), 410-433. https://doi.org/10.1080/10705422.2013.842196

Order, S. (2017). All the lonely people, where do they all belong: Community radio and social connection. *Radio Journal: International Studies in Broadcast & Audio Media, 15*(2), 243-258. https://doi.org/10.1386/rjao.15.2.243_1

Order, S., & O'Mahony, L. (2017). Building a purposeful identity in the older adult volunteer space: A case study of community radio station 6RPH (Radio Print-Handicapped). *Communication Research and Practice,3*(1),31-44. https://doi.org/10.1080/22041451.2017.1271971

Outhwaite (1990). Agency and structure. In J. Clark, C. Modgil, & S. Modgil (Eds.), *Anthony Giddens: Consensus and controversy* (pp. 63-71). Falmer Press.

Pachauri, A., Sevilla, N. P. M., Kedia, S., Pathak, D., Mittal, K., & Magdalene A, P. (2021). COVID-19: A wake-up call to protect planetary health. In A. L. Ramanathan, C. Sabarathinam, F. Arriola, M.V. Prasanna, P. Kumar, & M. P. Jonathan (Eds.), *Environmental resilience and transformation in times of COVID-19* (pp. 3-16). Elsevier.

Pahl, R. (1995). Friendly society. *New Statesman and Society, 10*, 20-22.

Payne, B. K. (2005). Conceptualizing control in social cognition: how executive functioning modulates the expression of automatic stereotyping. *Journal of personality and social psychology*, *89*(4), 488.

Payne, M. (1995). *Social work and community care.* Macmillan.

Payne, M. (2014). *Modern social work theory* (4th ed.). Oxford University Press.

Perlman, D., & Peplau, L. A. (1981). Toward a social psychology of loneliness. In R. Gilmour, & S. Duck (Eds.), *Personal relationships: Relationships in disorder* (pp. 31-56). Academic Press.

Pigg, K. E. (2002). Three faces of empowerment: Expanding thetheory of empowerment in community development. *Journal of the Community Development Society, 33*(1), 107-123. https://doi:10.1080/15575330209490145

Poole, N., Rutman, D., Hubberstey, C., Hume, S., & Bibber, M. V. (2022). *Evaluation of FASD prevention and FASD support programs.* Fetal Alcohol Spectrum Disorder.

Popple, K. (1995). *Analyzing community work: Its theory and practice.* Open University.

Popple, K. (2006). Community development in the 21st century: A case of conditional development. *The British Journal of Social Work,* 36(2), 333-340.

Popple, K. (2015). *Analysing community work:Theory and practice* (2nd ed.). Open University Press.

Pritzker, S., & Applewhite, S. R. (2015). Going macro: Exploring the careers of macro practitioners. *Social Work, 60*(3), 191–199. https://doi.org/10.1093/sw/swv019

Pyles, L. (2007). Community organizing for post-disaster social development: Locating social work. *International Social Work, 50*(3), 321-333.

Quarantelli, E. L. (1960). Images of withdrawal behavior in disasters: Some basic misconceptions. *Social Problems, 8*1, 68-79.

Ramanathan, A. L., Sabarathinam, C., Arriola, F., Prasanna, M.V., Kumar, P., & Jonathan M. P. (2021). Preface. In A. L. Ramanathan, C. Sabarathinam, M. P. Jonathan, M.V. Prasanna, P. Kumar, & F. Arriola (Eds.), *Environmental resilience and transformation in times of COVID-19: Climate change effects on environmental functionality.* (pp. xv-xvii). Elsevier.

Rappaport, J. (2008). Studies in empowerment: Introduction to the issue. *Prevention in Human Services, 3*(2-3),1-7. https://doi.org/10.1300/J293v03n02_02

Regnier, P. (2010). From emergency relief to livelihood recovery after the tsunami: What post-disaster management lessons? In A. Awotona (Ed.), *Rebuilding sustainable communities for children and their families after disasters: A global survey* (pp. 105-120). Cambridge scholars Publication.

Reuter, A., Bartindale, T., Morrissey, K., Scharf, T., & Liddle, J. (2019). Older voices: Supporting community radio production for civic participation in later life. *Proceedings of the 2019 CHI Conference on Human Factors in Computing Systems*, 434, 1-13.

Richardson, G. E. (2002). The metatheory of resilience and resiliency. *Journal of Clinical Psychology,58*(3), 307-321.

Riley, R., & Manias, E. (2003). Snap-shots of live theatre: the use of photography to research governance in operating room nursing. *Nursing Inquiry, 10*(2), 81-90. https://doi.org/10.1046/j.1440-1800.2003.00166.x

Rose, G. (1997). Engendering the slum: photography in East London in the 1930s. *Gender, Place & Culture, 4*(3), 277-301. https://doi.org/10.1080/09663699725350

Ross, E. (1983). Survival network: Women's neighbourhood sharing in London before World War I. *History Workshop Journal*, (15),4-27.

Rothman, J. (1996). The interweaving of community intervention approaches. *Journal of Community Practice, 3*(3-4), 69-99.

Rothman, J. (2013). Education for macro intervention: A survey of problems and prospects. http://www.acosa.org/joomla/pdf/RothmanReportRevisedJune2013.pdf

Rothman, J., & Mizrahi, T. (2014). Balancing micro and macro practice: A challenge for social work. *Social Work, 59*(1), 91-93. https://doi.org/10.1093/sw/swt067

Saja, A. M. A., Teo, M., Goonetilleke, A., & Ziyath, A. M. (2021). A critical review of social resilience properties and pathways in disaster management. I*nternational Journal of Disaster Risk Science, 12*, 790-804.

Santiago, A. M., & Smith, R. J. (2018). Is the glass half full ? : How macro practice matters in a global context. *Journal of Community Practice, 26*(4),387-391. https://doi.org/10.1080/10705422.2018.1528667

Sapountzaki, K. (2007). Social resilience to environmental risks: A mechanism of vulnerability transfer? *Management of Environmental Quality: An International Journal, 18*(3), 274-297. https://doi.org/10.1108/14777830710731743

Sawyer, R. K. (2007). Foreword. In C. Lobman, & M. Lundquist (Eds.), *Unscripted learning : using improv activities across the K–8 curriculum*(pp.11-13). Teachers College Press.

Schlosberg, D. (2007). *Defining environmental justice: Theories, movements, and nature*. Oxford University Press.

Schubert, R., Wu, T., Busic-Sontic, A., & Joerin, J. (2021). Social resilience during the COVID-19 pandemic: Comparisons between Singapore and Switzerland. *ETH Zurich, Future Resilient Systems*, 1,1-6.

Schutte, D. W. (2020). COVID-19: Are community development scientists missing in action or missing the action? *Local Development & Society, 1*(1), 53-56. https://doi.org/10.1080/26883597.2020.1794756

Scottish Community Development Centre (2020). *Western Dunbartonshire community empowerment strategy and action plan.* https://www.west-dunbarton.gov.uk/media/4320224/wd-empowerment-strategy-and-action-plan-sb.pdf

Sewell Jr, W. H. (1992). A theory of structure: Duality, agency, and transformation. *American journal of sociology*, *98*(1), 1-29.

Sewpaul, V. (2008). Community intervention and social activism". In A. Barnard, N. Horner, & J. Wild (Eds.), *The value base of social work and social care* (pp.97-114). Open University Press.

Shaw, D., Scully, J., & Hart, T. (2014). The paradox of social resilience: How cognitive strategies and coping mechanisms attenuate and accentuate resilience. *Global Environmental Change*, *25*, 194-203.

Shdaimah, C. S., & McCoyd, J. L. M. (2012). Social work sense and sensibility: A framework for teaching an integrated perspective. *Social Work Education: The International Journal, 31*(1), 22-35. https://doi.org/10.1080/02615479.2010.541237

Skoog, K., & Badenoch, A. (2020). Women and radio: Sounding out new paths in women's history. *Women's History Review,29*(2), 177-182. https://doi.org/10.1080/09612025.2019.1600648

Skuse, A. (2004). *Radio broadcasting for health: A decision maker's guide.* Information and Communication for Development

Snow, J. (2012). *Engaging your community: A toolkit for partnership, collaboration, and action*. Department of Health and Human Services. https://publications.jsi.com/JSIInternet/Inc/Common/_download_pub.cfm?id=14333&lid=3

Social Science in Humanitarian Action Platform (2021). *Building community resilience for COVID-19 response and recovery*. Social Science in Humanitarian Action Platform.

Sousa, C. A., Yutzy, L., Campbell, M., Cook, C., & Slates, S. (2019). Understanding the curricular needs and practice contexts of macro social work: A community-based process. *Journal of Social Work Education, 56*(3), 533-547. https://doi.org/10.1080/10437797.2019.1656686

South East Essex Locality Partnership (2018). *Locality strategy: Living well in thriving communities.* https://democracy.southend.gov.uk/documents/s28461/Appendix%20A_Locality%20Strategy%20Final.pdf

Stacey, M. (1969). The myth of community studies. *British Journal of Sociology*, *20*(2), 134-147.

Stein, M. R. (1960). *The eclipse of community: An interpretation of American studies*. Princeton University Press.

Strack, R.W., Magill C., & McDonagh, K. (2004). Engaging youth through photovoice. *Health Promotion Practice, 5*(1), 49-58. https://doi.org/10.1177/1524839903258015

Strauss, A., & Corbin, J. (1998). *Basics of qualitative research: Techniques and procedures for developing grounded theory.* Sage.

Susanti, E., Soesantari, T., Sutinah, & Rosalinda, H. (2022). The social resilience of women in coastal villages of East Java during the COVID-19 pandemic. *Journal* of *International Women's Studies*, 24(8). https://vc.bridgew.edu/cgi/viewcontent.cgi?article=3006&context=jiws

Suttles, G. D. (1972). *The social construction of communities*. University of Chicago.

Swidler, A. (1986). Culture in action: Symbols and strategies. *American Sociological Review,51*(2), 273-286. https://doi.org/10.2307/2095521

Tadele, F., & Manyena, S. B. (2009). Building disaster resilience through capacity building in Ethiopia. *Disaster Prevention and Management, 18*(3), 317-326.

Taylor, M., Presley, F., & Chanan, G, (1987). Community work in the UK 1982-86: A review and digest of abstracts. Amer Library Assn.

The Commonwealth Foundation (2015). Commonwealth insights: Women, agency and responsive governance. The Commonwealth Foundation.

Todd, S., & Drolet, J. L. (2020). Introduction: The role of community practices and social development in the field of social work. In S. Todd, & J. L. Drolet (Eds.), *Community practice and social development in social work* (pp. 3-16). Springer.

Tolson, A. (1977). *The limits of masculinity*. Tavistock.

Tönnies, F. (1955). Community and association (C. P. Lomis, Trans.). Routledge and Kegan Paul.

Tönnies, F. (1957). *Community & society (Gemeinschaft und Gesellschaft)*. Transaction Publishers.

Townsend, M., & Weerasuriya, R. (2010). *Beyond blue to green: The benefits of contact with nature for mental health and well-being*. Beyond Blue.

Twigger-Ross, C., Brooks, K., Papadopoulou, L., Orr, P., Sadauskis, R., Coke, A., Simcock, N., Stirling, A., & Walker, G.(2015). *Community resilience to climate change: An evidence review.* Joseph Rowntree Foundation.

United Nations High Commissioner for Refugees (2013). *Understanding community-based protection.* Nations High Commissioner for Refugees.

van Eerdewijk, A., Wong, F., Vaast, C., Newton, J., Tyszler, M., & Pennington, A. (2017). White paper: A conceptual model on women and girls' empowerment. Royal Tropical Institute.

van Ewijk, H. (2010). *European social policy and social work: Citizenship-based social work.* Routledge.

VanderPlaat, M. (1999). Locating the feminist scholar: Relational empowerment and social activism. *Qualitative Health Research, 9*(6) ,773-785. https://doi.org/10.1177/104973299129122270

Walters, N., Lygo-Barker, S., & Strkljevic, S. (2001). *Empowerment indicator: combating social exclusion in Europe.* Policy Press.

Watson, I. (2013). Connecting, informing and empowering our communities: Remote indigenous radio in the Northern peninsula area. *Media International Australia,* 148, 59-69. https://doi.org/10.1177/1329878x1314800107

Weick, A. (2000). Hidden voices. *Social Work, 45*(5), 395-402. https://doi.org/10.1093/sw/45.5.395

Weil, M. (1997). Introduction: Models of community practice in action, *Journal of Community Practice, 4*(1), 1-9. https://doi.org/10.1300/J125v04n01_01

Weiler, K. (1991). Freire and a feminist pedagogy of difference. *Harvard Educational Review, 62*(4),449-473.

Wellington, B., & Austin, P. (1996). Orientations to reflective practice. *Educational Researcher, 38*(3), 307-316. https://doi.org/10.1080/0013188960380304

Wellman, B. (1979). The community question: The intimate networks of East Yorkers. *American Journal of Sociology, 84*(5),1201-1231.

Williams, R. (1983). *Keywords: A vocabulary of culture and society.* Flamingo.

Wirth, L. (1938). Urbanism as a way of life. *American Journal of Sociology, 44* (1), 1-24.

Yoshihama, M. (2019). Photovoice project: Participatory research and action with women in post-disaster Japan. In E. Huss, & E. Bos (Eds.), *Art in social work practice:Theory and practice: International perspectives* (pp. 57-67). Routledge.

附件一　高雄縣／市莫拉克災後社區重建人力培育計畫

高雄縣／市莫拉克災後社區重建人力培育計畫經歷縣市合併及幾個階段的發展。高雄縣政府社會處在災後半年（二〇一〇年六月）於重建區的七個行政區域，規劃「在地組織社區重建人力支持計劃」（二〇一〇年六月至二〇一三年五月），原訂推動三年，後高雄市政府社會局因應重建期延長一個月，並接續規劃執行「在地組織社區重建人力支持延續計劃」（二〇一三年七月至二〇一四年八月）（二個計劃以下簡稱重建人力計劃）。另同時進行延續四年二個月的「莫拉克災後社區及生活重建協力方案」（二〇一〇年六月至二〇一四年八月），及稍晚推動持續二年六個月的「莫拉克災後重建基層組織社工專業人力養成培育計劃」（二〇一二年二月至二〇一四年八月），另有延續計劃於二〇一五年四月至二〇一六年十二月辦理。其中重建人力支持計劃與社工培育計劃主要以專職角色培育在地人力，並走向人力專業培育，以因應災後重建及偏鄉在地專業發展的需求；而重建協力計劃則以方案資源支持，來培力在地社區組織（設定為於重建區立案的地方性組織）；此可視為莫拉克重建的第一階段，也是縣市政府運用善款自主推動的重建計劃。

後高雄市政府社會局因應中央接續生活重建中心計劃結束後啟動「莫拉克重建區社區培力永續發展計畫」（二〇一三年一月至二〇一四年八月），結合衛生福利部挹注重建善款經費於七個重建區設置四個「社區培力據點」，其中有三個即由縣市政府一路培力的在地團隊承接，更可因對在地需求的掌握及長期培力所累積的熟悉而有利於重建工作的在地化，此可視為重建的第二階段。

在重建人力計劃中，由縣市政府設置「輔導團隊」（由旗美社區大學擔任，協助執行輔導、培力、陪伴、考核），後「社區培力據點」擔負起區域培力團隊角色，而原是輔導團隊的輔導員與重建人力，部分轉職為「社區培力據點」培力員或協力員；在機制上，從鄉鎮區域到重建區全面，更能發揮銜接串聯的網絡效益；在人力的養成上，也顯見人力培育及在地培力所累積的能量。社工專業人力養成培育計劃由長榮大學協力執行。

（本附件資料由前高雄縣政府社會處約聘社工督導蕭淑媛整理）

新・座標45　PF0364

新銳文創
INDEPENDENT & UNIQUE

小鄉的志業：
在地深耕的實踐智慧

作　　者　黃彥宜、陳昭宏、張淑菁、賴梅屏、陳薇伊、葉晏慈、劉美辰
責任編輯　邱意珺
圖文排版　陳彥妏
封面設計　王嵩賀

出版策劃　新銳文創
法律顧問　毛國樑　律師
製作發行　秀威資訊科技股份有限公司
114 台北市內湖區瑞光路76巷65號1樓
電話：+886-2-2796-3638　傳真：+886-2-2796-1377
服務信箱：service@showwe.com.tw
http://www.showwe.com.tw
郵政劃撥　19563868　戶名：秀威資訊科技股份有限公司
展售門市　國家書店【松江門市】
104 台北市中山區松江路209號1樓
電話：+886-2-2518-0207　傳真：+886-2-2518-0778
網路訂購　秀威網路書店：https://store.showwe.tw
國家網路書店：https://www.govbooks.com.tw
經　　銷　聯合發行股份有限公司
231新北市新店區寶橋路235巷6弄6號4F
電話：+886-2-2917-8022　傳真：+886-2-2915-6275

出版日期　2025年6月　BOD一版
定　　價　520元

讀者回函卡

Printed in Taiwan

國家圖書館出版品預行編目

小鄉的志業：在地深耕的實踐智慧/黃彥宜, 陳
昭宏, 張淑菁, 賴梅屏, 陳薇伊, 葉晏慈, 劉美
辰合著. -- 一版. -- 臺北市：新銳文創, 2025.06
面；　公分. -- (新.座標；45)
BOD版
ISBN 978-626-7326-65-7(平裝)

1.CST: 社區工作

547.4　　114006677